勤以立人：劳动课还能这样上

成都市武侯区教育局 编

西南财经大学出版社

中国·成都

图书在版编目(CIP)数据

勤以立人:劳动课还能这样上/成都市武侯区教育局编.—成都:西南财经大学出版社,2023.11

ISBN 978-7-5504-5839-0

Ⅰ.①勤… Ⅱ.①成… Ⅲ.①劳动课—课堂教学—教学研究—中小学 Ⅳ.①G633.932

中国国家版本馆 CIP 数据核字(2023)第 193886 号

勤以立人:劳动课还能这样上

QINYILIREN;LAODONG KE HAI NENG ZHEYANG SHANG

成都市武侯区教育局　编

策划编辑:何春梅　李思嘉
责任编辑:李思嘉
特约编辑:姚　华
责任校对:李　琼
封面设计:吴庆强
责任印制:朱曼丽

出版发行	西南财经大学出版社(四川省成都市光华村街55号)
网　　址	http://cbs.swufe.edu.cn
电子邮件	bookcj@swufe.edu.cn
邮政编码	610074
电　　话	028-87353785
照　　排	四川胜翔数码印务设计有限公司
印　　刷	四川五洲彩印有限责任公司
成品尺寸	170mm×240mm
印　　张	16.75
字　　数	263 千字
版　　次	2023 年 11 月第 1 版
印　　次	2023 年 11 月第 1 次印刷
书　　号	ISBN 978-7-5504-5839-0
定　　价	68.00 元

编委会

主　编：蒋晓梅

副主编：程　曦

编　委：潘万勇　胡　平　魏　虹

　　　　王艺蓉　崔金涛

前言

　　勤劳，是中国人、中华民族最显著最突出的行为特征，在全世界人的心目中，都应该是最没有争议的族群文化标签。根植于农耕文明的中华民族，信奉一分耕耘一分收获，追求春蚕到死丝方尽。劳动，是中国人、中华民族的一种文化本能。

　　马克思主义对劳动的推崇与强调，无出其右。唯物史观认为，劳动是人类社会独有的、自觉的对象化实践，整个人类活动的历史，就是劳动实践的历史，社会的物质财富和精神财富，都是通过劳动实践创造的，人类本身，也在劳动实践中获得发展。马克思指出：人类如果停止劳动，不要说一年，就是几个星期也会灭亡。恩格斯在《劳动在从猿到人转变过程中的作用》中，专门阐述了"劳动创造人"的基本观点。

　　在中国传统教育文化中，劳动，从来都占有重要地位。既有"劳其筋骨""空乏其身"的严厉要求，也有"纸上得来终觉浅，绝知此事要躬行"的谆谆告诫……即使在现代教育科学中，劳动与实践，对青少年的成长健康与成才塑造，也是必不可少的因素。

　　改革开放 40 多年来，中国经济高速发展，国家迅猛崛起，背后所依赖的，正是亿万中国普通民众的勤劳与奋斗。中国人用劳动与汗水，在较短的时间里，就将穷困落后的农业国度，建设成为覆盖工业门类全产业链的全球制造业中心。

然而，随着社会快速变迁，财富快速增长，在城市化与工业化持续推进的过程中，中国人的勤劳文化传统，在一部分年轻一代的教育传承中却遭遇了迷失与错位。

中国人的传统生产方式和生活环境，在短时间内发生了巨大变化，与上一代人相比，年轻一代的生活与成长环境，急剧变换，传统的劳作在不知不觉中远离了青少年的生活，勤劳的观念也不断偏离了青少年的成长轨迹。在一代又一代的中国人的成长中，本该如影随形的劳动与劳动教育，似乎被上课、分数、考试等淹没，书本与屏幕，成为青少年一代的焦点。在相当一部分青少年中，出现了不会劳动、不想劳动、不珍惜劳动成果的现象，而劳动特有的育人价值，在一定程度上，被社会大众淡化甚至忽视。于是，一段时间以来，围绕青少年的劳动与劳动教育，其文化断层日益明显，成长病态乱象纷呈。

做饭、打扫、使用家电这些生活中所必需的技能，对于一些青少年来说居然十分陌生。日常劳动教育的缺位，让部分年轻人缺乏必备的劳动技能，这些年轻人逐渐失去独立生活的能力，越来越依赖家长、家政人员和外卖。中国社会过往闻所未闻的新闻，不时出现于媒体报道：2021 年，河南信阳"巨婴"杨某，在 23 岁的年华饿死家中，只因父母的无度溺爱致其被懒惰所蚕食；"母亲为大一女儿招聘保姆以照顾其生活起居"，无疑是家长对孩子过分保护而轻视劳动教育的真实写照；"留学生半夜打电话吵醒母亲只为一盘番茄炒蛋"，则反映了亲情泛滥，劳动教育缺乏，"妈宝男""妈宝女"现象丛生的现状……如此种种，无一不透露出一条讯息：中国的劳动教育亟待一场巨大的变革！

劳动是人类的本质活动，是推动社会进步的根本力量。国家的希望在青少年，民族的未来在青少年，劳动教育对于落实立德树人的根本任务，培养为人民大众劳动、为党和国家奉献的时代新人，意义深远。习近平总书记强调："要开展以劳动创造幸福为主题的宣传教育，把劳动教育纳入人才培养的全过程，贯穿大中小各学段和家庭、学校、社会各方面。"

面对特殊历史背景及特定社会阶段的教育问题，国家层面果断出手。2020 年 3 月 20 日发布的《中共中央 国务院关于全面加强新时代大中小学劳动教育的意见》将曾经的"德智体"三好，拓展到德智体美劳全面发展，提出了构建德智体美劳全面培养的教育体系的目标。2022 年，教育部印发《义务教育课程方案和课程标准（2022 年版）》，提出了独立设置劳动课程，将劳动及其所占课时，从原来的综合实践活动课程中完全独立出来，并针对不同学段，制定了"清洁与卫生""整理与收纳"等课程任务。根据课程方案，规定的劳动课程平均每周不少于 1 课时。同时，国家在法律层面及时完善。2022 年，《中华人民共和国家庭教育促进法》正式施行，其中第二章第十七条第（六）项：帮助未成年人树立正确的劳动观念，参加力所能及的劳动，提高生活自理能力和独立生活能力，养成吃苦耐劳的优秀品格和热爱劳动的良好习惯。

长期以来，成都市武侯区（以下简称"武侯"）敏锐地觉察到传统教学的不足与唯分数论的偏差，高度重视劳动教育，并持续开展劳动教育，形成了坚实的劳动教育实践基础和优良的教育发展传统。

多年来，武侯全区各学校组织学生参加校园劳动，积极开展家庭、校外劳动实践和社区志愿服务活动，"七十二行""归园田居""生活小能手""E博士""巧手节"等主题活动精彩纷呈，"新三好"评价体系等劳动教育案例，先后获全国、四川省劳动教育表彰。这些举措，继承了劳动育人的中华传统，为新时代推进劳动教育奠定了坚实基础。

在党和国家的号召下，武侯积极落实加强新时代劳动教育的部署决策，从新时代全面育人全局和未来人才培养需求出发，系统规划、重新设计构建劳动教育育人格局，努力打造导向正确、任务清晰、制度完备、措施有力、保障到位的劳动教育育人体系。

2020年，《成都市武侯区全面推进新时代中小学劳动教育实施方案》启动了武侯区新时代劳动教育八大行动。通过邀请中国教育科学研究院课程教学研究所深度指导，秉承"勤以立人"的核心理念，整体构建具有武侯特色的"一核三体"劳动教育育人体系。通过课程建设、学科融合、文化建设、实践活动、劳动教育新样态五大路径，推动劳动教育实施，健全学校、家庭、社会三方联动协同机制，完善多元综合评价体系；通过组织领导、队伍建设、实践场所、安全保障、督导考核、经费投入六项保障措施，构建新时代"武侯劳动教育'1356'新格局"。

在武侯的教育视野里，新时代背景下的劳动教育，已然不同于惯常狭隘理解的劳动教育，其不只是停留于教人干活的简单技能与单纯劳动的初级层面，而是具有更广泛的内涵、更深层次的育人意义与塑人价值。武侯劳动教育的目标，指向青少年品格的塑造与意志的养成，着力锻造新时代人才不惧劳累的精神、顽强坚定的意志、坚忍不拔的毅力。通过劳动教育的强化，提升未来人才的核心素养，帮助他们面对复杂情境下的各种繁杂问题时，形成能解决问题、产生价值的能力和品格，树立天道酬勤、厚德载物的人生价值观，将勤奋的精神内化为个人品质，为青少年全面发展、终身发展奠定基础，让他们能游刃有余地迎接未来的人生挑战。

武侯的劳动教育，更期冀青少年的成长更完整。青少年的成长过程，除有学习和学校生活以外，也应该有家庭生活和社会生活。青少年在劳动中产生的自我价值，意义非凡：操持家务的时候，他才能感受到被家庭所需要的自我价值感；参加社会劳动时，他才能感受到被他人需要和自我创造的价值感；而当感受到被需要时，他的内在精神世界才不会空虚无聊，才会充盈而满怀期望。任何出现在身边的人和发生在身边的事，都是对青少年学习和成长的"邀请"，让他在饱学知识的同时，还能在劳动中去感悟责任和担当、创造美好世界、实现自我价值。在劳动过程当中，有很多关系会相应建立，父母跟青少年之间的亲子关系会更亲密，青少年跟同伴之间的合作与团结关系会不断成熟，随着青少年内在的自我价值感的产生，同时又建立起外在的丰富联系时，他自然能够产生一种美好生活的指向。劳动，通过涵养青少年的个性、滋养青少年的良知、增进青少年的智慧、修炼青少年的德行，进而创造出青少年的美好未来。

围绕勤以立人的劳动教育理念，武侯各级学校，努力挖掘学科课程与劳动课程的契合点。劳动教育牵手自然科学学科，引导学生深入了解劳动背后的科技奥秘与方法技巧；美术文艺学科，将劳动融入审美体验，让学生充分领略劳动成就的艺术之美；语文品德学科，让学生在语言文字及思想修炼中，品味劳动的昂扬精神与生命奋进之美……多学科齐头并进，携手共生，共同引导学生收获劳动相关的广博知识，培养劳动的人文情怀，生成正确的劳动价值观。同时，教育实践与创新融合共生，依据自身实际，发挥各自优势，各显神通，加强劳动教育教研建设，构建学校特色课程，精心策划各类劳动竞赛，积极推进劳动教育，在不长的时间里，初步形成具有丰富性、系统性和特色性的武侯新时代劳动教育新局面。

秉承一贯创新意识，光大既往改革精神，未来，武侯将以高度的责任感，历史的使命感，持续深化劳动教育的创新探索，高标准落实国家部署，践行新时代育人标准，深入推进劳动教育实施落地，瞄准为中国劳动教育贡献"武侯经验"的宏大目标，奋争先行，勇探路径！

编者

2023 年 10 月

目录

下篇：教师主导

上篇：区域作为

第一章　内核引领，三轮驱动：构建区域新时代劳动教育实施新格局

作为中国科学教育研究院的教育综合改革实验区，成都市武侯区自2015年以来，借助中国教科院智库高地，以推进"智教乐学"教育强区为主线，聚焦学生全面发展、健康成长，创新体制机制，实施课程教学改革，推进武侯教育高质量发展，教育现代化发展水平、教育国际化水平持续位居全市第一。

劳动教育是落实立德树人、促进五育融合的重要内容与途径。武侯区高度重视劳动教育，具有优良的劳动教育传统和扎实的实践基础。在新时代，将劳动教育作为区域教育高位发展、全面提升育人实效的关键路径，区域整体建构，行动配套跟进，已构建起区域劳动教育"1356"育人体系，以"三轮驱动"充分保障劳动教育的综合育人实效。现从体系构建与行动赋能两个方面进行阐述。

一、聚焦核心，构建"1356"劳动教育体系

2020年4月，武侯区面向全区家长、学生和教师，发放了上万份调查问卷，客观呈现出区域劳动教育发展的基础与不足：达成共识度高，但缺乏专业师资；课程实施多样，但缺乏体系构建；活动开展有序，但缺乏机制建设；学生参与度高，但缺乏实践基地。调研得出一个基本结论，即武侯区劳动教育有传统、有基础、有作为，但基于新时代的要求也有不足。

本着目标导向与问题导向的原则，武侯区在中国教科院课程教学所的深度指导下，以"系统构建、全面推进"的思路整体构建区域"1356"劳动教育体系，并于2020年6月29日正式发布《成都市武侯区全面推进中小学劳动教育实施方案》。

（一）铸魂——确立一个核心理念

立足文化传承与时代创新，着眼中小学劳动教育的落地与落实，整体构建具有武侯特色的核心理念——"勤以立人"。把"勤以立人"的核心理念融入教育教学全过程、全方位。通过出力流汗，使中小学生的意志品质得到锻炼，真正做到做事要勤快、技能要勤练、学习要勤奋、做人要勤勉、生活要勤俭，树立天道酬勤、厚德载物的人生观和价值观，自觉将勤劳奋斗的精神内化为个人品质，充分发挥"以劳树德、以劳增智、以劳强体、以劳育美"的综合育人价值。

（二）塑形——明确三项载体

首先，明确以日常生活劳动、生产劳动和服务性劳动的内容载体及学段要求。引导学校因校制宜，结合学校文化与资源，构建板块完整、特色明显、内容丰富的项目清单。其次，要结合三类劳动明确评价标准，完善多元综合评价体系。运用"一卡通行"实现"一融合两结合"：线上、线下相融通，过程性评价和结果性评价相结合，自主评价、家长评价、学校评价相结合，全方位覆盖学生成长全过程，并将其纳入学生综合素质评价体系。将对劳动教育的督导，纳入衡量学校办学水平评价指标体系。

（三）创新——探索五条路径

一是优化学校课程建设。将劳动教育纳入学校育人体系，迭代更新办学理念、开发劳动教育课程、完善课程育人体系、设置保障必修课时，明确课外校外劳动时间，整体规划学校活动。二是广泛深入开展实践活动。各学校因地制宜，强化综合实施，注重实践活动的多样化，突出劳动教育重点。三是促进学科渗透融合。必修课与各学科有机渗透相结合、课内与课外相结合。四是强化劳动文化建设。融入校园文化建设，感受劳动精神、提升文化内涵。五是探索劳动教育新样态。结合智慧教育示范区建设，实现线上与线下的交互、体力与脑力的结合、科学与艺术的融通、规范与创造的共生。

（四）聚力——构筑六项保障

武侯区聚集各方资源，形成合力，通过加强组织领导、加强队伍建设、拓展实践场所、强化安全保障、加强督导考核、加大经费投入六大保障，构筑出一条推进劳动教育立体化的保障网，确保系统构建，深入推进劳动教育的创新实践。

总之，武侯区结合国家文件精神和区域实际，创新性地提出勤以立人的核心理念，解决"为什么做"的问题；明确三类劳动载体，解决"做什么"的问题；探索五条实施路径，解决"怎么做"的问题；构筑六位一体的保障支撑体系，解决"做得怎么样"和"凭什么做"的问题，全方位构建了完整的政策支持和实践指导体系，形成了武侯"1356"劳动教育新格局。

二、三轮驱动，推出"八大行动"组合拳

武侯区实施"八大行动"：分级管理和研究行动、智慧评价行动、中心组引领行动、种子教师培育行动、专家组建设行动、试点学校培育行动、劳动教育课程案例开发行动、基地建设行动，以"三轮驱动"促进区域"1356"劳动教育新格局的现实转化。

（一）机制驱动，激活区域劳动教育原动力

1. 理顺管理机制。

在区域层面，武侯区教育局成立武侯区劳动教育工作领导小组，教育局局长任组长，引领规划区域劳动教育改革发展。2020年1月，武侯区教科院进行机构改革，在武侯区教科院设立德育与劳动教育研究所，设置了专职劳动教育教研员、专职综合实践活动教研员，深入开展新时代劳动教育综合育人价值的研究与实践。目前，武侯区立项劳动教育省级课题1项、市级课题3项、区级课题9项，在各级课题评审中，分别荣获一、二等奖。

在学校层面，各学校结合实际，因地制宜地研制并论证《学校劳动教育实施方案》，细化劳动实践清单，实现"一校一案、一校一单"。在方案中明确管理部门与实施人员，将劳动教育纳入教学计划、课程设置、教研科研，构建形成"全面统筹、院所引领、全域实施、有效评价"的劳动教育推进管理机制。

2. 培育人才机制。

实行梯队培养，完善以教研员、中心组、种子教师、骨干教师、专兼职教师、校外辅导员为支撑的人才资源库。启动劳动教育"百名劳动教育种子教师"、综合实践"骨干教师"培育行动，现已面向全区遴选第一批种子教师

50 名，开展系列化（政策理论、课程建设、基地实践及课堂教学）的培训课程，促进模块化、进阶式的专业素养提升，为中小学劳动教育高质量实施提供专业保障。

3. 建设场所机制。

区委区政府直接协调和领导武侯区"水韵园"综合教育基地建设，利用260 亩园区，建成五大教育主题课程，其中"匠心劳动工坊"开设厨味爱心、金工创心、木工道心、陶瓷文心、服务巧心五类劳动主题课程，其课程学生免费、政府买单，保障区域内义务教育阶段学生享受高品质实践体验。

学校积极挖掘存量空间的使用，打造学生"一公里"实践基地。如锦里小学的"巧玩儿"博物馆、龙祥路小学的"小农夫农场"、西北中学外国语学校的"两园两坊一榜样"、棕北中学西区的空中农场、行知实验小学的"三园"空间等都是学校因地制宜打造的典型案例。

同时，武侯区充分挖掘社会资源，由武侯区教科院与四川博物院、成都工业学院、成都农业科技职业学院、武侯区社区学院等院校组建实践教育协同联盟，促进家校协同、校社协同、城乡协同、普职协同，形成资源合力，构建起大中小一体化贯通，家庭、学校、社会三方协同的育人机制。

（二）课程驱动，迸发区域劳动教育内生力

劳动教育是五育并举育人体系的重要组成部分，综合实践活动是落实五育的课程载体。劳动课程和综合实践活动课程从育人目标、内容和方式上有交叉、有重叠、有内在的关联性，因此聚焦综合实践活动课程与劳动教育的强关联，武侯区在实践中将劳动教育与综合实践活动有机融合，拓宽劳动教育实施路径，充分发挥劳动课程与综合实践活动课程的实践育人合力。

1. 优化主题。

围绕日常生活劳动、生产劳动和服务性劳动三个类别，开发贯通全学段的劳动实践任务群，进行"大主题、长周期、序列化、进阶性"的主题推荐，引导学校结合资源条件和文化特色，开发适宜学生学情、促进全面发展的校本课程。

综合实践活动课程的开发从活动的主题、活动开展方式、活动目标、活动实施中的关键要素及活动的评价五个维度去设计，在每个维度中有机融入劳动观念、劳动能力、劳动精神及劳动习惯和品质的培养目标，研制了《以综合实践活动课程为载体的劳动教育的主题推荐》，并以此作为支架，"源头"引发"活水"，引导学校教师开发、实施综合实践活动与劳动教育融合课程。

2. 融合方式。

武侯区以项目化课程实施的思路构建起"基础课程+融合课程+活动课程"的"三课联动"劳动教育课程体系，以保障"目标统一、内容贯通、资源统整"的育人实效。

在课程实施中，综合实践活动课程充分发挥劳动教育综合育人功效，整合融通"考查探究""设计制作""社会服务""职业体验"四种学习方式，推动学科内外、领域内外的知识融合、方法融合、思想融合、经验融合，以及价值观念融合，丰富劳动教育的形式，更好地支撑实践育人。例如龙江路小学武侯新城分校《"校园一方土·荒漠千点绿"——耕园成长项目》项目课程，从学生的真实问题和成长需要出发，将约80平方米的学校"耕园"项目的综合实践活动的驱动性问题设定为"如何让耕园达到最大化兑换梭梭树的目标"，把实践活动和"阿拉善公益项目"两者相结合，找寻教育的"黄金契合点"。活动目标指向培养学生自理、自立和热爱劳动的精神，主动积极参与校园、社会生活的意愿，以及树立社会公益的责任意识。活动过程中，学生运用跨学科知识和多种学习方法获得了丰富的探究与劳动体验及成果。

3. 整合资源。

结合"智慧教育示范区"建设，运用"一网通用、一卡通学"的资源优化供给，丰富和更新劳动教育课程网络资源库建设。开发劳动课程优秀微课192节，综合实践活动优秀微课84节。由武侯区教科院牵头，组织专兼职教师开发涵盖三类劳动、贯通小初高全学段的主题案例模板32个，面向全区中小学征集优秀研究成果300余项，其中多个优秀课例在国家、省、区、市级教研平台进行展示，并出版了《四面春风十里桃花——一间整洁教室的打造之旅》班主任培训用书。

（三）评价驱动，提升区域劳动教育发展力

1. 素养导向。

2021年4月22日，武侯区成功举办第一届"勤以立人"劳动技能大赛。

围绕劳动核心素养的四个维度，精心设计贯通小初高的进阶性技能项目、链接学生真实生活的通识性知识项目，考查学生劳动观念、劳动能力、劳动习惯和品质、劳动精神四个维度。通过班级、年级、学校的层层推选，全区 68 支参赛队伍共 300 余名选手展开决赛角逐。此次比赛从初赛到决赛历时一个月，以赛代培，营造区域"崇尚劳动、尊重劳动"的良好氛围。

2. 技术赋能。

武侯区结合"智慧教育示范区"建设，借助"一卡通行"，建立学生劳动实践记录档案，提供在线预约、查询、推送、记录、评价等服务，完善劳动安全保障，连通综合素质评价，实现劳动教育过程性评价和结果性评价全覆盖。

武侯区各中小学的创新实践，取得了丰富的研究成果，也呈现出"百花绽放、百舸争流"的学校劳动教育样态，同时武侯劳动教育经验也多次在全国、省、市级平台做交流分享，形成广泛影响。

全面加强新时代劳动教育，是促进五育融合、实现全面育人、落实立德树人根本任务的关键环节。作为中国教科院实验区，武侯区将继续秉承"勤以立人"的核心理念，着力在目标的精准化、内容的特色化、机制的顺畅化、评价的科学化四个方面，进一步突破和完善，探索具有典型参考意义、可供借鉴推广的武侯经验。

（作者：成都市武侯区教科院　周文良）

第二章　推进区域劳动教育，武侯的三个关键点

新时代劳动教育是系统性、全局性的工程，其重要的战略地位和深远的育人价值，亟须得到全面加强和有力彰显，从而推进德智体美劳全面发展的育人体系构建，落实立德树人的根本任务。

因历史发展演变、社会形态变迁、意识形态影响等，新时代背景下的劳动教育还面临着诸多现实困境，需要以"系统谋划、整体推进"的思路，来重新架构起与新时代背景下的劳动教育要求相匹配的实施体系。

2020年3月，《中共中央　国务院关于全面加强新时代大中小学劳动教育的意见》中明确指出："建立以县为主、政府统筹规划配置中小学（含中等职业学校）劳动教育资源的机制""紧密结合经济社会发展变化和学生生活实际，积极探索具有中国特色的劳动教育模式"。成都市武侯区作为中西部教育现代化核心区、中国教科院综合改革实验区，始终将劳动教育作为区域教育高位发展的重要契机，立足区域实际，促进五育融通，找准以调研为基础、以理念为先导、以行动为支撑的三个关键点，探索新时代劳动教育的武侯实践样本。

第一关键点：开展专题调研，找准发力点。长期以来，武侯区坚持教育与生产劳动和社会实践相结合，高度重视劳动教育工作，取得了丰富的实践经验和丰硕的成果。为全面了解区域劳动教育的基础和现状，武侯区面向中小学家长、学生和教师发放上万份调查问卷，广泛收集多方信息。调研得知，家长、学生和教师对于加强劳动教育的必要性达成高度共识；学校重视劳动教育课程建设，多路径推动课程实施；学校通过日常活动有序开展劳动教育；学生日常生活中劳动参与度高，学生劳动素养良好。

但同时也看到，在新时代的劳动教育新要求下，学校劳动教育课程建设有待整体优化；学校劳动教育的运行机制有待健全完善；教师劳动教育实施的专业水平亟待提升；劳动教育实践基地建设亟待加强；"出力流汗、接受锻炼"的实施重点亟待突出。

在现状调研的基础上，武侯区研制并发布了《成都市武侯区全面推进新时代中小学劳动教育实施方案》，为区域劳动教育工作搭好"四梁八柱"。同时，武侯区出台《关于学生健康成长二十条的实施意见》，明确提出整体构建劳动教育育人体系，组织学生在日常生活劳动、生产劳动、服务性劳动中磨炼心志，从政策层面推进武侯劳动教育落地落实。

第二关键点：探寻核心理念，找准生长点。理念是行动的先导。新时代劳动教育归根结底是价值观教育，使学生牢固树立"劳动最光荣、劳动最崇高、劳动最伟大、劳动最美丽"的劳动观念。因此，先需要探寻一个核心问题：新时代的劳动教育价值意义是什么？

从新中国成立以来劳动教育的发展历程不难看出，劳动教育受到政治、经济、文化等外部因素的影响，呈现阶段起伏、时强时弱的发展样态。而新时代劳动教育的强势回归，正是打破了这种外部桎梏，呼唤劳动教育的内生动力——促进人的全面发展的需要。劳动，是教育的手段和方式，而不是最终的目的，育人才是根本目的。简而言之，不是因为劳动需要人，而是因为人的全面发展需要劳动。因此，对中小学生而言，确立内生的劳动教育核心理念是第一要义。

"一勤天下无难事""富贵本无根，尽从勤里得""天道酬勤"……勤劳奋斗是中华优秀传统文化，更是中华民族的传统美德。武侯区立足文化传承与时代创新，着眼中小学劳动教育的落地与落实，提出具有中国特色的劳动教育核心理念——"勤以立人"。勤既有劳动的本意，还有自觉主动的劳动态度、持之以恒的劳动习惯、坚持不懈的劳动精神。通过劳动教育，把"勤以立人"的核心理念融入教育教学全过程、全方位。通过出力流汗，使中小学生的意志品质得到锻炼，真正做到做事要勤快、技能要勤练、学习要勤奋、做人要勤勉、生活要勤俭，树立天道酬勤、厚德载物的人生观和价值观，自觉将勤劳奋斗的精神内化为个人品质，充分发挥"以劳树德、以劳增智、以劳强体、以劳育美"的综合育人价值。

第三关键点：推进八大行动，找准着力点。在"勤以立人"的核心理念引导下，武侯区配套劳动教育"八大行动"，引导区域、学校、教师三级联动，形成合力，促进劳动教育落地转化，保障育人实效。

在体制机制方面，武侯区教科院进行机构改革，专设德育与劳动教育研究所，专设劳动教育专职教研员，部门主要职能为区域德育、劳动教育、综合实践和心理健康研究，加强劳动教育和五育融合的研究与探索。区域努力构建形成"大劳动教育观"，促进形成以学校为主导、家庭为基础、社会为支撑的"三位一体"协同育人机制。通过主题活动周、劳动服务班等形式组织学生开展校内集体劳动；坚持家校联动，有针对性地布置家务劳动；组织学生深入社区、街道和公共场所，参加志愿服务和公益劳动。"社区雏鹰"公益活动已成为区域品牌，武侯区家长总校成为"全国家庭教育创新实践基地"。

在课程建设方面，整合文旅资源，挖掘三国文化，武侯区整体构建了"基础课程+融合课程+活动课程"的"三课联动"劳动教育课程体系。区内各中小学因校制宜地研制实施方案和项目清单，实现"一校一案、一校一单"。每周开展1~2节劳动教育必修课，在学科课程中融入劳动教育元素，整合综合实践活动、主题教育等相关教育内容，组织学生开展日常生活劳动、生产劳动、服务性劳动。区域呈现出"百花绽放，百舸争流"的学校劳动教育样态。如棕北中学在坚守24年的劳动服务班基础上，结合新时代的要求与育人目标，依托课程统整，探索出"一横两纵一周"的劳动教育模式。西北中学外国语学校构建"课程+基地+文化"的一体化、浸润式劳动教育体系，建设"两园两坊一榜样"基地、"农场+博物馆+高校"基地、"种子微博物馆"。龙江路小学提炼出以"悟责乐行 悦己达人"为核心的劳动教育目标，创设"劳动日"，丰富校外劳动教育辅导员资源库，形成三方协同育人机制。川大附小以"七十二行"为载体，形成了以劳动专题活动为主导，以劳动学科引领与全学科渗透融合为支持，以劳动创造空间建设为载体，以学生劳动素养评价为引导，以教师劳动素养和技能提升为保障的劳动教育课程体系。

在师资队伍方面，构建人才梯队培养体系。完善以教研员、中心组、种子教师、专兼职教师、校外辅导员为支撑的人才资源库。启动"劳动教育种子百名教师"培育行动，开展教研、科研、培训等活动，征集优秀劳动教育研究和实践成果，为专兼职劳动教师拓宽专业提升和展示平台。

在基地建设方面，大力拓宽学生校内外实践场所。一方面，充分利用校内资源，对教室、食堂、学校空地和操场等场所进行规划调整，为学生创造丰富的校内劳动实践机会。目前已建成西北外国语学校屋顶农场、川大附中综合实践活动基地、棕北中学劳动服务班、礼仪职中学生双创基地、磨小分校幸福农场、武侯实验中学附小种植园等多个校内劳动教育场所。与此同时，与校外相应单位建立密切联系，组织学生走进郫都川菜博物馆、大邑向阳花农场、新都先农基地等校外教育基地进行劳动实践。另一方面，设置专职部门和专项经费，负责综合教育基地的管理、运行和评价工作。此举保障区域内义务教育阶段学生享受高品质实践体验。

在评价落实方面，运用"一卡通行"覆盖劳动教育全过程评价。结合西部唯一"智慧教育示范区"建设，实现"一网通用、一网通学"的资源优化供给，借助"一卡通行"，建立学生劳动实践记录档案，提供在线预约、查询、推送、记录、评价等服务，完善劳动安全保障，连通综合素质评价，实现劳动教育过程性评价和结果性评价全覆盖。

2020年11月21日，武侯劳动教育《勤以立人创新实践》在全国劳动教育发展论坛（青岛）上作典型经验分享。2021年10月17日—19日，武侯区承办中国教育科学研究院综合改革实验区第一届"劳动教育与综合实践活动"成果展示研讨会，从区域经验、基地建设、学校论坛、课例展示等方面全方位展示武侯区劳动教育的阶段成果，获得知名专家及各实验区参会人员高度好评。2021年10月20日，在教育部召开的全国中小学劳动教育现场推进会上，武侯区劳动教育经验入选教育部典型案例。

未来突破与规划：未来，武侯区还将聚焦劳动教育实施的重难点，着力课程、机制、评价和动力四个方面的突破，整体推进武侯劳动教育的纵深发展。一是课程特色化，因校制宜将劳动教育课程做精做细，形成具有丰富性、系统性、特色性的学校及区域劳动教育品牌；二是机制顺畅化，完善劳动教育基地的准入和评价机制，建立、健全共享机制，构建上下联动、横向协作的多元治理共同体；三是评价科学化，结合"智慧教育示范区"建设，全方位、多层次、伴随性地采集学生劳动实践数据，实现规模化和精准化素养监测；四是动力内生化，真正将"勤以立人"的核心理念融入学生成长全过程，内化为学生个人品质。经过3~5年的努力，构建起符合武侯区发展实际的五育并举的教育体系；形成学段衔接连贯、课内外融合协同的劳动教育课程体系；建立起管理科学、高效顺畅的劳动教育运行机制和保障机制，全面提升武侯教育品质和育人实效。

（作者：成都市武侯区教科院　周文良　魏虹　王艺蓉）

第三章　新时代背景下的劳动教育，武侯如何把脉问诊？

为全面了解区域中小学劳动教育现状，研究制定有效的教育对策，提升区域劳动教育的实效性，切实促成区域劳动教育新格局的形成，2020 年 4 月，成都市武侯区教育科学发展研究院对武侯区的学生、教师和家长开展问卷调查。

这次调查采取本学段与跨学段对比调查的方式，综合了解区域中小学劳动教育的现状、问题与需求，并在此基础上提出发展建议。

一、现状分析

（一）劳动教育的必要性：达成高度共识

教师在劳动教育的意义认识和目标定位方面，有较高的站位，能充分认识到劳动教育的综合育人功能，并且对劳动教育的理解客观、全面。在对劳动教育目标的定位上，教师普遍认识到劳动对中小学生全面发展的重要作用，认同率依次为：培养良好品德、强健体魄、培养创新精神、开发智力、培养审美能力。

97.08% 的学生认为，劳动对自己的学习和身心发展有帮助，89.07% 的家长认为，孩子参加劳动不会影响学业成绩。在对加强劳动教育的必要性上，认为有必要加强的教师占 98.21%，学生占 96.47%，家长占 97.06%。由此可见，教师、学生、家长对加强劳动教育达成了高度共识。

同时，对比学段数据，对劳动教育的支持存在学段差异。从教师问卷来看，1.4% 的初中教师不支持劳动教育，1.2% 的高中教师认为没有必要开展劳动教育，此数据均高于小学教师（0）。从家长问卷来看，6.42% 的高中家长有劳动教育会影响学生成绩的担忧，此数据略高于初中（5.37%）和小学（3.21%）。从学生问卷来看，1.10%的初中学生认为不需要积极参加劳动，且劳动对自身发展没什么作用，此数据高于高中（0.95%）和小学（0.54%）。可见，在对劳动教育的支持态度上，初高中略低于小学。

（二）劳动教育课程实施：多路径推动

数据显示，89.84%的学校开设了劳动教育课程。学校推进劳动教育的课程路径，在综合实践活动中落实占84.86%，在德育活动中落实占53.59%，在校本课程中落实占46.22%，在其他学科课程中渗透占35.86%。从对应数据来看，综合实践活动是学校组织劳动教育的主要课程路径，部分学校还能结合学校特色开发校本课程。

在劳动教育的课程内容中，清洁类、手工类和整理类的课程内容占比分别为70.12%、57.77%和42.23%，种植养殖和烹饪类分别占41.83%和33.86%，职业体验的占比最低，仅为22.11%。这表明，劳动教育课程以校园内的劳动和家庭劳动为主，社会劳动比较缺乏。

（三）日常活动：劳动教育有序开展

学校重视在日常活动中落实劳动教育。数据显示，参加过学校组织的工农业生产劳动的学生占92.15%，手工设计类劳动的占90.61%，服务性劳动的占85.72%。其中，在工农业生产劳动中，仅有17.96%的学生参与过职业体验；手工设计类劳动中，参与度最高的是折纸，占75.5%，其余手工劳动如陶艺、编织、泥塑等占比均不足35%。在服务性劳动中，垃圾分类占比最高，为42.75%，维护公共秩序和帮助病残人士的占比不足15%。这一数据也与学校开设的劳动教育课程类型相吻合，可见，学生的劳动实践参与度与学校是否开设相关的课程相关。

（四）学生日常生活劳动：参与度高

调研发现，全区学生有较好的劳动态度和劳动意愿，日常生活劳动参与度高。92.79%的学生认为应该主动分担家务劳动，75.73%的学生坚持每天做家务劳动。其中，倒垃圾、清洗碗筷、铺床叠被、扫地拖地、整理房间等家务劳动的参与度均达到60%以上，但是烧菜做饭、清洗衣物和美化家居等较为复杂的家务劳动的参与度较低，占比均不足 30%。

二、主要问题

（一）学校劳动教育课程建设：有待整体优化

数据显示，尽管大多数学校开设了劳动教育课程，但是其课程地位并未得到充分保障，课时不稳定的情况还比较普遍。51%的学校每周安排 1 课时，17.13%的学校每两周安排 1 课时，20.92%的学校并未安排劳动教育课时，还有 10.96%的学校虽然有课时安排但是基本没有上过。数据表明，综合实践活动、信息技术、劳动与技术等相关课程均不同程度存在课时被挤占的现象。学校开设劳动教育的课程内容比较单一，普遍集中在生活劳动类和手工类课程，多为简单易操作的课程。在教师对劳动教育的实施上，97.81%的教师通过主题班会、学科教学和班级文化建设积极开展对学生的劳动思想教育，仅有 39.04%的教师每学期组织 3 次以上的劳动实践，32.87%的教师每学期组织 1~2 次劳动实践。可见，在劳动教育的课程建设上，课时保障、内容设计、实践参与等方面都有待于整体优化。

（二）学校劳动教育的运行机制：有待完善

学校劳动教育的推进需要学校有完备的运行机制。从调研结果来看，尽管各学校高度重视劳动教育，但是在实践落实机制方面还存在明显缺陷。首先，学校劳动教育的责任部门和师资责任不够清晰，由校长或副校长直接分管劳动教育的学校占 8.57%，67.13%由德育部门分管，8.17%由教务部门分管，还有 12.15%的学校没有明确。由班主任兼任劳动教育教师的占 75.7%，还有 13.94%的学校并未明确师资。其次，评价落实的有效度落差很大。调研数据显示，有 38.45%的学校没有明确的评价制度，虽然 61.55%的学校有学生劳动评价制度，但是其重视程度和落实程度也并不理想。

调研情况显示，73.23%的学生认为对自己劳动观念影响最大的是家长。家长指导（88.53%）和学校学习（68.64%）是学生获取劳动知识和技能的主要渠道。然而，家校合作共同推进劳动教育的情况并不乐观。35.08%的学生表示坚持劳动最大的困难是不知道具体方法，在学生对加强劳动教育的诉求中，最希望得到家长指导（72.5%）和教师指导（65.5%）。40.35%的家长不清楚学校是否开设了劳动教育课程，39.17%的家长不清楚学校（班级）是否给予了学生相关的劳动技能指导，31.49%的家长不清楚学校是否组织过集体的劳动实践。可见，家校协作推进劳动教育的机制还有待完善。

（三）教师劳动教育实施的专业水平：亟待提升

教师是组织开展学校劳动教育的主力军。教师的态度、能力直接影响到学校劳动教育开展的成效。调研发现，尽管教师对劳动教育的意义价值、目标定位和途径方法的认识基本到位，但也存在劳动教育组织的方法能力储备不足的问题，亟待培训。

数据显示，70.5%的教师希望能够得到专业的指导和培训，53.8%的教师希望能够提供课程指南。

（四）劳动教育实践基地建设：有待加强

实践基地建设是有效开展劳动实践的重要保障。数据显示，教师和家长对生产劳动、服务性劳动的重要性认识得不够，41.63%的教师认为有必要开展生产劳动，63.35%的教师认为有必要开展服务性劳动；32.98%的家长认为有必要开展生产劳动，55.45%的家长认为有必要开展服务性劳动。在学生参与的劳动实践中，主要是校内劳动和家务劳动，社会劳动开展少，创新性劳动少，可见，校内外实践基地的开发和建设亟待加强。

三、发展建议

（一）深刻理解劳动教育的综合育人价值

从调研情况来看，学生具备良好的劳动教育观念和态度，但是在劳动精神和劳动习惯的培养上还有进一步提升的空间。在学生参加家务劳动的动机调查中，仅有50.89%的学生是自愿参加劳动，有近一半的学生是受任务驱动或同伴影响，每天坚持做30分钟以上家务劳动的学生仅占17.42%。这些数据表明，学生还并未深刻理解劳动对全面发展的重要意义。

今后，要将培养正确的劳动价值观、培育崇尚劳动的精神作为全区中小学推进劳动教育的基本立足点，深刻理解新时代劳动教育的内涵。在劳动教育实施中把握重点，组织学生积极参加丰富多样的实践活动，在亲身体验和出力流汗中理解劳动、崇尚劳动，要通过师资培训、家长学校等渠道，引导广大教师和家长树立正确的劳动教育观。

（二）劳动教育的运行机制：完善协同推进

需要进一步帮助学校理顺劳动教育的全路径，充分发挥家庭、学校和社会三方在劳动教育中的独特育人价值和功能。一是发挥家庭劳动教育的基础作用，重在学生基本生活技能的培养和劳动习惯的养成。二是明确学校开展劳动教育的主体责任，发挥主导作用，重在有目的、有计划地培养学生的劳动能力，帮助学生系统掌握劳动知识，塑造劳动品质。三是充分激活社会劳动教育的延伸空间，发挥其支撑作用，促进劳动知识和技能的运用，培养劳动价值观和奉献精神。

（三）劳动教育课程体系：整体性优化

在"五育并举"的教育方针要求下，在德智体美劳全面发展的培养目标引领下，学校要将中小学劳动教育纳入顶层设计，系统规划课程建设，把劳动教育的内容细化落实到教学目标之中，融入渗透到教育教学全过程。充分发挥课堂教学的主渠道作用，有力保障劳动教育课时，优化劳动教育课程内容。

一是立足于劳动教育学科教学的基础课程，如劳动与技术、信息与技术，即系统学习马克思主义劳动观、规范的劳动技能课程。二是促进劳动教育与学科之间的相互融通。如初中阶段的道德与法治、语文、历史等课程对劳动观念和劳动精神的融入；美术中关于空间合理布置的技巧、物理的力学知识及运用等。三是因地制宜开发学校特色课程，促进学生创造性劳动。结合学校文化特色和地理位置，把握劳动新形式和新动态，开发利用课程资源，实现劳动教育开展、学校文化浸润和品质发展的统一。

（四）劳动教育条件保障：进一步完善

学校要有效开发校园内部和周边的场地，提高其使用率。充分利用图书馆、少年宫等社会机构或组织，为学生提供更加优质的劳动教育资源。做好社会联动，依靠政府的大力投入和支持，综合考察，统筹建立劳动教育实践基地，为劳动教育提供完善的场地资源，多途径、多举措为学生提供丰富的劳动场所、适当的经费和设备保证。

评价督导是劳动教育实施的重要保障。完善区域和学校的劳动教育评价机制，加强评价督导。加强劳动教育师资培训，通过全员教师培训，促进教师从学科融入角度推进劳动教育。通过专业教师培训，提高劳动教育教师的专业化水平，推动师资建设。

（五）总结推广优秀劳动教育经验

武侯区许多学校坚持开展劳动教育，在多年的实践中积累了丰富的经验。如棕北中学、西北中学外国语学校、龙江路小学、四川大学附属实验小学等学校的劳动教育实践做得极具特色，积淀了丰富的经验与成果。接下来，武侯区要进一步培育并挖掘更多的劳动教育典型学校，提供更多样的经验借鉴。

（作者：成都市武侯区教育科学发展研究院　魏虹　王艺蓉）

第四章　成都市武侯区全面推进新时代中小学劳动教育实施方案

为贯彻落实《中共中央　国务院关于全面加强新时代大中小学劳动教育的意见》精神，进一步完善武侯区劳动教育育人体系，全面推进区域劳动教育优质发展，现就武侯区全面推进新时代中小学劳动教育提出以下实施意见。

一、重要意义

劳动教育是中国特色社会主义制度下的重要教育内容，是全面发展教育体系的重要组成部分。长期以来，武侯区全面贯彻党的教育方针，坚持教育与生产劳动和社会实践相结合，高度重视劳动教育工作，各中小学在劳动教育实践中积极探索，取得了丰富的实践经验和丰硕的成果，有力地提高了学生的劳动素养。同时也要看到，面对新时代、新挑战和新要求，学生的劳动能力有待提升，劳动精神和劳动习惯的培养需要加强，学校劳动教育课程建设、师资队伍和条件保障等方面还有较大的提升空间。为此，必须从全面落实立德树人根本任务，培养担当民族复兴大任的时代新人的需求出发，切实加强区域劳动教育，把学生培养成为德智体美劳全面发展的社会主义建设者和接班人。

二、基本思路

秉承"勤以立人"的核心理念，坚持继承与创新相结合、系统设计与分步推进相结合的原则，以全面提升学生劳动素养为目标，以优化劳动教育课程建设为重点，着力加强劳动教育教师队伍建设，完善多元综合评价体系，拓宽多方协同实施路径，创新组织保障机制，全面构建武侯区劳动教育育人新格局，培养德智体美劳全面发展的时代新人。

三、工作目标

通过劳动教育，使学生能够理解和形成马克思主义劳动观，牢固树立劳动最光荣、劳动最崇高、劳动最伟大、劳动最美丽的观念；体会劳动创造美好生活，体认劳动不分贵贱，热爱劳动，尊重普通劳动者，培养勤俭、奋斗、创新、奉献的劳动精神；具备满足生存发展需要的基本劳动能力，形成良好劳动习惯。为此，武侯区劳动教育的工作目标是，经过 3~5 年的努力，构建起符合武侯区发展实际的五育并举的教育体系；形成学段衔接连贯、课内外融合协同的劳动教育课程体系；建立起管理科学、高效顺畅的劳动教育运行机制和保障机制，全面提升武侯教育品质和育人实效。

四、主要举措

（一）整体构建劳动教育育人体系

立足文化传承与时代创新，着眼中小学劳动教育的落地与落实，整体构建具有武侯特色的"一核三体"劳动教育育人体系。

1. "一核"。

"一核"是指确立"勤以立人"的核心理念。把"勤以立人"的核心理念融入教育教学全过程、全方位。使中小学生真正做到做事要勤快、技能要勤练、学习要勤奋、做人要勤勉，树立天道酬勤、厚德载物的人生观和价值观，自觉将勤劳奋斗的精神内化为个人品质，充分发挥"以劳树德、以劳增智、以劳强体、以劳育美"的综合育人价值，为学生全面发展、终身发展和人生幸福奠定基础。

2. "三体"。

"三体"是指明确以日常生活劳动、生产劳动和服务性劳动为主的内容载体及学段要求。日常生活劳动指个人生活自理和家庭生活事务处理等与衣食住行直接相关的劳动，主要包括整理类、清洁类、厨艺类。生产劳动指亲身实践参与直接创造物质财富的过程，主要包括农业生产、工业生产和手工制作。服务性劳动指利用知识、技能等为他人或社会提供服务的劳动，主要包括校内服务劳动和校外服务劳动，注重结合产业新业态和劳动新形态选择新服务型劳动的内容。

小学低年级要注重围绕劳动意识的启蒙，让学生学习日常生活自理，感知劳动乐趣，知道人人都要劳动。小学中、高年级要注重围绕卫生、劳动习惯养成，让学生做好个人清洁卫生，主动分担家务，适当参加校内外公益劳动，学会与他人合作劳动，体会到劳动光荣。初中要注重围绕增加劳动知识、技能，加强家政学习，开展社区服务，适当参加生产劳动，使学生初步养成认真负责、吃苦耐劳的品质和职业意识。普通高中要注重围绕丰富职业体验，开展服务性劳动、参加生产劳动，使学生熟练掌握一定劳动技能，理解劳动创造价值，具有劳动意识和主动服务他人、服务社会的情怀。中等职业学校的重点是结合专业人才培养，增强学生职业荣誉感，提高职业技能水平，培育学生精益求精的工匠精神和爱岗敬业的劳动态度。

（二）全路径推动劳动教育实施

1. 优化学校课程建设。

将劳动教育纳入学校育人体系，对国家课程、地方课程和校本课程进行有机融合和创新，通过内部优化组合，对学校课程各方面、各要素进行统筹规划，重构学校课程体系，将劳动教育贯通各学段及学生生活的各方面。根据各学段特点，在中小学设立劳动教育必修课，每周不少于1课时。明确教学目标、活动设计、工具使用、考核评价、安全保护等要求，突出劳动教育重点，让学生切实经历动手实践，出力流汗，磨炼意志。

2. 促进学科渗透融合。

中小学道德与法治（思想政治）、语文、历史、艺术等学科有重点地纳入劳动创造人本身、劳动创造历史、劳动创造世界、劳动不分贵贱等马克思主义劳动观，纳入歌颂劳模、歌颂普通劳动者的篇目，纳入阐释勤劳、节俭、艰苦奋斗等中华民族传统美德的内容，加强对学生辛勤劳动、诚实劳动、合法劳动等方面的教育。数学、科学、地理、技术、体育等学科，注重培养学生劳动的科学态度、规范意识、效率观念和创新精神。

3. 强化劳动文化建设。

学校要将劳动品质的培养、劳动习惯的养成教育融入校园文化建设之中。通过制定劳动公约、每日劳动常规、学期劳动任务单，采取与劳动教育有关的兴趣小组、社团等组织形式，融合二十四节气等中国传统劳动所包含的人生智慧，结合植树节、学雷锋纪念日、五一劳动节、志愿者日等，开展丰富的劳动教育主题活动。举办"劳模大讲堂""大国工匠进校园"等劳动榜样人物进校园活动。综合运用宣传栏、新媒体广泛宣传劳模精神，让师生感受并领悟勤勉敬业的劳动精神，提升劳动教育的文化内涵。

4. 广泛开展实践活动。

学校要对学生每天课外校外劳动时间做出规定，每学年设立劳动周，以集体劳动为主，可在学年内或寒暑假自主安排。充分利用校内外资源，链接学校、家庭、社会实践场所，组织开展与课堂教学相连贯、与学校实际相匹配、与学生成长相适宜的劳动实践。注重实践活动的多样化，把握劳动教育重点，丰富劳动体验，提高劳动能力，使学生在亲身实践中深化对劳动的理解，培养学生正确的劳动价值观和良好的劳动品质，促进知行合一。

5. 探索劳动教育新样态。

各学校结合智慧教育示范区建设工作，积极探索，勇于创新，创造性地开发与利用各种课程资源，丰富劳动教育的实施途径和方式，鼓励基于探究、基于项目、基于数据的创造性劳动，实现劳动中线上与线下的交互、体力与脑力的结合、科学与艺术的融通、规范与创造的共生。

（三）健全三方联动协同机制

1. 以家庭劳动教育为基础，持续性开展劳动教育。

家长要注重抓住衣食住行等日常生活中的劳动实践机会，鼓励孩子自觉参与、自己动手，随时随地、坚持不懈地进行劳动，掌握洗衣做饭等必要的家务劳动技能，每年有针对性地学会 1~2 项生活技能。鼓励学校（家委会）和社区等组织开展学生生活技能展示活动。家庭要树立崇尚劳动的良好家风，家长要通过日常生活的言传身教，潜移默化地让孩子养成从小爱劳动的好习惯。

2. 以学校劳动教育为主导，常态化开展劳动教育。

学校要切实承担劳动教育主体责任，研制《学校劳动教育实施方案》，明确实施机构和人员，整体优化学校课程设置，开齐、开足劳动教育课程，不得挤占、排用劳动实践时间。针对学生的年龄和阶段特征，让学生系统学习掌握必要的劳动知识和技能，科学设计课内外劳动项目，采取灵活多样的形式，激发学生劳动的内在需求和动力。统筹安排课内外时间，可采用集中与分散相结合的方式，组织实施好劳动周，小学低、中年级以校园劳动为主，小学高年级和中学可适当走向社会、参与集中劳动。

3. 以社会劳动教育为依托，开放性开展劳动教育。

充分利用社会各方面资源，拓展劳动教育空间，为劳动教育提供必要保障。学校定期组织学生开展公益性服务劳动、志愿者服务劳动，使学生增强劳动教育价值体认。根据学生年龄特征，安排一定的时间用于引导学生从事农业生产、工业体验和新型服务业劳动，体验现代科技条件下劳动实践新形态、新方式。结合武侯区丰富的文化资源，开展非物质文化遗产类的劳动实践，在动手操作中体会劳动人民的智慧和才干，传承地方优秀传统文化。

（四）完善多元综合评价体系

1. 构建以家庭为评价主体的线上评价机制。

借助武侯"三顾云"应用平台，研制"武侯区家务劳动指南"线上系统，开发各学段的劳动教育内容、劳动技能指导、评价指标体系。家长和学生可登录"三顾云"平台，根据学段进入相应的评价系统，定期开展自我评价和家长评价，从劳动项目、劳动时间、劳动效果、劳动实录、劳动评价五个方面进行记录。学期末根据平台统计数据，进行综合评价。

2. 构建以学校和社会为评价主体的线下评价机制。

学校应科学合理制定相应评价标准，覆盖各类型劳动教育活动，研制相应的评价机制。以学生自评为主，辅以同伴评价、教师评价、服务对象评价等他评方式，对学生参与学校劳动和社会劳动的情况进行过程性记录，开展及时性评价。组织开展劳动技能和劳动成果展示、劳动竞赛等活动，全面客观记录课内外劳动过程和结果，加强劳动技能和价值体认情况的评价。各学校结合线上线下评价机制，对学生劳动素养进行评价，并将劳动教育评价纳入学生综合素质评价体系。

五、组织保障

（一）加强组织领导

成立劳动教育领导小组和推进小组，制定区域全面推进中小学劳动教育的实施方案，切实解决劳动教育实施过程中的重大问题，建立健全家庭、学校、社会三方联动的劳动教育工作机制，整合各类资源，完善相关政策措施。将劳动教育领导小组办公室设在区教科院。

（二）加强队伍建设

明确劳动课教师管理要求，保障劳动课教师在绩效考核、职称评聘、评先评优、专业发展等方面与其他专任教师享受同等待遇。建立劳动课教师特聘制度，为学校聘请具有实践经验的社会专业技术人员、劳动模范人物等担任兼职教师创造条件。

（三）拓展实践场所

充分利用社会各方面资源，为劳动教育提供必要保障。积极协调和引导企业公司、工厂农场等组织履行社会责任，开放实践场所，支持学校组织学生参加力所能及的生产劳动、参与新型服务性劳动，鼓励高新企业为学生体验现代科技条件下劳动实践新形态、新方式提供支持。

（四）强化安全保障

建立校长负责、家长协同、全校教师共同参与的安全管理机制。加强对师生的劳动安全教育，强化劳动风险意识，建立健全安全教育与管理并重的劳动安全保障体系。制定实践活动风险防控预案，完善应急与事故处理机制，保障劳动教育顺利开展。

（五）加强督导考核

把劳动教育纳入教育督导体系，完善督导办法。对学校组织实施劳动教育情况进行督导，将其作为衡量学校教育质量和办学水平的重要指标，并作为对学校及其主要负责人考核奖惩的依据。同时，开展劳动教育质量监测，强化反馈和指导。

（六）加大经费投入

多种形式筹措资金，加快建设校内劳动教育场所和校外劳动教育实践基地，加强学校劳动教育设施标准化建设，建立学校劳动教育器材、耗材补充机制。学校按照规定统筹安排公用经费等资金开展劳动教育。可采取政府购买服务的方式，吸引社会力量提供劳动教育服务。

中篇：学校内生

第五章 学校劳动教育探索创新案例

落实目标、夯实内容、抓实实施、做实评价：
成都市龙江路小学劳动教育实践探索

成都市龙江路小学以"愉快教育"为办学理念，在劳动教育方面，不断传承创新。自 2000 年起开设劳动教育课，由劳动教师牵头，各学科老师共同编撰校本劳动教育课本——《新编劳动技术教育读本》。2020 年，学校依据《中共中央 国务院关于全面加强新时代大中小学劳动教育的意见》《成都市武侯区全面推进新时代中小学劳动教育实施方案》，以课程为支点，通过三类劳动课程的一体化构建，将劳动教育纳入学校教育的全过程，树立了勤以立人的核心观念，以实现劳动教育树德、增智、强体、育美的综合育人价值，不断推进劳动教育，赋能学生成长。

一、落实课程目标，让劳动教育有的放矢

（一）顶层设计，总体规划：设立学校劳动教育总目标

新时代背景下的劳动教育，以提高学生劳动素养为基本目标，以促进学生全面发展为根本追求。学校将国家文件的规定和小学生的身心发展特点相结合，坚持"立德树人""以勤立人"的理念，秉持"知行合一"的原则，积极探索具有"愉快教育"特色的劳动教育模式，设立了学校劳动教育的总目标——"悟责乐行 悦己达人"，旨在引导学生懂劳动、乐劳动、会劳动、善劳动，形成以劳动为荣，并以劳动服务他人的积极劳动观念与精神。

（二）系统谋划，分层推进：劳动教育具体目标制定

根据前期调查研究，学校发现学生劳动教育最亟待解决的是思想认识和

能力习惯问题。为了提高劳动教育实效，发挥劳动教育独特的育人功能，学校根据学生身心发展阶段性特点，遵照"认知、情感意志与实践并重"的原则，以劳动素养为本，系统谋划，分层推进，制定了符合本校学生实际的劳动教育具体目标。以小学中段为例，学校劳动教育的具体目标为：培养学生的劳动观念、劳动知识与技能、劳动习惯和品质、劳动精神。

二、夯实课程内容：让劳动教育丰富多彩

为促进学生的全面发展，学校充分发挥在劳动教育中的主导作用，统整劳动教育课程，将劳动教育融入学校"乐悦"课程体系，形成了不同学段相互衔接，家庭、学校、社会相互融合的立体学校劳动教育课程体系。

学校遵循小学生劳动核心能力发展规律，按照由浅入深、循序渐进的过程，在以前编排的校本教材《新编劳动技术教育读本》和吸收国内同类教材优秀成果的基础上，结合新时代的需要、现行劳动教育指导思想，围绕自我服务、家务劳动、学校劳动、社会劳动等方面，设计了以"三会两爱"——"会自理、会操作、会照顾、爱公益、爱创意"作为课程目标的主题指引，形成劳动能力体系，将课堂教学与实践活动相结合，丰富学生的劳动体验，增强其劳动能力。

三、抓实课程实施，让劳动教育落地生根

（一）尊重学生基础学力发展规律，推进劳动课程规范化实施

学校尊重学生基础学力发展规律，聚焦能力基础课程，建设并不断完善劳动教育必修课程，由原来的部分学段开展，转变为全学段覆盖，保证每周1课时的劳动必修课；成立劳动学科教研组，除两名专职的劳动教师外，还吸收学校的成都市优秀班主任，语文、科学、体育等多名学科教师，进行每周一次的教学研讨。针对不同年龄段的特点，由两名劳动专职教师进行日常生活劳动、生产性劳动和服务性劳动的课堂教学工作。围绕劳动教育课的五环节——讲解说明、淬炼操作、项目实践、反思交流、榜样激励，劳动教研组在新授课、实践练习课的基础上，探索出劳动教育的新课型——分享讨论课，以此落实劳动意识、情感、态度的培育和劳动品质的塑造。劳动能力基础课

程的教学注重科学性，具有实践性和实效性，保证了劳动课程的规范化实施。

（二）遵循学生个性发展需要，促进劳动课程主体化实施

学校根据学生个性发展需要，开展个性化、多元化的劳动教育。来自各个学科的教师，利用所长，在每周五的"乐悦"选修课中开设"创意女红""快乐淘淘""生活小能手""E博士""归园田居""理财小达人"等课程，进行专业性和针对性更强的劳动教育，对劳动必修课程予以补充和拓展，进一步培养学生的劳动习惯，塑造学生的劳动品质。学生根据自己的兴趣爱好和需要，在网上进行自主选课，走班上课。学习内容从体力劳动拓展到脑力劳动，学习方式走向主体化，学生的学习兴趣得到进一步调动，劳动潜质得以充分挖掘，劳动创造力得以提升。

（三）注重学生劳动素养提升，推动劳动课程校本化实施

学校注重学生劳动素养提升，深化实践体验课程，有目的、有计划地组织学生参加日常生活劳动、生产劳动和服务性劳动，让学生动手实践，培养学生正确的劳动价值观和良好的劳动品质。实践体验课程从"劳动与家庭""劳动与自然""劳动与社会"三个维度构建，突破时空的限制，整合班会、队会、综合实践活动等校内时间，以劳动项目实践重组为劳动日、劳动竞赛、3阶21天打卡闯关等，为学生创造参与学校、社区、社会劳动服务的机会。学校创新劳动教育实施人员组织机制，组建"校外劳动教育辅导员"体系，将能工巧匠、专业技术人才、劳动模范、非遗传人等引入校园，更加专业、更加规范地提升学生的劳动素养。活动过程中，学生自主选择劳动板块，在准备期习技习德，在实践期出力出汗，在反思分享期入脑入心，为成为具有良好劳动素养的高素质人才打好底色。

综合、联通的课程实施体系，将课前、课中、课后进行一体化设计，并让学生从课内走向课外，从学校走向家庭、社区、自然，在广阔的学习空间里，学生用力所能及的劳动服务社会，从而感受劳动价值，提升劳动素养，成长为具有全面发展人格的新时代创造性劳动者。

四、做实课程评价，让劳动教育促进成长

学校已经建立并运行了多年的"新三好"学生评价体系，将劳动教育的

评价也一以贯之融入学生整体评价，除了教师、家长、同伴等对劳动情况进行及时记录和反馈，学生进行自评和反思，学校还特别重视劳动服务对象的评价，以及评价内容多维化，评价方式多样化，采取"有质有量""有情有行"的劳动教育评价方式，及时给予学生参与劳动的肯定和认可，注重评价实效。

劳动课程评价是学校构建劳动素养评价的重要部分，是检验学校劳动教育实施效果的重要手段，对学校优化劳动教育有重要意义。学校注重过程性评价，从现代技术数字画像入手，形成了"双元主体"，即"个体+群体"相结合的劳动教育课程动态评价模式。其中，个体评价和团体评价所占比例从低段到高段呈动态变化。评价中，个体评价与群体评价相互作用、相互影响，个体评价对群体评价有直接影响。这样的"双元主体"劳动教育评价模式既强调对学生个人劳动态度、劳动技能等的评价，又注重学生集体意识的培养，促进学生的全面发展，让劳动为学生的幸福人生奠基。

劳动教育课程带给学生的成长，不只是知识的积累、技能技巧的习得，更重要的是劳动意识、责任感、人际交往、同理心、团队精神等综合素养的全面提升，深化对劳动价值的理解，不断凝聚劳动的力量，让孩子们萌发为城市建设、为中国梦而努力的学习动力。我们的最终目的不仅仅是培养合格的劳动者，更希望让劳动彰显人的价值，绽放人的生命。

未来，我们将继续优化学校的劳动教育课程，丰富劳动教育形式，充分发挥劳动教育的育人功能，让有机更新的劳动教育课程成为学生成人、成才过程中的强大助力！

嗅得泥土的气息，闻到五谷的芳香
——"劳动创造幸福"实践育人探索：
成都市磨子桥小学分校劳动教育实践探索

成都市磨子桥小学分校自 2007 年建校以来，着眼于学生的全面发展，不断完善学校综合育人体系，推进实施五育融合、五育并举，取得了明显的阶段性成效。

"劳动创造幸福"劳动综合育人实践从以下三个方面展开。

一、紧扣育人目标主题，创新劳动教育实践

人类社会的发展离不开劳动，劳动是中华民族的传统美德，劳动教育是学校教育的重要一环。为此，我们把劳动教育作为实施综合育人的重要抓手，立足学校办学实际进行顶层设计和推进。

一是根植学校办学思想，创新劳动教育理论。习近平总书记曾指出，要开展以劳动创造幸福为主题的宣传教育，把劳动教育纳入人才培养全过程，贯通大中小学各学段和家庭、学校、社会各方面，教育引导青少年树立以辛勤劳动为荣、以好逸恶劳为耻的劳动观，培养一代又一代热爱劳动、勤于劳动、善于劳动的高素质劳动者。以习近平总书记关于"劳动创造幸福"的重要论述为指导，结合"幸福教育"办学思想，紧扣"让每个孩子享有幸福的童年，为学生的终身幸福奠基"办学目标，学校逐步摸索和形成了"劳动创造幸福"的劳动教育理念，并以此作为学校劳动教育的核心思想与指导纲领。

二是紧扣劳动教育实质，创新劳动教育的顶层设计。学校结合历史传承、现实基础、未来预期等要素，以"推动特色创新项目发展"为主题，以"创新劳动教育实践"与"深化书香校园建设、发展体育优势项目"为抓手，在"十四五"规划中明确提出打造"阅读、劳动、体育"三张亮丽名片。根据教育部《大中小学劳动教育指导纲要（试行）》精神，学校对推进劳动教育工作进行了重新构建，拟定了学校"十四五"时期劳动教育课程实施方案，

以"劳动创造幸福"为核心理念，以"五讲、四美、三勤"为主要目标构建服务性劳动、日常生活劳动和生产劳动课程。"五讲"即以"讲奉献、讲责任、讲分工、讲合作、讲友善"为服务性劳动课程内容，"四美"即以"美食、美室、美物、美器"为生活劳动课程内容，"三勤"即以"勤耕作、勤手工、勤节俭"为生产劳动课程内容。

三是立足学生活动所需，创新劳动教育的场地资源。占地 20 亩，一所城市小学打造出来的劳动教育实践基地，把不可能变成了现实。其实，在校园内，早有一块深耕 14 年的自留地，那就是小小"幸福农场"，学校开展的农耕劳动教育从建校坚持至今。近年来，随着办学规模的扩大，学校亟须大力拓展劳动教育实践场所，打造劳动教育的新场景。2020 年，学校结合所在区域的现实条件，经过深度思索和挖掘多方资源，积极寻求多部门的联动支持，利用紧邻学校的一块闲置土地打造出占地达 20 亩的"幸福农场"，这是中心城区学校占地面积最大的综合性劳动教育实践基地之一，为学生"嗅得泥土的气息"培上了厚厚的土壤。

二、立足课程整体构建，深度实施劳动教育

学校是实施劳动教育的主阵地，我们立足人的终身发展需求，基于学校的教育主张，将劳动教育融入学生的学习生活与社会实践中，立足课程的整体建构和推进，培养孩子良好的劳动习惯和品质。

一是细化了课程设置。我们通过设置分类课程，细化了三类劳动的主体课程内容。日常生活劳动立足个人生活事务处理，1~6 年级各细化 10 项家务劳动清单，着重培养学生的生活能力和良好的卫生习惯。将生产劳动确定为学校劳动教育的特色与主体，为解决现代城市人"四体不勤、五谷不分"的发展短板，紧扣粮食安全是国家安全的重要基础，基于学校占地达 20 亩的"幸福农场"编制主粮种植校本课程，将"水稻、玉米、小麦、豆类、薯类"五大主粮融入 1~6 年级的种植劳动体验中，并根据时节配套种植适宜成都平原气候的瓜果蔬菜。目前，全套共 7 册的"身边的五谷"课程资源已开发完毕，正在进行修订和完善。在"幸福农场"里，58 个教学班都有一块自己的责任地，1~2 年级学生主要是观察和体验，并适当参加辅助性劳动；3~6 年

级学生在老师的带领下以学生种植为主体，真正地让学生动手实践、出力流汗体验辛勤劳作的过程。同时，结合基地种植劳动的开展，配套开展生活劳动和服务性劳动，如开展认识劳动工具、清理农场、清洗蔬菜、劳动成果售卖、社会捐赠等活动。服务性劳动通过小小志愿者、美化教室、社区服务等校内校外劳动，让学生利用知识、技能等为他人和社会提供服务，树立服务意识，强化社会责任感。

二是落实了课时安排。每年安排劳动教育总课时 36 节，原则上每周 1 节。基于学校开展生产劳动的主体安排，生产劳动年课时达 18 节，服务性劳动课时达 10 节，生活劳动课时达 8 节。根据学校农事历表和年段劳动项目清单，采用长短课的方式将各班每周劳动课和品德与生活、品德与社会课连排，需到基地参加劳动的课安排 2 节连堂，知识性课程则安排 1 节短课，确保了课时安排的可操作性。通过专兼职融合的方式解决师资问题，学校聘任了具有农业专业知识和基地建设经验的专职教师 1 名，劳动教育辅助人员 2 名。同时，将班主任作为劳动教育兼职教师，课时计入工作量。

三是实现了学科融合。秉持五育融合的推进策略与思路，梳理整合各学科与劳动教育的契合点和学科资源，在语文、数学、科学、美术、体育、音乐等学科和德育教育中渗透融入劳动教育，真正实现以劳培德、以劳增智、以劳强体、以劳育美的目的。如紧扣幸福农场主粮种植主题，让学生在劳动中感知粮食的来之不易，让德育教育中的节俭教育成为学生的内化感受；在语文学科中通过写植物观察日记和劳动体验感悟等提高学生参与劳动的兴趣，树立正确的劳动观念；在科学学科中借助农作物的栽培过程，通过记录科学观察手册、参与科学实验等提升学生的观察和研究能力；在美术学科中利用植物枝干叶、种子及果实等进行美术创作，用收获的萝卜刻印章、用收获的种子进行创意拼图等，并将学生创作的树叶贴画、种子贴画、草编、扎染等艺术作品用于校园文化装饰，营造良好的劳动教育文化氛围，提高学生的审美情趣。

四是丰富了实践活动。深入开展与劳动教育相关的综合实践活动课程，以基地种植活动为基础，在"身边的五谷"校本课程资源开发中融入综合实践推进策略。学生种植五谷主粮及瓜果蔬菜，不是停留在简单地从事体力劳动上，而是从有关五谷的诗词、谚语、发展历史和对谷物的认识等开始进行接触和学习，在播种、田间管理、收获后让学生尝试进行食物的精加工，学生在自主探究和动手实践中参与劳动、获得体验、增得知识、形成素养。同时，根据农作物种植活动安排，让学生懂得中国古代二十四节气农事历法，感受劳动人民长期的经验积累成果和智慧结晶。根据时节安排，定期通过举办"青秧插满田"插秧比赛、采摘节、收获兑换节等拓展活动，充分激发学生参与劳动的兴趣，让学生收获更多的劳动体验，提升学生的综合能力。

五是推行了智慧评价。采用线上和线下评价相结合的方式把生活劳动、生产劳动、服务性劳动纳入评价体系中，将学生参与劳动的过程及表现等进行币制量化评价。线下纸质评价采取学生自评、互评的方式填写评价手册，写下劳动的感悟和收获，形成过程性评价。线上评价利用现代教育技术开发出全新的智慧校园 App，班主任老师通过智慧校园 App 对本班学生劳动情况进行评价和管理。家长和学生可通过智慧校园 App 应用平台进入相应的学习打卡系统，家长通过上传孩子参与劳动的图片及视频，从劳动项目、劳动时间、劳动效果、劳动实录、劳动评价五个方面进行记录，定期开展学生自我评价和家长评价。在学期末，学校根据平台统计数据，对学生进行综合多元评价，形成学生个人的劳动素养评价报告。

三、优化联动运行机制，建立共建共享模式

学校建立完善劳动教育体系，得益于区域推进劳动教育的整体规划与资源供给，在《成都市武侯区全面推进新时代中小学劳动教育实施方案》的政策推动下，充分地整合各方资源，形成了强有力的联动推进机制。

一是与科研院所联合，培养孩子的创新精神。把劳动教育与创新创造紧密融合，为增强学校劳动教育的时代特征与科学要素，我们紧密衔接中国科学院成都生物研究所、四川农业大学和成都农业科技职业学院等高端资源，建立合作研究和推进机制，在课程开发、基地建设、师资培训等方面寻求指导帮助，确保了学校劳动教育的时代站位。

二是与家庭、学校、社会联动，形成家校共育的合力。学校开展劳动教育得到了家长们的高度认可与支持，家长也成为学校劳动教育的参与者。每

个班级设立 5 个家长志愿者岗位，成为志愿者的家长担任劳动教育家长安全员、评价员、指导员，参与到学校的播种节、收获节、跳蚤市场等活动中。同时，充分挖掘社区和社会资源，聘请具备特殊劳动技能的社会志愿者开展"小手牵大手·亲子进社区"校外公益服务劳动，如联合社区志愿者开展稻草人制作手工课，邀请非遗传承人开展"天府文化"系列活动、皮影制作、茶艺等课程，拓展了学校劳动教育课程资源，形成了家庭、学校、社会联动的机制。

三是区域联盟推进，丰富共建、共享资源。在"幸福农场"的开发建设中，我们联合区域内学校建立起"劳动教育共同体"，形成了"课程共享、师资共享、基地共享"的合作共建模式，充分发挥基地的资源优势，充分彰显各学校劳动教育的特色，在区域内形成了浓厚的劳动教育推进氛围，为武侯区全面构建劳动教育育人新格局进行了积极的探索与实践。

新时代背景下推进实施的劳动教育，让"劳动创造幸福"成为伴随孩子一生的精神食粮，这是我们的目标孜孜不倦与的追求，更是为培养德智体美劳全面发展的社会主义建设者和接班人的新作为！

课程统整、立实强通
——城市初中学校劳动课程育人体系建构和实践：
成都市棕北中学劳动教育实践探索

为贯彻落实《中共中央 国务院关于深化教育教学改革全面提高义务教育质量的意见》和《中共中央 国务院关于全面加强新时代大中小学劳动教育的意见》精神，成都市棕北中学自 1996 年建校伊始，坚持"以人为本，面向未来"的办学思想，用信仰与坚守，确立了"勤以立人，以劳树德"的劳动价值观，坚持五育并举，促进了劳动教育的落地和质量提升。棕北怡然清爽窗明几净的校园，几乎没有清洁工，全靠学生全员劳动，自主管理，自我服务。

一、基于教育的使命与初心，做好劳动教育的顶层设计

劳动教育是五育中落地的重要环节，是解决好"培养什么人""怎样培养人""为谁培养人"的根本性问题。学校坚持以"劳育"带"全育"，发挥劳动教育特有的育人价值，以"五育融合"为着力点，整体设计学校教育教学体系，把"出力流汗"的劳动教育作为培养学生核心素养的关键工程，以"课程统整"的思路，探索让劳动教育课程立起来、实起来、强起来、通起来的有效路径和实施策略。

针对劳动教育的顶层设计，我们认为：从五育并举的教育思想出发，劳动教育应该和德育、智育、美育、体育一致，全面贯穿和渗透于学校的教育教学实践中。从素质教育深化实践出发，突出劳动教育的整体育人功能，形成一个全员、全方位、全过程的学校劳动教育新样态。

二、立足需求，让劳动教育基础课程"立"起来

学校以"劳动服务班"模式、校本课程、社团活动方式和职业考察体验项目，以基础课程形式设定为必修课，让劳动基础课程"立"起来。

（一）"劳动服务班"模式——因地制宜，全员参与

案例：学校从解决校园"清洁和保洁"问题开始，融入礼仪服务、自主管理等教育功能，逐步加入"校园美化"和"校园维修"内容，推行周"劳动服务班"制度，独立编制课表，每天集中开设两节基础劳动课程。服务班对校园公共区域"分片承包、责任到人"。推动劳动服务课程，学校制定"十有"模式：有领导小组、有课表保障、有专兼职教师、有目标计划、有操作流程、有过程指导、有总结评价、有部门联动、有规章制度、有课程渗透。

（二）厨艺技能培养——幸福生活，奠基未来

每周设计厨艺烹饪必修课，让学生每学期新掌握两道菜肴的烹饪技能，每学期通过班级厨王争霸赛、我为家人秀厨艺、寒暑假"今天我当家"等活动平台进行演练、展示与评价，为未来幸福家庭生活奠基。

（三）职业考察体验——家校融合，开放互助

案例：坚持开展"我和爸妈一起去上班"职业体验实践活动，认知父母职业的内容与价值，体验职业劳动的艰辛与成就，融洽家庭代际关系，统计熟悉行业的分类，认真思考职业生涯规划。学校坚持在学期内和寒暑假开展活动，持续提升劳动实践能力。从"单一"走向"多样"，让劳动基础课程"立"起来。

三、空间延伸，让劳动教育拓展课程"实"起来

拓展型课程分为必修和选修两类：必修类包括家务劳动、社区服务、社会实践；选修类包括厨艺、巧手坊、手工、通用技术、信息技术、创客、机器人等。

（一）家庭日常生活劳动——教育引导，考核跟进

学校和家长，家长和孩子签订劳动合同承包书，落实洗衣、熨烫、扫地等家务劳动，绿植养护、居室美化、简单维修等家政服务，通过提交图片、视频和签字的表格，将表现情况纳入评价体系。

（二）社区公益志愿服务——真实劳动，流程管理

一是从身边做起，营造美好生活环境。二是从小我到大我，组织学生开展"服务社区、奉献社会、提升自我"的志愿服务实践。三是积极参与社区

治理，锻炼提升实践能力，坚持开展"文明交通劝导员、清理城市牛皮癣、场馆解说员、酷暑送清凉"等为建设和谐社会尽自己的力量。

四、创新创造，让劳动教育探究课程"强"起来

探究课程以科技制作、创客课程、项目学习等课程形式，实现"脑体并用"，让劳动教育探究课程"强"起来。

（一）科创课程——牵头实施，项目负责

以"五小项目"——"小发明、小创造、小革新、小设计、小建议"等活动，在老师指导下自主策划、实施、总结、评价并形成科创成果。

（二）创客课程——家长导师，协同配合

拓展资源聘请有科技专长的学生家长担任导师，成立家长导师团，并由班主任和创客教师配合，实施创新型劳动教育课程。

（三）项目学习——脑体并用，实践创新

整合学校周边的资源，建构了"项目创新"劳动教育模式，如中国科学院成都分院生物研究所的科学家牵手中学生的实验项目有植物项目、微生物项目和动物项目等。

项目学习案例——"李冰号"智能水质监测船，是生态保护的创新实践。从 2018 年 8 月开始，其在锦江经过多次实地测试，获得的实时数据与同期四川大学分析化学检测结果比较，真实有效，宣告了"李冰号"水质监测船设计制作成功，同年 11 月在全国第三届综合实践优秀成果展示活动中获得特等奖。

五、五育并举，让劳动教育融合课程"通"起来

学校在开发劳动教育课程的过程中，实现五育协调一体、优势互补，通过学科融合、家校融合、社会资源整合，让劳动融合课程"通"起来，达到"1+4>5"的育人效果（见图5-1）。

（一）劳动"+管理服务"——岗位管理、礼仪服务

劳动服务班除了对校园保洁和美化，还要履行"清洁保洁员、纪律监督员、公物管理员、安全提示员、文明督导员、礼仪示范员"等管理岗位职责，

培养劳动"+管理服务"能力。

（二）劳动"+学科教学"——做学融通，学科育人

人文学科注重劳动观及中华民族传统美德等方面的教育。自然学科侧重劳动的态度、意识、观念和精神培养。跨学科项目要求贴近实践、贴近社会，以学生完成某一作品为结果导向。

（三）劳动"+艺体活动"——美育熏陶，体育健体

为落实国家"双减"政策和五项管理，学校通过劳动"+艺体活动"的方式，让学生在劳动中出力流汗、锻炼身体、增强体质、创造美好环境与生活，如绘川剧脸谱、泥塑陶艺制作等。

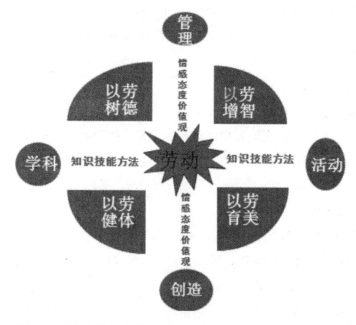

图 5-1　成都市棕北中学"一体两翼大融合"劳动课程育人体系

六、学校劳动课程育人成效丰硕

（一）学生劳动素养：得到全面、健康、持续提升

学校建校以来先后有 21 000 人次获"劳动小能手"、1 260 人次获"环保之星"、1 220 人次获"礼仪之星"、1 235 人次获"管理之星"等荣誉称号。学生先后获得摩托车冷暖空调帽、水面漂浮物自动回收船等 21 项发明专利，

并将其转化成生产力为社会服务。近年来，学生参与的"劳动+"相关比赛中，有 24 人获全国奖、658 人获省市奖励。

以劳润心，25 年的劳动浸润让棕北毕业学生在事业上敬业奉献，专注钻研，还积极投身公益事业和志愿服务。他们的家庭或者婚姻因劳动而和谐幸福。

（二）促进了教师专业化发展

"劳动+"促进了教师教育观念转变升华，激发了其职业情感。近年来，在 220 名教师中，涌现出正高级教师 2 人、特级教师 6 人、市区学科带头人 20 人，区级以上优秀教师、优秀班主任 100 余人、名师工作室 5 个，名优师率 79%。劳动专任和兼任教师 36 人中，涌现市区学科带头人 5 人、省市国家级优秀教师 5 人，获两项发明专利，有 3 位教师还参加了全国使用的《劳动教育》教材的编写并任主编。

（三）提升了学校办学效益

多年来，学校锐意进取，以"劳育"带动"全育"，以"劳动+"带动学校整体提升，先后荣获全国管理创新品牌学校、四川省文明校园、省优秀志愿服务队等 32 余项国家级、省级殊荣，是成都市优质初中教育的典型代表学校。

（四）实践推广，辐射引领

学校"劳动+融合课程"受到国内外同行的广泛关注。近年来，学校劳动教育接待国际级交流访问 8 次，国家、省、市级交流 100 余次。上海、广东、重庆等地区 20 余所学校推广应用本成果。

劳动，在棕北人的情感世界里丰富多彩。劳动教育，在棕北人的心中绚烂多姿。站在新时代、新起点，弘扬劳动精神，培育劳动情怀，践行棕北人自己的教育理想和大教育观，让劳动教育和五育融合落地生根，是棕北教育人的使命与荣光。

树德增智、强体育美研究与实践相结合彰显劳动育人功能：

四川大学附属中学劳动教育实践探索

基础教育课程承载着党的教育方针和教育思想，规定了教育目标和教育内容，是国家意志在教育领域的直接体现，在立德树人中发挥着关键作用。学校按照教育部《普通高中课程方案（2017 年版 2020 年修订）》的要求，围绕学校"全面发展，长于研究"的培养目标，基于核心问题进行必修及选择性必修的学科课程、综合实践活动课程、劳动课程、学科选修课程、校本课程等五大类课程的开发与实施，构建了五育并举的研究性课程体系。本文就其中的劳动课程开发与实施作交流。

一、学校五育并举的研究性劳动课程体系

2020 年 3 月，《中共中央 国务院关于全面加强新时代大中小学劳动教育的意见》明确指出，劳动教育具有树德、增智、强体、育美的综合育人价值，要把劳动教育与德育、智育、体育和美育相融合，探索具有中国特色的劳动教育模式。学校依据教育部《大中小学劳动教育指导纲要（试行）》构建落实五育并举的研究性劳动课程体系，充分发挥劳动的育人功能。

（一）学校劳动课程体系

学校有目的、有计划地组织学生参加日常服务性劳动、生活劳动和生产劳动，并注重丰富职业体验。每类劳动课程都基于核心问题开发实施，都有明确的劳动育人目标。如服务性劳动课程，要求学生获得真切的职业体验，利用所学知识技能服务他人和社会，树立服务意识，强化社会责任意识和奉献精神。我们积极组织学生利用周末和节假日参加各种服务性劳动，深入城乡社区、福利院和公共场所等参加拥军优属、敬老服务、帮贫扶困、志愿服务等公益劳动；积极参加大型赛事、社区建设、环境保护等公益活动。学校努力实现劳动教育的树德、增智、强体、育美的综合育人价值，开发实施形成劳动课程体系。

（二）学校劳动课程性质

教育部《大中小学劳动教育指导纲要（试行）》明确指出劳动教育要具有鲜明的思想性、突出的社会性、显著的实践性。学校以培养"研究型"大学附中为特色发展目标，以"全面发展，长于研究"为培养目标，因此劳动课程具有必然的研究性。学校劳动课程的性质具体如下：

1. 鲜明的思想性。

必须将马克思主义劳动观贯彻始终，强调劳动是一切财富、价值的源泉，劳动者是国家的主人，一切劳动和劳动者都应该得到鼓励和尊重；倡导通过诚实劳动创造美好生活、实现人生梦想，反对一切不劳而获、崇尚暴富、贪图享乐的错误思想。

2. 突出的社会性。

必须加强学校教育与社会生活、生产实践的直接联系，发挥劳动在个人与社会之间的纽带作用，引导学生认识社会，增强社会责任感；注重让学生学会分工合作，体会社会主义社会平等、和谐的新型劳动关系。

3. 显著的实践性。

必须面向真实的生活世界和职业世界，引导学生以动手实践为主要方式，在认识世界的基础上，获得有积极意义的价值体验，学会建设世界，塑造自己，实现树德、增智、强体、育美的目的。

4. 必然的研究性。

主动的劳动者在真实的劳动情境中，不仅仅把劳动作为任务来完成，还必须将其作为一个对象来研究，从现实状况与理想状态的对比中主动发现问题、解决问题、提高劳动效率和劳动质量，锤炼意志品质，敢于在困难与挑战中高质量完成劳动任务，获得创造性劳动体验并提高研究素养。

例如学生们参与"皮蛋的制作与研究"劳动课程，拟定的核心问题"到怀远镇考察皮蛋制作，制作皮蛋并尝试探究影响皮蛋品质的因素，撰写感受"。师生们在核心问题的引导下，到怀远镇找到了做皮蛋最有名的罗婆婆和她的师父，既学习了相关食文化和民俗，也看到了传统手工技术的传承，还懂得了做松花皮蛋必须加入对人体有害的含铅黄丹粉，师生们需要对传统手艺进行创新研究，研究制作出不同敷料、封存时间不一的鸭蛋鸡蛋鹌鹑蛋做的皮蛋。这样具有核心问题的研究性劳动课程既促进学生在劳动实践的深度体验中体会制作皮蛋的艰辛，感受收获皮蛋制作的喜悦，进而获得意志磨炼，技能提升，态度内化和习惯养成。

学校基于核心问题开发实施的劳动课程，在核心问题引导下的过程结果注重研究与实践相结合，引导学生在核心问题的解决活动中亲历、体验、实践、研究劳动，进而实现树德、增智、强体、育美的劳动育人功能。

二、基于核心问题，开发实施彰显育人功能的劳动课程

《中共中央 国务院关于全面加强新时代大中小学劳动教育的意见》要求开发的劳动课程具有综合育人功能，既要满足劳动的课程性质要求，又必须立足于新时代学生应具备的核心素养培养的要求，为学生的全面发展服务。近年来，我们基于核心问题将研究与实践相结合，初步形成了彰显育人功能的劳动课程的探索路径。

（一）追求课程价值，彰显劳动树德功能

劳动教育的出发点和归宿在于育人，这既是劳动教育的本质特征，也是其根本价值。劳动教育的目标可以分为以下维度：培养劳动观念、掌握劳动知识与技能、养成劳动习惯与品质，其核心目标是劳动价值观的塑造而非技能培养。因此学校对劳动课程的价值追求首先要彰显劳动树德功能，一方面引导学生树立正确的劳动观，培养学生积极劳动的劳动态度，铸造学生的劳动品质，形成健全人格和良好的思想道德品格；另一方面特别注重劳动教育中的职业体验、生涯规划等内容，引导学生以研究的眼光体验不同职业形态，了解职业、认识自我、树立志向，在劳动中树立正确的职业观、劳动观和人生观，树立"生活靠劳动创造，人生也靠劳动创造"信念，为未来步入职业世界做好准备。

如服务类劳动课程"学校周边 AED 投放布局研究"，课程的开设缘起于我校政治老师偶遇一老人突发心脏病而现场人员无助的经历，师生对此展开调研，发现国内的急救知识和 AED（自动体外除颤仪）普及率较低，了解到成都市政府正在规划大规模投放 AED，从而引发思考。师生共同商定了"学习使用 AED，调研其投放布局及使用现状，设计学校周边 AED 投放布局并制

图，撰写研究报告，提交政府部门"的核心问题。此课程有效整合社会资源，将"社会公共资源"转化为"课程资源"，邀请区红十字会老师为同学们做急救培训，学习急救技能，把生命教育与实践体验结合起来，树立正确的生命观和劳动价值观；学生在走访调查人民公园 AED 投放现状的劳动实践中，逐步以研究性劳动者的眼光、奉献的劳动精神，创造性地提出 AED 投放的一系列普适原则，进而依据研制的原则规划绘制学校周边 AED 的静态和动态投放图，在前述系列劳动过程中学生不断地激发出自己的研究潜能，针对 AED 数量少、资金短缺的现实问题创造性地提出了移动 AED 的未来设想，并成功研制了城市 AED 动态图，激发出不畏艰难、不怕吃苦的劳动精神。随着研究的不断深入，课程从最初的学生个体习得 AED 服务性技能上升到为成都市 AED 图布局的制作，希望能服务于社会大众，充分彰显了劳动树德价值；随后同学们积极主动向成都市卫健委网络问政并得到积极回应，这种深度的政治参与充分体现了同学们的社会责任感、使命感。整个劳动课程的开发与实施很好地培养了学生的劳动素养和以社会责任感、创新精神、实践能力为代表的研究素养。学生通过亲身的劳动在服务与贡献他人和社会的劳动中实现自我价值，充分彰显了劳动树德的功能。

（二）深究课程内容，彰显劳动增智功能

单纯劳动，不足以成为劳动教育；机械劳动，难以引发学生持续学习。如何突破高中阶段劳动教育的瓶颈，以改变"一些学生轻视劳动、不会劳动、不珍惜劳动成果的现状"。学校依据高中生身心发展特点，基于核心问题进行劳动课程开发实施，深入研究劳动课程开发内容，提出以创造性劳动作为引领劳动教育走向深入，在实现五育并举的同时凸显彰显劳动增智的育人功能。

以创造性劳动引领劳动教育深入，从根本上来说就是要让学生充分关注劳动实践中的"科学"因素，将动手活动和动脑思考有机结合起来、使学生善于运用科学领域中的研究方法和认识成果进行创造性劳动。创造即为"研究"，将创造性劳动中所希望解决的问题、问题解决的活动提炼出来，就组合成为课程的核心问题（任务），内含课程开发深入研究的内容。因此，我们在课程开发中就要求核心问题具有研究性。首先，具有一定挑战性的新问题或者新任务能使学生内心形成悬而未决又力图解决的状态，激起学生的研究兴趣，愿意躬身投入；其次，核心问题所指向的劳动过程、劳动成果应具有研究性，即劳动过程的活动形式具有研究性，在单纯体力劳动的同时进行探究、发掘、设计等脑力劳动，以达成具有研究性的劳动成果。

如生产劳动课程"雨水花园中辣椒培育研究"，为使辣椒种植这项普通的农业生产劳动发挥增智功能，就应不仅仅把辣椒种植作为劳动任务，习得种植技术即可，还应将其作为一个对象来研究，因此师生共同商定核心问题"实地研习辣椒种植技术，利用学校雨水花园展开常规辣椒栽培研究并撰写研究报告"。在核心问题引领下，学生对播种深度、温度、光照、湿度、土壤的酸碱度进行了测量，探究出它们对苗的影响；从辣椒出苗开始，利用生物学的知识进行科学育苗，对叶的数量、叶长、叶宽进行了翔实的记录，探究植株的生长规律；亲自动手对照实验、调配农药、展开施药研究，研究辣椒挂果期防病、杀虫、科学采摘、适当去尖等培育措施。研究中，同学们利用独立性检验的知识验证肥料与辣椒"三落"的关系。经历一系列研究与实践相结合，不断深入的辛勤劳动，学生不仅培育出若干品种的辣椒，还反思出创造性劳动的一般研究路径和思维方式：观察现象→发现问题→确定主题→学习研究（研究文献、请教专业人士等）→提出假设→设计实验→实施实验（运用控制变量法，设置对照实验等）→收集数据→分析数据→得出结论。更为难能可贵的是，学生在研究与实践中相结合的艰辛劳动中，学习到不怕苦、不怕累、孜孜不倦、实事求是的研究品质，自发地反思总结"发挥主观能动性与尊重客观规律结合""将孜孜不倦的研究精神运用到自己的学习生活中""实践是检验真理的唯一标准"等研究心得，纷纷表示课程学习所得定会在解决学习生活新问题中发挥积极作用，这样的课程在达成五育并举中彰显了劳动增智的功能。

（三）丰富课程形式，彰显劳动强体功能

为全面贯彻《中共中央 国务院关于全面加强新时代大中小学劳动教育的意见》中的要求，帮助学生养成"随时随地、坚持不懈进行劳动"的习惯，学校基于核心问题推进劳动课程，并不断丰富其课程形式，且有相关的具体要求。如对日常生活类劳动提出劳动时间、劳动技能和质量等要求，规定检查和补做要求等促进学生形成相应技能并经常运用。课程实施中强调通过核心问题的提出与解决，实现学生的情境实践活动特别是身体性的情境实践活动，使劳动真正成为一种行之有效的健身强体方式，在实现五育并举的同时彰显劳动强体功能。如劳动课程"光盘行动倡导研究——食堂餐余垃圾现状调查研究"。

课程缘起于学生发现食堂餐余垃圾不少，"舌尖上的浪费"引起他们的思考。课程实施之初，学生采用张贴海报、集会形式倡议光盘行动但效果不佳，这属于较为低级的劳动。随即师生确定研究范围，拟定核心问题"调查分析我校高一、高二航空实验班午餐餐余垃圾现状及产生原因，撰写调查报告"。该核心问题的背后深度植入"光盘行动"的思想性、社会性、实践性和研究性。课程组为将简单劳动转化为较复杂的劳动，丰富劳动方式，要求学生不仅每天中午对餐前每个菜品、餐后每个剩余菜品、每种餐余垃圾称量进行"出力流汗"的劳动；还要每天回收对当日菜品满意度的调查问卷；每天对食堂师傅及高一、高二航空班学生针对午餐食品进行访谈；每天重复较为繁重的体力劳动后还要对获得的三类数据进行统计分析、关联分析，得出分析结论并反馈给食堂师傅和航空实验班学生，这样的劳动就变成了手脑并用的复杂劳动，由单一的体力劳动转为研究性体力劳动，最后学生向学校食堂提交"最受欢迎的十个菜""最不受欢迎的十个菜""对学校食堂餐饮改进的意见与建议"等书面报告，向全校发出"光盘行动，我践行我光荣"的倡议，并通过学生会组织志愿者在全校范围内进行光盘行动志愿服务，效果非常显著。这样丰富学生的劳动实践形式，让学生动手实践，培养学生正确的劳动价值观和良好的劳动品质，学生出力流汗，磨炼意志，养成了富有活力的强健体魄，使得劳动育人中的强体功能得以凸显。

（四）拓宽课程视野，彰显劳动育美功能

劳动本不应只是汗流浃背、粗头布服，还应创造美、蕴含美，让学生在劳动过程中受到美的熏陶与陶冶，提高对美的领悟、感知、评价，让学生真正体悟劳动最伟大、劳动最光荣、劳动最美丽。学校广泛开拓校内外资源，拓展课程视野，让劳动教育走出教室、走进社会，走到生活、生产中去。因为课程视野的拓展能够呈现劳动教育的多种形态，不仅能为劳动教育提供综合性的环境，还在劳动技能学习中升华五育并举的功能，更加彰显劳动的从"发现美"到"研究美"再到"创造美"的育美功能。例如在农业生产劳动中，因与大自然的亲密接触可以欣赏到自然万物的壮阔秀丽之美；在向各行各业的优秀劳动者学习的过程之中，可以体验到不同劳动中所蕴含的技艺娴熟之美、人性尊严之美和人格高贵之美。

如生产劳动课程"探究农耕·传承文明"之"水稻插秧"，师生商定的核心问题是"研习相关生产知识，在校内劳动基地研究水稻种植，将成果运用于校外劳动实践之中，撰写劳动研究小论文"。学生活动"种植水稻"与"撰写小论文"既是劳动的层次递进，又是美育的螺旋上升。本课程以"校内劳动基地+校外实践基地"开发实施，学生首先在学校课堂上学习水稻的相关生产知识，然后以2 000多平方米防空洞为载体的"三空间六领域"参与水稻育种育苗，观察水稻幼苗的特点，对插秧步骤及注意事项进行相应的研究，随后到四川省农科院现代农业创新示范园进行插秧劳动。劳动中，学生在与水稻苗的亲密接触中欣赏到自然万物的生长之美，劳动环境陶冶心灵之美；在农科院专业老师的指导下，课程组分小组研究插秧技术，为实现插秧劳动的合理优化，学生将数学、生物、艺术等学科知识运用其中，尤其把插秧技能与适宜水深、合理密植等方面关联起来自觉进行研究，师生沉浸在研究的专注之美中。学生在田间劳作中，左手出秧，右手插秧，用左手拇指和食指顶出一小撮秧弯腰插秧，感受到娴熟动作的和谐之美；放眼望去，水田里是100余名头戴草帽的低头劳作的学生的身影，劳作中师生们你应我和，沉浸在集体劳动的互学互动之美中；一株株秧苗在同学们手中成功插好后，翠绿的秧苗随风微动，同学们沉浸在广阔的循序之美中。如此一来，劳动不再是简单重复机械的劳动，而是以研究的眼光，将研究与劳动相结合，展开创造性劳动，营造出专注美、秩序美、环境美、生机美、和谐美。这样把劳动课程搬到沃野中、将知识播撒于田间的劳动教育对同学们学会劳动、学会生活、学会担当、学会感恩起到积极的作用，在习得插秧技能中升华出劳动的育美功能。

学校基于核心问题开发实施的劳动课程中，因研究与实践相结合，实现了劳动树德、增智、强体、育美，彰显了劳动育人功能，促进了学校"全面发展长于研究"的培养目标，将新时代背景下的劳动教育要求真正落到了实处！

第六章 学校劳动教育实施方案

两段三类型十一主题：
成都市龙祥路小学劳动教育实施方案

为贯彻落实《中共中央 国务院关于全面加强新时代大中小学劳动教育的意见》精神，根据《成都市武侯区全面推进新时代中小学生劳动教育实施方案》，结合我校"融"教育特色、"和融共进 情智共生"办学理念及"诚实友善 乐问好思 体健艺美"好少年育人目标，进一步落实立德树人教育根本任务，促进学生德智体美劳全面发展，我校特制定劳动教育实施方案。

一、明确重要意义

劳动教育作为新时代小学生德智体美劳全面发展的重要教育内容。新时代背景下的劳动教育所指向的劳动，是从一定的目的出发，运用体力、智力、知识与工具等进行的服务于创造的对象性实践活动。劳动具有对象性、实践性、创造性、重复性、迭代性等特征，具有树德、增智、强体、育美的综合育人价值。劳动教育是社会主义教育性质的重要体现，是有目的、有计划运用多样的劳动实践方式实现教育价值的活动，体现了教育与劳动相结合的基本思想，是实现学生全面发展的重要途径。

二、厘清概念认识

（一）概念的厘清

新时代背景下劳动教育是基于体力劳动基础上的体脑结合，没有教育意义的劳动，不在学校劳动教育的范畴内，劳动教育的根本性质是教育，必须明确目标和内容，劳动教育必须有劳动载体。

（二）形态的厘清

生活劳动、生产劳动、服务性劳动是劳动教育的主要形态，职业体验、创造性劳动是贯穿其中的整体劳动教育形态格局。

（三）价值的厘清

劳动教育的价值，在于培养"一种精神、两种态度、三个行为、四个观念"。"一种精神"指的是劳动精神，是劳动教育的核心目标；"两种态度"指的是崇尚劳动、尊重劳动的态度；"三个行为"指的是辛勤劳动、诚实劳动、创造性劳动；"四个观念"是指树立劳动最光荣、劳动最崇高、劳动最伟大、劳动最美丽的观念。劳动教育的根本价值，在于"立德树人"。

三、明确目标体系

（一）树立劳动观念

第一，价值观：理解懂得"人民创造历史、劳动创造未来"，感受在劳动中自我成长，感受劳动对家庭、学校、社会的重要性。

第二，过程观：感受在劳动中自我成长，感受劳动对家庭、学校、社会的改变。

第三，技能观：业精于勤、荒于嬉，锲而不舍、精益求精，追求卓越、勇于创新。学会并掌握生活中的自理技能，了解并体验生活中常见的职业技能。

第四，成果观：懂得劳动成果来之不易，感受对劳动成果的期待与收获的喜悦，学会尊重他人劳动成果。

（二）养成劳动习惯和品质

第一，培养责任感：担负家庭劳动、集体劳动、社会劳动的责任。

第二，培养坚韧性：劳动中能吃苦耐劳，脚踏实地，有始有终。

第三，培养诚信：劳动中诚实守信，不投机取巧。

第四，培养创造性：劳动中培养想象力、创造意识。

（三）学习劳动知识与技能

第一，劳动本体知识学习：劳动概念、内涵、价值、功能等。

第二，劳动对象性知识学习：家政、木工等。

第三，劳动工具、材料、环境、生产条件等学习。

具体的目标体系如表6-1所示。

表6-1　具体的目标体系

劳动类别	总目标	学段目标	
		低段	低段
生活劳动	劳动观念：感受劳动对家庭、学校、社会的改变；懂得家庭、学校的美好生活需要劳动创造；劳动成果来之不易，学会尊重他人劳动成果	知道家里一日三餐、整洁卫生、衣物清洗需要劳动；学校教室整洁、物品摆放需要劳动	感受劳动对家庭、学校的改变，懂得家庭、校园的美好生活需要劳动付出
	劳动品质：生活劳动中的责任感、坚韧力、诚信、创造品质	懂得自己的事自己做，坚持做完一件事	自己的事自己做，家里的家务活分担做，学校、班级的活主动做
	劳动技能：自理技能、常见家务活技能、学校生活技能	学会穿衣、系鞋带、整理书包书桌，清洗袜子等技能	学会整理房间、清扫拖地、煮饭和简单炒菜、垃圾分类技能
生产劳动	劳动观念：感受劳动对家庭、学校、社会的改变；懂得劳动提高生活质量，促进社会发展；学会尊重他人劳动成果	了解父母及身边人的工作类别及意义；观察中高段学生农场、果园、花园劳动场景；参与农场蔬菜采摘；学会简单手工制作	理解社会发展需要劳动生产，认识生活中常见生产劳动种类，参与学校农场、果园、花园种植、养护、采摘生产实践活动
	劳动品质：生产劳动中的责任感、坚韧、诚信、创造品质	懂得自己的事自己做，坚持做完一件事，不怕脏、不怕累	主动分担家庭生产劳动，积极参与学校农场、果园、花园生产劳动实践；实践过程中不怕苦、不怕累、不怕脏并自始至终完成生产劳动
	劳动技能：常见家务活技能；学校农场种植、养护、采摘技能；手工、科技制作技能	向爸妈、高段学生学习常规生产劳动基本技能	掌握常见蔬菜栽种、养护和采摘技能；掌握一定手工制作、科技制作技能

表6-1(续)

劳动类别	总目标	学段目标	
		低段	低段
服务劳动	劳动观念：感受在劳动中自我成长，懂得为他人服务也是幸福与快乐，树立人人为我、我为人人的服务意识	感受为爸妈分担、帮助老师和同学以及他人带来的快乐	懂得为家庭成员服务，帮助同学，为老师服务；愿意为社会中需要帮助的人服务
	劳动品质：服务劳动中的责任感、坚韧、诚信、任劳任怨的品质	—	在职业体验、校园、小区、社区实践服务劳动中的责任意识、坚韧诚信品质
	劳动技能：自理技能、常见家务活技能、学校生活技能	—	掌握基本的服务技能技巧，懂得服务需要品质

四、构建内容体系

（一）在学校劳动教育基本理念的引领下，构建了学校两段三类型十一主题劳动教育内容体系

学校两段三类型十一主题劳动教育内容体系如表6-2所示。

表6-2　劳动教育内容体系

内容框架	内容主题	低段	中高段
劳动与生活	自理小达人	（1）个人卫生 （2）整理书包 （3）系红领巾	（1）个人卫生 （2）整理房间 （3）清洗衣物
	家务小助手	（1）清扫地面 （2）传递物品 （3）折叠衣物	（1）清扫拖地 （2）采摘蔬菜 （3）烹饪 （4）缝织
	整洁小明星	（1）课后三件事 （2）垃圾入桶	（1）整洁黑板 （2）整洁地面 （3）整洁讲桌 （4）整洁阳台

表6-2(续)

内容框架	内容主题	低段	中高段
劳动与自然	农场小农夫	(1)浇水施肥 (2)蔬果采摘	(1)蔬菜播种 (2)浇灌施肥 (3)观察护理 (4)采摘分享
	花园小园丁	花园除草	(1)花园养护 (2)施肥修枝
	我有小巧手	(1)学会择菜 (2)参与养护	择菜剥豆
劳动与社会	快乐小吧主	图书归位	(1)图书借阅 (2)整理书吧 (3)秩序维护
	幸福小邮差	—	(1)职业体验 (2)信件书写 (3)邮件传递
	微笑小天使	—	(1)超市售货 (2)收入核算 (3)秩序维护
	生活小导游	—	场馆讲解
	爱心小使者	—	社区服务

（二）探索学校"融"文化引领下的中劳动教育与学科融合特色项目课程

下面以五年级"落花生"学科融合项目劳动课程为例（见表6-3）。

表6-3　五年级"落花生"学科融合项目劳动课程

课程名称	课程活动	学科链接	学科目标
花"生"德	学习语文五年级上册课文《落花生》，落花生的品质	语文	学生能理解在生活中有许多像落花生一样默默奉献的劳动者们，同时要学习花生不图虚名、默默奉献的品格，体现以劳动的德育价值
花"生"秘	探索花生的生长秘密	科学	课中通过了解花生种植环境和过程，学会花生种植技术，实现劳动技能培养

表6-3（续）

课程名称	课程活动	学科链接	学科目标
劳"生"乐	采摘花生、剥花生、分享花生	劳动	在劳动过程中，学会了劳动工具的使用，培养了学生不怕脏、不怕累的劳动品质，同时也收获到了劳动带来的快乐和与他人分享的幸福感，培养了正确劳动观念
花"生"美	用中国画的形式表现花生之美	美术	国画笔下的花生极富有美感，通过画花生让学生感受劳动美的观念，体现以劳动的美育价值

五、劳动教育评价

（一）劳动素养评价原则

1. 过程性评价与结果性评价相结合原则。

过程性评价主要是学生通过参与、实践、体验、反思劳动过程，对自然、社会和自我形成一定的认识，获得了实际的体验和经验，应给予学生劳动过程积极的评价。结果性评价主要是基于学生通过一段时间的劳动教育后形成的劳动习惯养成、技能掌握、品质形成的评价。

2. 评价多元性原则。

学生劳动评价的主体是多元的。教师、学生、家长、校外指导教师等都可以作为评价者，在活动过程中，应特别重视学生的自我反思性的评价，通过学生的自我反思评价，增强他们掌握劳动技能的能力，以及自我教育的能力。

3. 评价的整体性原则。

学生劳动评价要体现整体性原则，在评价中把课程教学和评价进行统一整合，使它们融合为一个有机整体，贯彻到活动过程中去，将学生在劳动中的各种表现和劳动成果，作为评价学生劳动情况的依据。

（二）劳动评价工具开发

1. 学期劳动过程记录册。

根据劳动教育目标体系及内容体系，学校统一设计学生个体以学期为单位的劳动记录册，内容涵盖基本信息（时间、地点、劳动内容、劳动形式）、个人收获（劳动技能掌握情况描述、劳动过程感受、劳动后个人反思）、劳动场景图片等，作为学生过程性评价应征资料。

2. 劳动素养和品质测评表。

学校组织劳动教研组成员、劳动教育顾问及相关专家根据劳动习惯养成、劳动素养及品质相关特质和维度，相对科学地对学生劳动习惯养成、劳动素养及品质形成进行问卷式评价，每学期劳动教育课程结束后开展此项工作。

3. 新三好评价体系板块。

在原有三好评价体系中，将劳动观念、劳动习惯、劳动技能、劳动品质纳入"学校的好学生、家庭的好孩子、社会的好公民"评价板块。

4. "劳动之星"评选标准。

根据劳动教育目标体系，从劳动素养、劳动技能、劳动品质角度制定出"劳动之星"专项评价标准，每月开展评价工作。

（三）劳动素养评价报告制度

依据劳动评价工具检测评价，每学期每名学生形成一次劳动素养评价报告，作为促进学生德智体美劳全面发展的监测报告。

六、劳动教育实施保障

（一）组织保障

1. 成立学校推进劳动教育工作领导小组。

2. 成立学校推进劳动教育工作小组。

（二）机制保障

1. 建立德智体美劳全面发展协同育人机制。

学校层面顶层设计，从学校"融"教育文化生长角度、"立德树人"根本任务落实角度、教师队伍建设引领角度、学校课程构建角度、教师专业发展评价角度、学生全面发展评价角度、后勤保障角度建立协同育人机制。

2. 建立劳动教育专家指导机制。

学校聘请区域内、外劳动教育专家、课程设计专家、评价研究专家参与并指导学校劳动教育的实施。

3. 建立劳动教育定期校验机制。

根据学校劳动教育整体实施方案及学年、学期计划的实施，以学期为阶段开展劳动教育总结反思，不断明确方向、完善课程、优化评价、培训总结，确保劳动教育实施的科学性、实效性、系统性。

4. 建立劳动教育成效考核评价机制（略）。

（三）课时、师资及资源保障

第一，每周定期开设 1 节劳动教育课。

第二，每月开设 1 次项目式的主题劳动学习。

第三，每学年 4 月底增设劳动周。

第四，设置劳动教育专职、兼职及外聘顾问指导教师。学校设置一名专职教师专项负责劳动教育工作，聘请一名校外劳动技能顾问负责指导学生生产劳动工作，全校班主任老师具体负责校园生活劳动教育工作，学科老师参与融合式项目劳动教育。

第五，优化校园内农场、果园、花园生产劳动资源，与磨子桥小学分校、晋阳小学一道开发 18 亩校外生产劳动实践基地。

第六，定期投入劳动教育所需资金及设施设备，确保劳动教育课程实施。

三堂并行，三位一体：

四川大学附属实验小学劳动教育实施方案

本劳动教育方案以《中共中央 国务院关于全面加强新时代大中小学劳动教育的意见》精神为指导，以《成都市武侯区全面推进新时代中小学劳动教育的实施方案》为指南，为落实《四川大学附属实验小学现代生活教育课程方案（3.0版本）》而制定。

一、确立学校劳动教育核心理念

学校劳动教育是指在学校开展的各种类型的校内实践活动和由学校主导的在家庭和社区开展的实践活动。顺应新时代中国特色社会主义背景下的劳动教育发展新形势与新要求，在"立德树人、五育并举"教育方针和武侯区"勤以立人"核心理念指导下，四川大学附属实验小学（以下简称"川大附小"）根据"现代生活教育"的学校个性文化，以"现代生活，勤劳善创"为劳动教育核心理念，突出学校"现代生活教育"的文化内涵与育人追求。

二、学校劳动教育基本原则

第一，体验性原则。
第二，主体性原则。
第三，融合性原则。
第四，创造性原则。

三、学校劳动教育育人目标

（一）总目标

围绕学校"育堂堂正正中国人，成和善创造生活家，全面培育德智体美劳全面发展的社会主义建设者和接班人"的学校育人目标，培养"爱劳动、会劳动、勤劳动、善创造"的现代"生活家"。

（一）分段目标

低段：参与家庭，体验劳动，培养劳动兴趣，劳动习惯。

中段：参与学校，合作劳动，培养劳动技能，职业角色。

高段：参与社会，智慧劳动，培养劳动品质，创造能力。

四、学校劳动教育实施办法

（一）形成劳动教育基本框架

根据儿童生活场景，落实国家课程导向，劳动围绕儿童家庭劳动生活、学校劳动生活、社会劳动生活及三位一体综合实践劳动生活进行劳动教育课程内容构建（见表6-4）。

表6-4　劳动教育课程内容

年段	重点目标	重点内容	主要劳动方式	主要评价方式	备注
低段	劳动情趣（喜、爱）	日常生活劳动	参与式劳动（重劳动体验与情趣）	累积式评价"劳动银行""积星换礼"	三大类具体劳动内容参见《武侯区劳动教育指导手册》
中段	劳动技能（会、做）	生产劳动	协作式劳动（重劳动过程与技能）	发现式评价："自主构建""同伴发现"	
高段	劳动品质（勤、创）	服务性劳动	项目式劳动（重劳动规律与创造）	体验式评价"积分体验"	

（二）推动劳动教育"课堂"建设

1. 全面构建"现代生活"劳动教育新课堂。

（1）以"三可质量观"（学生可持续发展的动力，可观察的综合素养，可检测的教学质量）引领学校劳动教育方向。

（2）以"动手动脑，合作创造"的劳动教育学科主张主导学科发展。

（3）以"三个基于"（基于生活、基于儿童、基于实践和体验）铺垫劳动教育课堂教学改革路径文化，构建"情生智长"的附小劳动新课堂。

2. 建设"三堂并行"的学校劳动教育"情智课堂"。

在劳动教育中通过"学科课堂落实与生长、活动课堂体验与体悟、环境课堂润化与支持"三堂并行，形成川大附小劳动教育的"现代生活·情智课堂"基本样态。通过"三堂并行途径，有目的、有计划地组织学生参加日常生活劳动、生产劳动和服务性劳动，包括校内实践和由学校主导的在家庭和社区开展的劳动实践，用以培养学生的劳动态度、劳动习惯和劳动技能，以劳育撬动学生其他方面素养的发展，使学生"亲历体验，情生智长"。

3. 建设"三位一体"的劳动教育大生活课堂。

在学校、家庭和社会三位一体育人模式中，学校强调劳动教育的学校核心作用、家庭摇篮作用、社会保障作用，实现劳动教育"三位一体"的大生活课堂。

（三）落实学校劳动教育具体安排（学程安排）

1. 校内劳动教育学科课。

（1）学科课堂：每周1课时，一学期23课时（含测评课）。

授课教师：专职教师（5~6年级）+班主任（1~4年级）+家长导师。

授课内容：地方教材+校本教材（分年级开发）。

（2）劳动教育实践周：8×5＝40课时。

授课教师：全学科教师+家长导师。

授课内容：劳动教材拓展实践+劳动研学+72行职业体验[1]。

测试教师：专职教师+班主任+家长导师。

测试内容：本学期劳动课堂基础知识基本技能测试+自主劳动特长展示。

测试方法：闯关游戏、答题卡、技能比拼、作品展示、博物馆。

2. 校内劳动体验活动。

（1）常规劳动。

①日常生活劳动：每日清洁劳动，每日书桌整理等。

②生产劳动：百合农场种植养殖劳动；DIY手工制作等。

③服务性劳动：校园服务岗位（如班级岗位体验）、校园110、每日午餐

---

[1] 每学期一次全学段劳动知识技能测试，占1~2课时。

服务、小小护旗手（国旗班升旗手）、红领巾志愿者、校史馆小导游、百合书院服务员等。

实施办法：分年级、有重点地实施。

（2）经典活动。

①72 行职业体验。

活动时间：两年一次，每次一个月。

实施办法：分年级、分层次、有重点地实施。

②基地实践劳动。

活动时间：每学期一次，每次三天。

实施办法：分年级、分层次、有重点地实施。

五、完善劳动教育评价机制

（一）构建以家庭为评价主体的线上评价机制

引导家长理解基于劳动育人的学校劳动教育的内涵、育人目标，知晓劳动教育的指导方法和途径，并拟通过借助利用武侯区"三顾云"平台或慧海智慧教育评价系统，建立川大附小个性化评价系统，定期开展自我评价和家长评价，从劳动项目、劳动时间、劳动效果、劳动实录、劳动评价五个方面进行记录。学期末根据平台统计数据，进行综合评价。

（二）构建以学校和社会为评价主体的线下评价机制

研制完善"我的校园生活""我的假期生活"评价手册，科学合理制定相应评价标准，覆盖各类型劳动教育活动，以学生自评为主，辅以同伴评价、教师评价、家长评价、服务对象评价等他评方式，对学生参与学校劳动、家庭劳动和社会劳动的情况进行过程性记录，开展及时性评价。组织开展劳动技能和劳动成果展示、劳动竞赛等活动，全面客观记录课内外劳动过程和结果，加强劳动技能和价值体认情况的评价。

六、建立学校劳动教育保障

（一）加强劳动教育师资队伍建设

劳动教育师资队伍建设见表6-5。

表 6-5　劳动教育师资队伍建设

培训对象	培训职责	培训内容	培训方式	培训目标
全体教职员工	配合学校劳动教育的实施	新时代劳动教育的观念、学校的劳动教育课程、小学生必备劳动技能及劳动素养指南、现代劳动职业形态、劳动教育的实践行动与研究等	以项目式参与和任务驱动为主	构建劳动教育师资的完整体系
学校劳动教育专职人员	全面负责学校劳动教育的整体规划、设计和教育引导			
劳动教育的骨干教师	协调负责劳动教育规划、设计和实施研究			
劳动教育的家庭指导师	负责在家里配合学校劳动教育			

（二）加强劳动教育环境空间建设

劳动教育环境空间建设见表 6-6。

表 6-6　劳动教育环境空间建设

空间重组	重组方式	重组目标
学校环境空间进行有利于劳动教育开展的四大改造	（1）优化形成"学校劳动教育日常生活参与服务项目中心"； （2）形成"学校劳动教育农耕生活体验所"（传统农业、现代农业）； （3）形成"传统手工业与现代工业模型制作生产工作坊"； （4）形成"现代科技生活畅想园"（生物信息技术类、全息空间创造创想类）	将场地的使用整体纳入学校的劳动教育之中。四大基地的管理分别由大队部、后勤组、科学组和信息组负责，并由教育处总体组织
积极建立校园劳动教育基地	充分借力大学，通过校校合作，将大学有利于小学生发展的空间、博物馆和实践场所等进行系统整合	形成学校劳动教育基地
建立劳动教育校外实践基地	让学校通过综合实践的方式与在校外建立六个基地，分别作为附小 1~6 年级校外劳动教育活动基础	成为学校劳动教育的重要实践平台
积极引导形成家庭教育基地	1~6 年级任务清单的建设、引导和落实	形成学生家庭日常生活参与式劳动实施形态

（三）加强劳动教育家庭引导

一方面，以家长会、家长论坛、报告会、座谈会、专题培训会、经验分享会等方式，引导家长了解学校劳动教育的理念及措施，让家长与学校在学生的劳动教育上达成共识，多角度融合，形成密切的合作关系。

另一方面，通过"以家庭为主体，学校开展考核"的方式推进家庭劳动教育，家长通过孩子在家庭劳动中的变化，进一步理解劳动教育的理念和内涵，助力家庭劳动教育，推进学校劳动教育效果。

（四）加强劳动教育组织领导机构

职责：制定并实施学校劳动教育的工作方案，切实解决劳动教育实施过程中的重大问题，整合各类资源，完善相关政策措施，保障安全顺利高效推进劳动教育。

五讲、四美、三勤：
成都市磨子桥小学分校劳动教育实施方案

成都市磨子桥小学分校自 2007 年建校以来，一直注重培养学生良好习惯，积极践行"劳动创造幸福"育人理念，长期坚持开展劳动教育实践活动。为了更好地贯彻落实教育部、省区市与劳动教育相关的文件精神，学校将劳动教育作为学校的重点亮点工作，结合我校实际情况和得天独厚的地理优势（拥有一片可用于打造劳动教育基地的 20 余亩空地），学校将依托这块绿地打造"武侯区中小学劳动教育基地"，制定与之相配套的《成都市磨子桥小学分校劳动教育课程实施方案》，形成独具特色的劳动教育课程体系，探索新时代背景下具有我校特色的劳动教育范式。

一、指导思想和原则

（一）指导思想

《中共中央 国务院关于深化教育改革全面推进素质教育的决定》中指出：学校教育不仅要抓好智育，更要重视德育，还要加强体育、美育、劳动教育和社会实践，做到五育并举，促进学生全面发展和健康成长。

2020 年 7 月，教育部印发了《大中小学劳动教育指导纲要（试行）》，明确指出劳动教育是发挥劳动的育人功能，要对学生进行热爱劳动、热爱劳动人民的教育活动，强化学生劳动观念，弘扬勤俭、奋斗、创新、奉献的劳动精神；强调全身心参与，手脑并用，亲历实践的劳动过程。该纲要还指出"劳动教育的内容主要包括日常生活劳动教育、生产劳动教育和服务性劳动教育三个方面""生产劳动教育要让学生体验工农业生产创造物质财富的过程，增强产品质量意识，体会平凡劳动中的伟大"。

秉承武侯区劳动教育实施方案，以"勤以立人"的核心理念，坚持继承与创新相结合、系统设计与分步推进相结合的原则，以全面提升学生劳动素养为目标，培养德智体美劳全面发展的时代新人。

（二）原则

第一，遵循学生年龄特点和认知规律，坚持因材施教的原则。

第二，根据劳动教育学科特点，坚持理论指导与实践相结合的原则。

第三，坚持学科融合渗透的原则。

第四，坚持家庭、学校、社会协调合作的原则。

二、课程目标

劳动教育是一门涉及面广，融知识性、技术性、实践性及教育性于一体的综合学科，在培育人才中发挥着重要作用。学校规定在全校六个年级开设劳动课程。重点打造与生产劳动教育基地配套的生产劳动教育课程，形成一套操作性强、便于实施的课程体系。

（一）总目标

全面提高学生劳动素养，使学生树立正确的劳动观念，具有必备的劳动能力，培育积极的劳动精神，养成良好的劳动习惯和品质。

目标指向一：学校劳动课程以"五讲、四美、三勤"为主要目标构建服务性劳动课程、日常劳动课程、生产劳动课程，以及学校劳动体系。"五讲"劳动教育以"讲奉献、讲责任、讲分工、讲合作、讲友善"为服务性劳动课程内容，"四美"劳动教育以"美食、美室、美物、美器"为生活劳动课程内容，"三勤"劳动教育以"勤耕作、勤手工、勤俭节约"为生产劳动课程内容。"五讲"劳动教育以"服务父母同学、服务邻里社区、服务家乡祖国"为主要内容达成"服务合作"的主要目标，达成"讲奉献、讲感恩、讲分工、讲合作、讲友善"的分级目标；"四美"劳动教育以"爱整理、爱做饭、爱卫生"为主要内容构成"生活自理"的主要目标，达成"美食、美室、美物、美器"的分级目标；"三勤"劳动教育以"种植粮食作物、种植果蔬、制作手工"为主要内容达成"勤劳创造"的主要目标，达成"勤劳作、勤创造、勤俭节约"的分级目标。学校的劳动教育要紧紧围绕"五讲、四美、三勤"的主题，以"爱"为出发点，以"爱"为目的，构建两条"爱"的主线，即以"人"为核心的爱自己、爱父母、爱他人，以"物"为核心的爱家庭、爱学校、爱家乡、爱祖国。

目标指向二：培养良好的劳动习惯是学校德育理念的重要内容之一，劳动教育要紧紧围绕学校主题文化来开展。通过开设生活（生活自理）劳动课程对应人与自我的关系、开设服务性劳动课程对应人与社会的关系、开设生产劳动课程对应人与自然的关系，实现用学校文化指导校本课程开发，用课程实践构建学校文化，促进学生的和谐发展。

目标体系如表 6-7 所示。

表 6-7　目标体系

三爱	劳动类别	内容	I 级目标（总目标）	II 级目标	III 级目标
爱自己	生活劳动	爱整理	生活自理（四美）	美室	低段：能参与简单整理清洁类劳动，对此类劳动感兴趣，形成正确认知。 中高段：能积极熟练参与整理清洁做饭类劳动，并掌握一定技能方法
		爱做饭		美食	
		爱卫生		美物	
				美器	
爱社区	服务劳动	服务父母同学	服务合作（五讲）	讲奉献	低段：愿意参加校园内简单卫生保洁、垃圾分类处理、绿化美化等劳动，积极参与班级学校服务劳动。 中高段：熟练参与学校的公益服务劳动，并形成经验当低段小朋友的小老师，适当参加社区环保、公共卫生等力所能及的公益劳动，增强公共服务意识
		服务邻里社区		讲感恩	
				讲分工	
		服务家乡祖国		讲合作	
				讲友善	
爱自然	生产劳动	种植粮食	勤劳创造（三勤）	勤劳作	低段：初步体验种植、手工制作等简单的生产劳动，并了解植物生长特点，具备一定观察农作物生长的能力和掌握一定的农具使用方法。懂得生活用品、食品来之不易，珍惜劳动成果。 中高段：参与学校主粮的种植生产劳动，熟练掌握农作物生产技能（播种、除草、杀虫等），熟练掌握农具的使用方法，并通过亲自动手加工制作成自己喜欢的美食、美物，初步学会与他人合作劳动
		种植果蔬		勤创造	
		制作手工		勤俭节约	

（二）劳动观念目标

通过劳动教育系列课程，树立正确的劳动观念。正确理解劳动是人类发展和社会进步的根本力量，认识劳动创造人、创造价值、创造财富、创造美好生活的道理，尊重劳动，尊重普通劳动者，牢固树立劳动最光荣、劳动最崇高、劳动最伟大、劳动最美丽的思想观念。

1. 通过积极参与学校组织的各项劳动课程和活动，培养学生正确的劳动观点，树立热爱劳动，尊重劳动人民的正确思想。

2. 通过劳动实践和体验，培养学生正确的劳动态度。使学生认识到劳动是日常生活、发展生产、建设祖国、推动社会进步的基本手段，是每一位公民的神圣权利和光荣义务，为理想信念和职业发展奠定基础。

（三）劳动能力目标

掌握基本的劳动知识和技能，正确使用常见劳动工具，增强体力、智力和创造力，具备完成一定劳动任务所需要的设计、操作能力及团队合作能力。

1. 了解一些简单工具（如扫帚、拖布、吸尘器等）的使用方法，初步掌握生活劳动的基本方法。

2. 了解传统农业、木工、金工等常用工具（如锄头、镰刀、锯子等）的使用方法。

3. 了解五种主粮（水稻、小麦、土豆、红薯、玉米）、七种蔬菜（萝卜、南瓜、大白菜、番茄、空心菜、豌豆、油菜）以及花草、果树的栽培等简单知识和掌握部分小动物的饲养方法。

4. 了解学习如何利用农作物果实创作美食、制作美工艺品，掌握编织技术、裁剪与缝制的知识及简单操作。

5. 了解一些现代化文明生产的基础知识，了解最新科技信息。

6. 通过劳动实践，学习如何开展服务性劳动（如校园小交警、校园小主持、校园110、校园升旗手等），学会分工合作。

7. 在劳动技术实践中具有一定的创新意识，尝试有创新特色的小制作、小发明。

（三）劳动精神目标

培育积极的劳动精神。领会"幸福是奋斗出来的"这句话的内涵与意义，继承中华民族勤俭节约、敬业奉献的优良传统，弘扬开拓创新、砥砺奋进的时代精神。

1. 学会传承劳动人民勤奋的精神品质。

2. 在劳动实践中使学生自觉磨炼意志，陶冶情操，体验挫折与成功；增强积极进取、探索创新意识；初步具有质量意识、效率意识、安全意识和环保意识。

（四）劳动习惯和品质目标

养成良好的劳动习惯和品质。能够自觉自愿、认真负责、安全规范、坚持不懈地参与劳动，形成诚实守信、吃苦耐劳的品质。珍惜劳动成果，养成良好的消费习惯，杜绝浪费。

1. 懂得珍惜粮食，杜绝浪费。

2. 懂得珍惜劳动成果，爱护卫生等。

3. 懂得劳动过程中形成负责、奉献、分工、合作等良好品质。

三、课程内容及要求（按课程要求设计）

（一）生活劳动

生活劳动见表6-8。

表6-8　生活劳动

年级	10 项家务劳动内容	活动要求
一年级	洗碗；铺床；叠被子；扫地；整理书包；套垃圾袋；系鞋带；学会系红领巾；正确掌握洗手七步法；正确佩戴口罩	（1）老师带领部分家长、学生共同参与微课制作，并分享微课让全班同学学习。（2）通过观看微课，每个学生完成 10 项家务劳动。（3）微课制作模块：①老师讲解家务劳动要领；②学生根据老师讲解要求进行示范；③展示学生优秀作品；④家长点评、学生自评
二年级	清洗瓜果蔬菜；扫地；擦拭家具；拖地；整理自己的房间；正确掌握洗手七步法；正确佩戴口罩；清洗袜子；梳头（女）洗头（男）；家庭保洁	
三年级	整理衣柜；洗内衣；参与家庭大扫除；清洗清洁用具；切菜；学做一道菜；正确掌握洗手七步法；正确佩戴口罩；学会使用洗衣机；打扫房间	

表6-8（续）

年级	10项家务劳动内容	活动要求
四年级	整理书柜；晾晒衣物；做一顿可口的饭菜；合理安排扫洒顺序；掌握清洁小妙招；清洗床单被套；整理衣柜；正确掌握洗手七步法；整理卧室；正确佩戴口罩	
五年级	读水表；家务劳动小窍门；正确掌握洗手七步法；正确佩戴口罩；洗衣物；做川菜；家庭扫洒；照顾植物；洗鞋；厨房大扫除	
六年级	做营养早餐；照顾宠物；营养搭配菜谱；交电费；学做泡菜；做西餐；计划零钱如何花；正确掌握洗手七步法；正确佩戴口罩；美化自己的卧室	

（二）生产劳动

生产劳动见表6-9。

表6-9　生产劳动

年级及专项种植	种植作物	内容
一年级	萝卜、南瓜	认识及知晓种植方法
二年级	大白菜、番茄	认识及知晓种植方法
三年级	菜籽、黄豆	认识及知晓种植方法
四年级	小麦、空心菜	认识及知晓种植方法
五年级	豌豆、红薯	认识及知晓种植方法
六年级	马铃薯、玉米	认识及知晓种植方法
专项种植	水稻	认识及知晓种植方法
	蔬菜、果树	认识及知晓种植方法

（三）服务性劳动

服务性劳动见表6-10。

表 6-10　服务性劳动

年级	校内	校外	内容
一年级	小小志愿者、美化教室	—	擦黑板、整理文具盒、主动捡垃圾、门窗清理志愿者
二年级	小小志愿者、美化教室	—	整理书包、排课桌椅、清除挂尘、午餐管理志愿者
三年级	小小志愿者、美化校园	社区服务	整理桌椅、美化艺术栏、保持卫生间卫生、绿植志愿者、参加社区植树节
四年级	小小志愿者、美化校园	社区服务	整理讲台书柜、美化卫生角、打扫楼道、礼仪幸福使者、参加社区重阳节志愿服务
五年级	小小志愿者、美化校园	社区服务	美化教室、策划班级创意角、美化吊顶、小交警志愿者、参加学雷锋活动
六年级	小小志愿者、美化校园	社区服务	整理试卷、美化门窗、主持人志愿者、校园社区除草浇水、劳动节社区服务

四、课程实施

（一）落实每一堂劳动教育必修课，有效推进校本课程

1. 落实师资力量。学校招聘专职劳动教育教师 2~3 名，并聘用每位班主任教师作为兼职教师。

2. 形成校本教材。学生人手一本《成都市磨子桥小学分校生产劳动指导读本》，这是前期学校劳动教育教研组编纂的一套 1~6 年级的校本生产劳动指导手册读本，并印发给了老师和学生，成为劳动教育必修课的主要内容和依据。

3. 形成教学资源包。前期开发形成三类劳动教育的教师教学资源包，它包括教案、微课、植物农事历等。

4. 组建学科教研组，开展学科教学研讨。在学校劳动教研组的指导下，以年级为单位，成立劳动教育学科组，提前制定学科计划，有效教研，进行学科渗透融合，落实劳动教育校本课程。

5. 专兼职教师按照学校课程规划做到"教学六认真"，积极落实每一堂劳动教育课。

6. 充分保障课时达标。设置每年劳动教育必修课总课时达 36 节，原则上

每周一节，侧重生产劳动，因此生产劳动年课时达 18 节，服务性劳动 10 节，生活劳动 8 节。

（二）学科专业教学

根据学校梳理的学科渗透融合目录清单，每个年级、学期学科专业教学渗透融合达到 2 课时，主要涉及语文、科学、美术、数学、音乐、英语学科。

下面以语文学科渗透目录为例（见表 6-11）。

表 6-11　语文学科渗透目录

年级及上下册	单元	题目	达成劳动教育目标
一年级上册	五单元	《小书包》	学会归纳整理文具
一年级下册	七单元	《文具的家》	学会归纳整理文具 养成勤俭节约的传统美德
二年级上册	一单元	《植物妈妈有办法》	了解植物是如何传播种子的
三年级下册	一单元	习作：我的植物朋友	观察植物生长过程，学写简单的观察记录
四年级上册	一单元	口语交际：我们与环境	通过交流，发现生活中的不文明现象，从而学会爱护环境，为保护环境出一份力
四年级上册	三单元	习作：写观察日记	仔细观察植物的生长周期，详细记录生长变化
四年级下册	六单元	习作：我学会了	引导学生参与劳动实践，在这一过程中学会劳动技能
五年级上册	一单元	《落花生》	知道花生有哪些用处
五年级下册	一单元	《四时田园杂兴》《祖父的园子》	了解古代劳动人民的生活，产生对生产劳动的兴趣。 感受小作者与祖父在园子中干农活的乐趣，让学生喜爱上大自然的景物
六年级上册	三单元 六单元	《竹节人》《三黑和土地》	感受手工制作的乐趣，学习制作竹节人的方法。 体会农民与土地的情感
六年级下册	一单元	《腊八粥》	感受腊八粥代表的年味，学习腊八粥的做法

（三）劳动项目实践活动

1. "小手牵大手·亲子进社区"校外公益服务活动。

通过"小手牵大手·亲子进社区"实践活动开展劳动教育。学校组织中高段（3~5 年级）师生家长志愿者轮流走进社区开展劳动教育综合实践活动，通过文明宣传、维护环境卫生、植树护绿、文明劝导等形式，践行劳动教育。

2. "幸福使者"校内服务劳动。

建设学生自主管理体系，设立"幸福使者"服务岗、校园小交警、校园 110 等岗位，由 3~6 年级各班学生轮流担任。形成幸福使者工作指南，让每一位学生都有参与劳动和服务，维护全校环境卫生的机会；提醒劝导校园安全；担任值日对全校卫生、守纪、两操、礼仪、就餐礼仪及爱护公物等内容进行检查、评价和劝导。

3. "会分类·慧生活"垃圾分类新型服务劳动。

坚持开展校园内垃圾分类常态工作。班级每天进行垃圾分类回收，设置垃圾回收管理员岗位，公益机构每周到校回收一次，并通过专业 App 进行代币形式的反馈和激励。大队部做好日常管理和考核评价，将其纳入"三面红旗"评比，定期评选优秀班级，取得了良好的教育成效。

（四）劳动教育文化建设

1. 宣传讲解，形成热爱劳动导向。

利用学校红领巾广播和班队会，开展以热爱劳动为主题的德育大课和班队会。利用每年五一劳动节的契机，通过录制劳动专题德育大课，宣传劳动最光荣、劳动最伟大等认识。教师可以利用班队课给学生讲古今中外名人爱劳动的故事，选择我国传统文化中有关于劳动、良好行为习惯养成等内涵的古诗文开展诵读活动。对学生进行中华传统美德教育，使学生从小在琅琅的诵读中受到我国传统美德的熏陶，体会自己的行为，增强诚信意识。

2. 榜样激励，引导热爱劳动理念。

小学生具有模仿榜样的特点。其一，教师的言行举止、思想品质，是学生学习、模仿的榜样，教师的言行对学生起着不可估量的潜移默化的课题研究的理论基础化的作用。教师在教育工作中应以身立教、以德育德、以行导行，用爱和诚感染学生，用言行引导学生，用自身的劳动行为来为人师表；

其二，我们要充分利用现实生活中有关热爱劳动的典型案例、典型人物、先进人物，通过表彰、报告会、座谈会、上门参观、走访等形式，感受劳动对一个人成长的重要性。

3. 创设校园热爱劳动的环境氛围。

营造良好的校园环境，可以让学生在社会化、人性化和科学化的校园环境中潜移默化地受到劳动教育。例如在校园环境建设中注意营造劳动教育氛围，精心设计"劳动教育"长廊，让每一个地方，每一面墙壁，每一处角落都能说话，使校园形成潜移默化和具有导向性的学习教育场所。在学校校门的宣传栏、教学大楼每层走廊墙壁上可以悬挂有关劳动的名人名言。校内广播、黑板报、校园网等也可以充分地利用，大力地宣传，使全体师生了解劳动教育的基本内容、要求和重要意义，形成"人人知劳动"的良好氛围，为"人人爱劳动"打下舆论基础。另外，在举行校园文化艺术节和运动会等集中性校园文化系列活动时，也要注意与劳动教育活动的有机结合。如可以在学生的小品节目表演、美术和手抄报作品的展示以及故事演讲中，进一步加强校园劳动教育的渗透性。

4. 创设班级热爱劳动的环境氛围。

班级的布置上，班级黑板报、班训、专栏、条幅等都可以围绕热爱劳动的内容。班里可开展一些有关劳动的活动，如开展"每天一分钟家务""参加养蚕""抢收小麦""雨中野炊""清扫教室""整理小房间"等活动。各种实践活动，会使"小皇帝""小公主"们再也不娇气了，使他们个个成为爱父母、爱班级、爱学校、爱劳动的好儿童。同时班上还可以开展以"劳动"为主题的中队会；开展"学习身边人，评点身边事"的演讲；开展"我爱劳动小故事"创编和讲故事比赛；评选"班级劳动之星"；举办"劳动主题手抄报"等多种形式对学生进行热爱劳动教育，使"热爱劳动、劳动光荣"的思想意识扎根学生心里。

5. 创设良好的家庭劳动环境。

父母是孩子的第一任老师，对学生进行劳动教育，也是如此，需要家长的密切配合。因此我们利用家长会，建议家长在家引导学生参与劳动。如以下这些建议：

①给孩子机会，让他们尝试劳动。当孩子对某件事感兴趣时，家长要及时引导，大胆放手，让孩子在实践中学会劳动。

②给孩子一段时间，让孩子学会劳动。家长要有足够的耐心，等待孩子学会劳动。可能孩子刚开始会出现帮倒忙的现象，家长要接纳孩子从不会到会的渐进过程。

③给孩子良好的物质空间，让孩子自主劳动。从小培养孩子爱劳动的习惯很重要，所以家长要为孩子创造适合他们劳动的空间。比如用低矮的家具放置孩子的物品，让孩子自己取放收拾，充分发挥自主劳动的积极性。

④给孩子良好的心理空间，让孩子享受劳动。要让孩子感受劳动的快乐，以鼓励为主。

五、课程评价

（一）劳动素养评价原则

1. 紧紧围绕《大中小学劳动教育指导纲要（试行）》中劳动四维目标设计，充分遵循过程性和终结性评价相结合的原则。

2. 综合考虑学生年龄特点和性格差异，评价标准呈梯度设计。

3. 遵循评价主体多元化的原则，构建自评、互评、师评、家长评综合评价机制。

4. 遵循个人和集体协同评价的原则，通过班级先进劳动集体的评选活动促进学生个体劳动素养的形成。

（二）劳动评价工具开发

1. 本课程评价采用传统纸质（评价手册）和现代互联网（劳动币）相结合的方式进行，每位学生人手一本劳动评价手册，手册分为三部分，分别评价三类劳动，采取学生自评互评、教师评价和家长评价的方式进行。每个班级设立劳动积分制 App，通过学生劳动手册积分兑换币的方式进行。

2. 构建以家庭为评价主体的线上评价机制。家长和学生可登录武侯区"三顾云"平台，根据学段进入相应的学习打卡评价系统，定期开展自我评价和家长评价，从劳动项目、劳动时间、劳动效果、劳动实录、劳动评价五个方面进行记录。学期末根据平台统计数据，进行综合评价。

3. 过程性评价（以小麦种植的课堂评价为例），见表 6-12。

表 6-12　课堂劳动评价记录

第（　　　）课		姓名：	班级：	
劳动记录	选种	技能要点：		
	点播	技能要点：		
	盖土	技能要点：		
劳动感悟				
多元评价	自我评价（　　）	组内互评（　　）		教师评价（　　）
	评价标准：认真听课、认真劳动、小组合作			

4. 终结性评价（以小麦种植阶段评价为例），见表 6-13。

表 6-13　项目课程阶段性劳动评价

共　　　课时	姓名：
我学到的劳动知识	
我完成的劳动任务	
我获得的劳动技能	
我养成的劳动习惯	
我的劳动感悟及收获	

表6-13(续)

自评（记星）	
互评（记星）	
师评（记星）	
家长评（评语）	
合计（记星）	

（三）劳动素养评价报告制度

1. 个人劳动素养评价报告制度。班主任老师通过每月"劳动习惯星"的评选活动对个人劳动素养评价进行累计加分，到学期末形成学生个人的劳动素养评价报告手册，指导学生下阶段如何开展劳动。

2. 班级劳动素养评价报告制度。学校通过每周的"三面红旗"评选活动，对劳动先进集体进行评价及表彰，期末通过累计每周劳动先进集体，评选出学期劳动先进集体，纳入期末班级考核，最后形成班级劳动素养评价手册，指导班级下阶段劳动教育工作。

六、劳动教育实施保障

（一）组织领导

学校校长亲自带头参与劳动教育工作，成立劳动教育教研组，确定一名小组成员负责劳动技术教育的管理和负责劳动实践基地建设；学校配备劳动技术教育实践基地管理员，负责种植园、养殖园的管理，并协助任课教师购置、准备劳动课的制作材料。学校打造生产劳动教育基地博物馆；配备劳动课专用功能教室；建设足够的学生生产劳动教育实践基地；置办必要的劳动技术教育工具和设施。学校要加大投入，充实劳动教育资源。

（二）师资建设

师资队伍建设直接影响着学科的建设和发展。通过不定期的在职培训等措施，建立一支能胜任教学的劳动课专兼职教师队伍，并保持这支队伍的稳定和发展是劳动教育顺利开展的关键。专职劳动教育课教师在工资待遇、职务聘任、评选先进等方面与其他学科教师同等对待。聘任1~6年级班主任担任劳动教育、综合实践课兼职教师，组织各班级的生产劳动、服务性劳动、生活劳动实践探究兴趣小组，带领学生开展综合实践活动。关注以劳树德、以劳增智、以劳健体、以劳益美、以劳促创新等多方面的功能实现。

（三）协同机制

充分利用家长、社区、学校三方资源，形成协同机制，促进劳动教育课程实施，每学期定时开展一次家庭、学校、社会的劳动教育课程展示活动，通过展示活动共同探讨促进劳动教育的协同发展，形成协作机制，保障劳动教育工作顺利有效开展。

（四）风险评估及预案

劳动教育具有操作性强的特点，在劳动中必然会造成一些劳动风险及劳动损伤，学校提前预估风险级别，分类别制定劳动教育实施预案，保障师生安全。例如，操作性强、安全风险高的传统农业工具如锄头、镰刀等容易割破、划伤皮肤，应提前预防；发生安全事故后应及时安全处理，降低安全风险。

（五）劳动课程评价更新

劳动教育课程是新兴事物，我们将在边实践边总结中不断更新劳动课程评价方式，每半年进行总结梳理，以形成更为科学的评价体系。

（六）劳动基地资源

1. 学校资源。利用20亩的空地打造生产劳动教育基地；校园内公共区域可作为服务性劳动的基地；大小操场的跑道外环形带可以作为栽种果树的生产劳动教育基地；教室可成为学生日常劳动的教育基地。

2. 社区资源。可利用社区的公共资源开展校外服务劳动，如社区公园、社区学院开设的手工活动等，以及社区消防站等公共资源。

3. 家长资源。充分利用家长资源开展劳动教育活动，每月最后一周，可以邀请不同职业的家长走进学校，给学生上一节劳动教育课，丰富课程资源。学校从实际出发成立劳动教育校本课程开发研究小组，开展劳动教育课程建设。

劳动必修课教师要在充分利用和开发劳动基地潜在的教育资源，引入与学生生活实际、社会生产实际相关的教学内容，使学生感受新信息和新科技；并充分利用生产劳动基地、校园公共区域、学校绿地等的教育作用，以更有效地实现劳动教育的目标。

综合引导、有机渗透、活动体验、氛围熏陶：

四川大学附属实验小学江安河分校劳动教育实施方案

在新时代背景下，为了让学校办学从优质走向品质，学校传承与创新，力求破解学校文化个性修炼密码，以"砥砺成金，花开满园"为办学理念，通过"1+3"劳动教育校本课程的构建与实施，以劳动教育为载体探寻到达成"砥志笃行"育人目标的实施路径，同时为武侯区劳动教育校本课程的实施提供新的实践样本；通过"1+3"劳动教育校本课程的构建与实施，唤醒学生对生命的认知、增进学生对劳动的认识，深植学生对劳动的情怀，助推学生实现"社会人"的跨越。

一、指导思想和原则

（一）指导思想

以习近平新时代中国特色社会主义思想为指导，全面贯彻党的教育方针，落实全国教育大会精神，坚持立德树人，坚持培育和践行社会主义核心价值观。深入贯彻落实习近平总书记关于劳动教育的重要讲话和《中共中央 国务院关于全面加强新时代大中小学劳动教育的意见》精神，以《成都市武侯区全面推进新时代中小学劳动教育实施方案》为指导，秉承"勤以立人"的核心理念，坚持教育与劳动相结合，坚持学校教育与家庭教育、社会教育相结合。

（二）基本原则

1. 学校劳动教育要加强课程建设，促进劳动教育与德育、智育、体育、美育的整合渗透，开发劳动教育的综合育人价值，培养"全面发展的人"。

2. 学校劳动教育要在实施途径和方式上做到多元互补，以体力劳动为主，让学生动手实践、出力流汗、接受锻炼，以见习、参观或体验等非劳动教育途径和方式为辅。

3. 学校劳动教育要以培育学生的劳动素养为目标导向，注重培育学生"敬业"劳动价值观和"精益求精"的劳动精神，引导学生敬重并且珍惜自己所从事的事，养成做任何事情都能专心致志、尽心尽力的品格。

二、劳动教育目标

（一）学校劳动教育的总体目标

通过劳动教育，让学生继承、弘扬与发展马克思主义劳动观，把"敬业"作为学校劳动教育的价值核心及价值追求，牢固树立劳动最光荣、劳动最崇高、劳动最伟大、劳动最美丽的思想观念。

从认知层面培养学生"会劳动"，让学生掌握基本的劳动知识和技能，具备满足生存发展需要的基本劳动能力，正确使用常见劳动工具，增强体力、智力、创造力和团结协作能力。

从情感层面陶冶学生"爱劳动"，让学生领会"劳动创造美好生活"的内涵与意义，继承中华民族勤勉敬业的优良传统，体认劳动不分贵贱，热爱劳动，尊重普通劳动者，培养"精益求精"的劳动精神。

从实践层面引导学生"勤劳动"，让学生养成良好的劳动习惯和品质，自己的事自己做，主动参与班集体劳动，主动承担力所能及的家庭劳动和校内外劳动；初步体验简单的生产劳动，养成手脑并用的劳动习惯。

（二）分学段目标

分学段目标见表6-14。

表6-14　分学段目标

一级目标 （劳动价值观）	二级目标 （劳动素养）	低段 （1~2年级）	中高段 （3~6年级）
敬业 （敬重并珍惜、专心致志、尽心尽力）	会劳动 （劳动的知识与技能）	有劳动意识和劳动安全意识； 自己的事能自己做，提高生活自理能力	每年学会1~2项生活技能，增强生活自理能力； 初步学会与他人合作劳动
	爱劳动 （劳动的情怀）	懂得人人都要劳动； 感知劳动乐趣； 珍惜劳动成果	体会劳动光荣，尊重普通劳动者，珍惜劳动成果； 初步养成热爱劳动、热爱生活的态度

表6-14(续)

一级目标 (劳动价值观)	二级目标 (劳动素养)	低段 (1~2年级)	中高段 (3~6年级)
	勤劳动 (劳动的习惯)	自己的事自己主动做; 能主动参与班级集体劳动	主动承担力所能及的家庭劳动和校内外劳动; 初步体验简单的生产劳动,养成手脑并用的劳动习惯

三、劳动教育内容

学校根据区情、校情和学情,引导学生关注自然、生活、社会,让学生在劳动实践体验中建立与自然、生活和社会的关系,自主构建起劳动与生活、劳动与自然、劳动与社会三大课程框架、八大劳动教育主题,并创建一套具有可操作意义的劳动教育校本课程体系,见表6-15。

表6-15 劳动教育三大课程框架

内容框架	内容主题	低段 (1~2年级)	中高段 (3~6年级)
劳动与生活 (日常生活劳动)	生活自理	(1) 个人卫生 (2) 整理书包	(1) 个人卫生 (2) 整理书包 (3) 清洗衣物 (4) 整理衣橱 (5) 整理房间
	整洁教室	(1) 课后三件事 (2) "一黑三台"(黑板、水台、讲台、阳台)	(1) 课后三件事 (2) "一黑三台" (3) 整洁课桌 (4) 清洗地面污垢 (5) 清洁墙壁瓷砖
劳动与自然 (生产劳动)	种植养护	(1) 松土 (2) 播种 (3) 浇水施肥	(1) 松土 (2) 播种 (3) 浇水施肥 (4) 移栽 (5) 护理观察
	农场游学	神奇的泥巴	(1) 神奇的泥巴 (2) 麦秆编织 (3) 灯笼制作

表6-15（续）

内容框架	内容主题	低段 （1~2年级）	中高段 （3~6年级）
劳动与社会 （服务性劳动）	午餐服务	（1）午餐服务礼仪 （2）为同学分餐	（1）午餐服务礼仪 （2）为同学分餐 （3）整理回收餐具
	整洁校园	校园保洁	（1）校园清洁 （2）校园美化
	职业体验	家长单位一日体验	（1）家长单位一日体验 （2）职业访学
	社区公益	垃圾分类小小宣传员	（1）清理社区乱张贴物 （2）清扫社区卫生死角

四、劳动教育实施路径和方式

基于劳动与教育整合的理念，将劳动实践、学习成长与道德发展相整合，旨在促进学生劳动价值观的树立和劳动素养的养成。

（一）劳动教育必修课（综合引导式）

学校开足、开齐、开好劳动教育必修课（见表6-16），保证劳动教育课平均每周不少于1课时（1~2年级每周五下午第6节课为劳动教育课，3~6年级每周五下午第7节课为劳动教育课），用于活动策划、技能指导、练习实践、总结交流等，确保学校劳动教育的常态实施。

表6-16 劳动教育必修课情况

主题	教学目标及教学内容提纲
生活自理	教学目标： 推进家庭劳动教育的日常化，抓住衣食住行等日常生活中的劳动实践机会，让孩子自觉参与，自己动手，随时随地、坚持不懈地进行劳动。 教学内容提纲： （1）组织学习劳动教育微视频"家务劳动教育之王小明的故事篇""生活自理"。 （2）以年级为单位自选主题，开设家务劳动实操指导课。 （适合1~2年级）完成个人物品整理、清洗，进行简单的家庭清扫和垃圾分类等，树立自己的事情自己做的意识，增强生活自理能力。 （适合3~6年级）参与家居清洁、收纳整理，制作简单的家常餐等，增强生活自理能力和勤俭节约意识，培养家庭责任感。 （3）学生家务劳动练习实践，制作相关劳动成果的视频等。 （4）展示交流、总结评价

表6-16（续）

主题	教学目标及教学内容提纲
整洁教室	**教学目标：** 根据班情需要设定劳动岗位，形成"人人有事做，事事有人做，时时有事做"的班级管理新局面。 **教学内容提纲：** （1）组织学习劳动教育微视频"整洁教室"。 （2）组织学生研究讨论：如何打造"整洁教室"？ （适合1~2年级）适当参与班级集体劳动，主动维护教室内环境卫生，培养集体荣誉感。 （适合3~6年级）主持、承担班级集体劳动，主动维护教室内、外环境卫生，培养集体荣誉感。 （3）商讨确定班级劳动服务岗位相关制度。 （4）在软墙上制作班级劳动服务岗位评价表，对孩子参与班级劳动进行周评价
种植养护	**教学目标：** 寄情于绿，铭志于树，与小树共同成长，让学生在种植养护活动中关爱生命，热爱自然。 **教学内容提纲：** （1）组织学习劳动教育微视频"'劳动让成长更美好'果树种植养护"。 （2）以班级为单位开展"你好，小树""走近你，认识你""与树为伴，快乐相伴"等主题班会活动。 （3）关爱生命，热爱自然，种植养护实践： （适合1~2年级）以认知植物为主题，让学生认识植物的基本种植方法，观察植物的结构，了解植物的生长过程。 （适合3~6年级）以观察植物为主题，融合生物、美术等学科知识，分别从植物与环境、植物与艺术两方面感受植物生态的微循环。 （4）果树图文小报或者观察日记分享交流、总结评价
农场游学	**教学目标：** 让学生体验中国农耕文化，在生产劳动中感悟劳作的辛苦和粮食的来之不易，感受我国农业科技日新月异的变化。 **教学内容提纲：** （1）组织学习劳动教育微视频"农场游学准备及安全注意事项"。 （2）完成农场游学活动小组的分组，及学习任务的布置。 （3）农场游学活动： （适合1~2年级）开展主题为"神奇的泥巴"农场游学。 （适合3~6年级）开展主题为"麦秆编织""灯笼制作"。 农场游学。 （4）游学成果分享交流、总结评价

表6-16(续)

主题	教学目标及教学内容提纲
午餐服务	教学目标： 让学生对食物营养、食品安全有初步的认识，了解食物的制作过程以及对食物的感恩之心，不浪费粮食。 教学内容提纲： （1）组织学习劳动教育微视频"午餐服务"。 （2）组织学习午餐服务礼仪。 （3）以小组为单位开展午餐服务活动。 （适合1~2年级）设置分餐员、"守门将军"岗位。 （适合3~6年级）设置分餐员、"守门将军"、食材讲解员岗位。 （4）午餐服务心得分享
整洁校园	教学目标： 科学系统设计劳动实践活动，采取灵活多样的方式，注重让学生实践体验，并利用学生动手操作的契机培养其创新能力。 教学内容提纲： （1）组织学习劳动教育微视频"整洁校园"。 （2）劳动服务实践活动： （适合1~2年级）以班级为单位自选主题，进行简单手工制作，用来装饰美化校园。 （适合3~6年级）以班级为单位开展劳动服务周活动，参加校园卫生保洁、垃圾分类处理、绿化美化等。 （3）在校园内设置"美好生活靠劳动创造""手拉手创意"等展点，展示学生的绘画、小制作等相关劳动成果，总结评价
职业体验	教学目标： 体验父母职业角色，掌握简单的工作技能，形成初步的职业意识，感受父母的辛劳，懂得感恩。 教学内容提纲： （1）职业体验活动 （适合1~2年级）以班级为单位自选主题，开设"父母职业"课堂，尽可能多地为孩子创造了解、尝试的机会，并围绕其好奇点、兴趣点尽可能多地为其提供相关知识。 （适合3~6年级）指导学生填写"家长单位一日体验申请书"，参观体验父母的工作场地，掌握简单的工作技能。 （2）"父母职业"课堂、家长单位一日体验心得体会交流、总结评价

表6-16(续)

主题	教学目标及教学内容提纲
社区公益	教学目标： 学习参与公共生活，让学生学会"关心他人，帮助他人"，引导学生自主建构公益意识，在公益活动学习和实践中体会自己的社会价值。 教学内容提纲： （1）开展"垃圾分类"系列劳动教育主题班会活动。 （2）参加社区环保、公共卫生等力所能及的公益劳动，增强公共服务意识： （适合1~2年级）由班级家委"大手拉小手"分组带领宣传小队到社区进行垃圾分类知识宣传。 （适合3~6年级）由班级家委"大手拉小手"分组带领清洁小队到社区清理乱张贴及卫生死角

（二）学科专业教学（有机渗透式）

通过学校劳动教育课程与学科课程资源的整合，既能增加专业性知识，又能提高学生实践能力，以道德与法治学科为开展劳动教育的核心学科，以科学、美术、语文等学科为辅。道德与法治学科更着重于劳动价值观的塑造，语文学科更着重劳动文化的熏染，美术学科更着重劳动美的创作，科学学科更注重科技创新等创造性劳动内容的教学。课堂里的劳动教育可以适当地运用学科知识以提升劳动的科技含量，运用跨年级的经验传递实现接力式的经验提升，也可以通过展示某项劳动的历史演变过程，让学生看到人类劳动力量的提高。

（三）劳动项目实践（活动体验式）

整合学校、家庭、社会教育资源，共画劳动教育同心圆，实现劳动教育实践活动全方位渗透。

1. 学校劳动实践规范化。

依据不同教育主题和实施场景以及学生特点，科学系统设计实践活动，采取灵活多样的方式，注重教育效果，防止流于形式。

（1）开展"劳动浸润品格 实践滋养身心"周主题教育（见表6-17）。

利用朝会时间将劳动教育与育人育德的品格教育结合起来，以"敬业——向身边的劳动模范致敬，敬重并且珍惜自己所从事的事""专注——专心致志，尽心尽力""勤奋——勤俭奋斗，弘扬勤勉敬业的劳动价值观"和"主动——自觉参与，自己动手"为主题进行劳动教育周展示，营造出劳动最光荣的学校新风尚。

表 6-17 周主题教育

德育月主题	周主题及形式
敬业教育	周主题一："敬业——向身边的劳动模范致敬，敬重并且珍惜自己所从事的事 形式：敬业故事分享、品格剧表演、歌舞表演
	周主题二："专注——做任何事情都能专心致志、尽心尽力，以教室清洁洒扫为例" 形式：专注故事分享、品格剧表演
	周主题三："勤奋——勤俭、奋斗，弘扬勤勉敬业的劳动价值观，营造'劳动光荣'的学校新风尚" 形式：勤奋故事分享、品格剧表演
	周主题四："主动——自觉参与，自己动手，随时随地、坚持不懈地进行劳动" 形式：主动故事分享、品格剧表演

（2）开展"花儿用美丽装扮世界，我们用劳动美化校园"系列校园劳动实践活动。

①开展"劳动让成长更美好"果树种植养护活动，让孩子寄情于绿，铭志于树，与小树共同成长。观察小树、描画小树，定期给果树浇水、拔草等，学习果树种植技巧与方法。

②开展"劳动服务日"实践活动，每日由两个班级担任"劳动服务班"，学生分组分片承包一个劳动责任区，对校园公共区域进行劳动服务工作。

2. 家庭劳动实践日常化。

抓住衣食住行等日常生活中的劳动实践机会，让孩子自觉参与，自己动手，随时随地、坚持不懈地进行劳动。学校以自主编撰的《家庭劳动教育手册》（1.0 版）、《家庭劳动教育手册》（2.0 版）、《家务劳动技能指导手册》为载体推进家庭劳动教育的日常化，小学 1~2 年级学生每周家务劳动时间累计不少于 2 小时，小学 3~6 年级学生每周家务劳动时间累计不少于 3 小时。

家校同盟形成劳动教育合力，抓住衣食住行等日常生活中的劳动实践机会，让孩子自觉参与，自己动手，随时随地、坚持不懈地进行劳动。家长根据家庭劳动作业清单，和孩子一起制定每周的家庭劳动计划，并观察记录孩子每天的家庭劳动实践情况，引导学生生活自理，让学生每天在家里坚持做力所能及的事情，掌握洗衣做饭等必要的家务劳动技能，并让学生在日常的家务劳动中体验到生活的美好，享受到照顾家人的幸福。此外，推进家庭、学校和社会三方协同建设，开展每月一主题的劳动项目实践活动。

3. 社会劳动实践多样化。

要充分利用社会丰富的劳动教育资源，让学生亲身去感受、去体验，增长见识，启迪人生志向，激发孩子成长动力。

组织顺应学生天性的劳动实践活动，激发学生的劳动兴趣和创造潜力，为学生的自我展示提供舞台。学校紧邻武侯区劳动教育综合实践基地"水韵天府"，水韵天府为学生提供"现代农耕""川岛蜀味""水利天府""匠心工坊""原创中心"五大劳动实践区域，学校充分整合区域特色文旅资源，组织开展与课堂教学相连贯、与学校实际相匹配、与学生成长相适宜的劳动实践活动。除此之外，与学校紧邻的"中国女鞋之都"为学生提供"鞋都研学"的实践场，了解鞋子演变过程，认识和体验制鞋和设计工艺的流程，感受"工匠精神"。

（四）劳动文化建设（氛围熏陶式）

学校通过班级劳动文化建设构建劳动文化场域，创造"做任何事情都能专心致志，尽心尽力"的集体人格，形成"勤俭、奋斗、创新、奉献"精神价值和生活方式的生态共同体。构建"四融合"劳动文化场域，融合主题教育，拓宽劳动文化传播途径，赋予劳动以丰富的文化内涵：

"一"融合为融合理想信念主题教育、社会主义核心价值观，弘扬"勤勉敬业"的劳动价值观，营造"劳动光荣"的学校新风尚；

"二"融合为融合中华优秀传统文化教育活动，感受非遗"精益求精"的匠人精神，在动手操作中体会劳动人民的智慧和才干，传承地方优秀传统文化；

"三"融合为融合生态文明教育活动，养成垃圾分类、勤俭节约、健康文明的生活方式；

"四"融合为融合心理健康教育活动，在劳动实践中认识自我，关爱生命，热爱自然，在集体劳动中学会人际交往，适应社会生活。

五、劳动教育评价

（一）评价原则

"1+3"劳动教育校本课程评价体系，坚持个体评价和集体评价相结合，坚持过程性评价和终结性评价相结合（见图6-1），坚持定量评价与定性评价相结合，坚持自评与他评相结合，逐步构建以学生为主体、以教师为主导、以家长为后援的多元综合性评价体系。

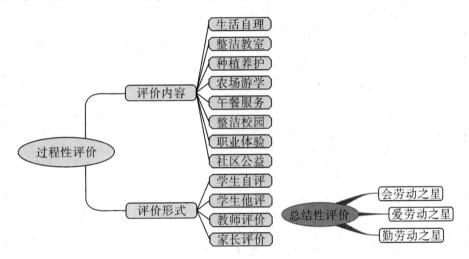

图6-1　过程性评价和终结性评价

（二）劳动评价工具开发

基于学生自身劳动素养的缺失和学校现有劳动评价的低效，初步搭建了"争章夺星"学校劳动教育校本课程评价体系的框架，以"过程育人，阶梯贯通"为课程评价体系的基本原则，整合学校、家庭资源，以"劳动小能手星级章"为评价工具（见图6-2、表6-18）。

图6-2　劳动小能手星级章

表 6-18   "劳动小能手徽章"星级评价

内容框架	内容主题	评价建议
劳动与生活（日常生活劳动）	生活自理	以《家庭劳动教育手册》为评价载体,引导孩子生活自理,让孩子在家里做力所能及的事情。班主任通过学生打卡自评、家长亮星评价、劳动成果展示,了解学生家务劳动实践的情况,对学生"生活自理"进行周评价,奖励 0~3 枚劳动小能手徽章(不合格:写加油和鼓励的话。合格:奖励 1 枚徽章。良好:奖励 2 枚徽章。优秀:奖励 3 枚徽章)
	整洁教室	对学生参与班级生活劳动进行评价,由班主任结合班情、学情,设置班级劳动岗位,在软墙上制作班级劳动服务岗位评价表,结合班级劳动服务岗位相关制度,进行周评价。学生每天对自己劳动岗位完成情况进行打卡自评,班主任每周对学生劳动服务岗位的完成情况进行奖励评价,奖励 0~3 枚劳动小能手徽章(不合格:写加油和鼓励的话。合格:奖励 1 枚徽章。良好:奖励 2 枚徽章。优秀:奖励 3 枚徽章)
劳动与自然（生产劳动）	种植养护	对学生参与种植养护,包括浇水、除草、松土、施肥、病虫害防治等工作的完成情况进行周评价,奖励 0~1 枚劳动小能手徽章
	农场游学	在学生自评、学生互评、家长评价的基础上,班主任对学生参与农场游学过程中的交流合作、反思分享、成果物化、创新创造等劳动素养进行评价,奖励 0~3 枚劳动小能手徽章(不合格:写加油和鼓励的话。合格:奖励 1 枚徽章。良好:奖励 2 枚徽章。优秀:奖励 3 枚徽章)
劳动与社会（服务性劳动）	午餐服务	对学生参与午餐服务,包括午餐服务礼仪、分餐、整理回收餐具等工作的完成情况进行周评价,奖励 0~1 枚劳动小能手徽章
	整洁校园	对学生参与劳动服务日活动中的整洁校园任务完成情况进行评价,奖励 0~1 枚劳动小能手徽章
	职业体验	对学生参与家长工作单位一日体验活动中的任务完成情况进行评价,奖励 0~1 枚劳动小能手徽章
	社区公益	对学生参与社区公益活动中的任务完成情况进行评价,奖励 0~1 枚劳动小能手徽章

"争章夺星"劳动教育校本课程评价体系,让评价载体形象化,引导学生充分理解每一枚徽章的教育意义,让学生在"星级"评价策略下,天天有目标,时时有进步,能有效强化学生持续发展的动力。每集满 10 枚"一星劳动小能手"徽章,即可进阶"二星劳动小能手"徽章;每集满 10 枚"二星劳动小能手"徽章,即可进阶"三星劳动小能手"徽章;每集满 10 枚"三星劳动小能手"徽章,即可进阶"四星劳动小能手"徽章;每集满 10 枚"四星劳动小能手"徽章,即可进阶"五星劳动小能手"徽章;每集满 10 枚"五星劳动

小能手"徽章，即可获得学校"劳动之星"荣誉称号。

（三）劳动素养个性化档案袋制度

逐步建立起以学生劳动素养为核心的个性化档案袋制度，将学生在日常生活中的劳动情况记录在册，并融合学生劳动过程与劳动成果，构建以班级为主体的争评机制和学生、教师、家长等多方参与的评价方式。

六、劳动教育实施保障

（一）保障措施之组织架构

学校德育处牵头负责劳动教育的规划设计、组织协调和实施评价，由学校校务处、教导处、总务处各部门负责资源整合、师资队伍建设等，形成"学科渗透、五育融合"的劳动教育课程实施的运行机制。

（二）保障措施之制度保障

学校建立"管理科学"劳动教育运行机制和管理制度。由校长办公会、教代会研究并制定《劳动课教师绩效考核制度》《劳动课教师特聘制度》等劳动教育管理制度，为"1+3"劳动教育校本课程的实施提供制度保障。

学校建立劳动教育绩效考核制度，把班主任教师参与劳动教育的情况纳入德育工作绩效，由德育处进行考核；把学科教师参与劳动教育的情况纳入教学工作绩效，由教导处进行考核。以上考核内容均作为职称晋升、年度考核、岗位聘任、评优树先等方面的重要内容。

学校充分整合家长资源和社区资源，聘请家长和校外活动场所指导教师等社区人才作为劳动教育必修课兼职指导教师，建设劳动教育导师资源库，落实学校劳动课教师特聘制度。

（三）保障措施之课时保障

学校将国家规定的综合实践活动课程作为实施劳动教育的重要渠道，开足开齐开好劳动教育必修课，保证劳动教育课平均每周不少于1课时（1~2年级每周五下午第6节课为劳动教育课，3~6年级每周五下午第7节课为劳动教育课），用于活动策划、技能指导、练习实践、总结交流等。

（四）保障措施之师资建设

学校加强劳动教育师资队伍的建设，鼓励以年级为单位聘请美术、科学等学科教师兼职劳动课教师，积极推进学校跨学科融合劳动教育。倡导以年级为单位，根据学生年龄和心理发展特点，结合学校的劳动教育教学主题进行劳动教育教学研究，进行框架式集体备课。

（五）保障措施之课程资源建设

成立学校劳动教育中心组，研发学校"1+3"劳动教育校本课程实践指导手册，明确劳动课教学目标、活动设计、工具使用、考核评价、安全保护等要求，有力发挥劳动教育教学研究的导向作用，同时促进劳动教育中心组、种子教师等劳动教育人才资源的建设。

（六）保障措施之风险评估与预案保障

加强对师生的劳动安全教育，强化劳动风险意识，要科学评估劳动实践活动的安全风险，认真排查、清除学生劳动实践中的各种隐患；要充分调动各种要素，对劳动安全事故进行一定的预防、监管和处理，在场所设施选择、材料选用、工具设备和防护用品使用、活动流程等方面制定安全、科学操作规范，强化劳动过程中每个岗位的管理，明确各方责任，防患于未然。

尽其所长，全面育人：

成都市武侯实验中学劳动教育实施方案

成都市武侯实验中学自 2003 年建校以来，学校坚持实施劳动教育，学校地处城郊，调研数据表示，95.6% 的教职员工认为"每一位教职员工都是学校劳动教育工作者，学校应该培养学生尊重劳动、懂得劳动最光荣劳动观"，90.9% 的学生认为"自己通过学校劳动教育学会了劳动技能，认识到了劳动光荣"，86.7% 的家长认为"学校通过劳动教育让孩子学会了尊重普通劳动者"。

一、指导思想和原则

（一）指导思想

为全面贯彻党的教育方针，深入贯彻《中共中央 国务院关于全面加强新时代大中小学劳动教育的意见》和教育部《大中小学劳动教育指导纲要（试行）》文件精神，坚持立德树人，坚持培育和践行社会主义核心价值观。根据《成都市武侯区全面推进新时代中小学劳动教育实施方案》，成都市武侯实验中学自 1996 年建立以来坚持以"办适合每一个孩子的教育"为办学目标，致力于培养"身心强、品行正、会学习、懂生活"的全面发展的现代公民，学校坚定认为每一位老师都是劳动教育工作者，每一位学生都有自己的劳动长处，确立"尽其所长，全面育人"的劳动育人理念，突出德育实效、提升智育水平、强化体育锻炼、增强美育熏陶、加强劳动教育，坚持"五育"并举，构建劳动教育的新局面。

（二）基本原则

构建完整育人原则。学校始终坚持"尽其所长，全面育人"的原则，通过德智体美劳，五育并举，突出劳动实践，结合新时代要求，培养全面发展的现代人。

遵循教育规律原则。遵循初中阶段学生的身体和心理年龄特征，以体力劳动为主，让学生出力流汗，注重手脑并用，安全适度，强化实践体验，注重劳动教育过程，同时注重培养科学精神，提高创造性劳动能力。

体现协同育人原则。整合家庭、学校、社会各方面力量，强调家庭劳动教育日常化，学校劳动教育规范化，社会劳动教育多样化，形成协同育人格局。

坚持因地制宜原则。学校校内面积较大，因地制宜，积极挖掘、拓展劳动教育资源，开展适合学校劳动教育需要、适合学生成长需要、让家长满意的劳动教育。

二、劳动教育目标

确定学校以培养"身心强、品行正、会学习、懂生活"的全面发展的现代公民为育人目标。围绕"尽其所长，全面育人"的劳动教育理念，以劳动教育为途径，整合德、智、体、美教育，育完整之人，构建新时代背景下的劳动教育的体系。着力培养学生：

（一）劳动观念

尊重劳动，即尊重劳动者和劳动成果；崇尚劳动，即树立劳动光荣的观念；热爱劳动，即建立一生持续劳动的信念，并从中体验到劳动带来的快乐。

（二）劳动技能

掌握生活、基本生存技能，坚持生活自理，自立自强；能使用劳动工具，掌握两门技术——花卉种植技术和传统工匠技术，具备创造性思维。

（三）劳动精神

能体会到劳动的艰辛，具备责任担当品质，弘扬勤俭节约、敬业奉献、创新求精、砥砺奋进的劳动精神。

（四）劳动习惯

养成生活自理自律、勤俭节约的好习惯，具有自觉自愿为他人和社会持续服务的好品德，培养生产劳动安全规范、精益求精的好品质。

三、实施内容

学校确立"尽其所长，全面育人"的劳动价值观，构建新时代劳动教育课程体系，形成"三类两门一体"的劳动教育模式。

"三类"指劳动教育项目，包括日常生活劳动、服务性劳动、生产劳动。

日常生活劳动类：进一步培养生活自理能力和习惯，增强个人责任意识。具体包括：

第一，每日承担一定的家庭日常清洁、烹饪、家居美化等劳动。

第二，住校生每日做好寝室内务整理和清洁工作，提高学生自理能力。

第三，学生每日进行午餐自理，自行取餐，自行整理班级餐具，自行打扫餐厅卫生，进一步培养生活自理能力和习惯。

服务性劳动类：定期开展校园包干区域保洁和美化工作，以及助残、敬老、扶弱等服务性劳动，初步形成对学校、社区负责任的态度和社会公德意识。具体包括：

第一，每日对班级所承包的学校卫生间进行清洁打扫及美化工作。

第二，每日进行校园公益服务劳动，学生全员参与校园晨扫、午扫、晚扫和保洁。

第三，每日整理、清洁公共区域的图书。

第四，每周一班级负责担任值周班工作，全面参与学校出勤、卫生、内务检查。

第五，每期通过和社区合作组织实施社区志愿服务劳动课程，促进学生认识和了解社会，培育学生的责任感、使命感和公益心。

生产劳动类：学习相关技术技能，获得初步的职业体验，传承工匠精神，形成初步的生涯规划意识。其中包括：

第一，"花满校园"：建设花卉种植基地，初一22个班级，每班一块地选种一种花卉，掌握种植、栽培、制作干花等相关技能，让学生种下美、欣赏美、分享美。学校在课表中独立开设此项劳动教育并保障课时，课时为每周每班一节。

第二，"四季果香"：初二学生承包26棵共8种果树，并对其进行维护和采摘。

第三，"传统工艺"：全校学生体验包括金工、木工、电工、陶艺、泡菜等项目在内的劳动及传统工艺制作过程，尝试自行车、家用器具、家具、电器的简单修理。在学校弘扬工匠精神，厚植工匠文化。

"两门"指两门技术。武侯实验中学学生在校接受学校三年劳动教育后至少掌握两门技术——一门花卉种植技术和一门传统工艺技术。学校通过劳动教育必修课程和选修课程对学生进行两门技术的教学和评价，并向其发放结业证书。

"一体"指学校课程一体化。学校将劳动教育课程纳入武侯实验中学"全人课程"体系，一体化设计一体化落实办学目标，学校开设基础课程+拓展课程+探究课程，融全校教师、学生、家长、社会资源为一体进行劳动课程教学，开展劳动教育，从而形成学校到家庭再到社会的"三位一体"劳动教育。

四、实施途径和方式

（一）实施途径

1. 设劳动必修课，纳入课时安排。

武侯实验中学已经将劳动教育纳入必修课时，确保每周一节劳动教育课时安排，聘请专业技术人员用于学生学习花卉种植、施肥、除虫、移栽及花艺。未来我们还将继续加大劳动课时的投放，用于劳动实践、服务劳动、活动策划、技能指导、练习实践、总结交流等。

2. 融合力量，整合学科知识。

在 18 年的劳动教育实践探索中，学校梳理语文、英语、物理、生物教材中相关篇目和章节进行劳动技能指导，烹饪川菜、烤鸭等；制作奶昔、泡菜、果酒、果醋、腐乳等；有机结合道德与法治（思想政治），启迪学生心灵并使之信任和尊重；结合语文学科，强化劳动知识的传播；融入地理学科，了解中国 24 节气，更好地掌握生产劳动知识；融入历史学科，了解人类通过生产、生活等劳动不断发展和进步；渗透艺术学科，让劳动的心灵更美好；融合体育与健康，增强学生劳动体质、塑造劳动精神；融合信息技术，开展创客、3D 打印、航天课程提高学生动手实践能力，体会学科魅力，激发学生创造热情。

3. 劳动实践，课内课外统筹安排。

课内劳动：在劳动必修、选修课内开展生产劳动，将"花满校园"花卉种植基地劳动、"四季果香"果树维护劳动、"传统工艺"学习合理分配。

课外劳动：将学校劳动教育始终与学生的个人生活、校园生活和社会生活有机结合起来，将劳动课作业、家务劳动合同、社区劳动任务结合起来，规定每周参与课外劳动3小时以上。

4. 劳动精神，学校劳动氛围的营造。

将劳动习惯、劳动品质的养成教育融入校园文化建设之中。制定学校和班级劳动公约、每日劳动常规、学期劳动任务单，采取与劳动教育有关的兴趣小组、社团等组织形式，结合植树节、学雷锋纪念日、五一劳动节、农民丰收节、志愿者日、重阳节等，开展丰富的劳动主题教育，营造劳动光荣、创造伟大的校园文化。

举办"百姓讲坛——尊重普通劳动者"活动，开展"劳动最光荣"全校学生小报评比，利用升旗仪式举行"劳动最光荣"诗歌诵读、"劳动小能手"分享、优秀毕业生报告会等劳动榜样人物进校园活动。

根据学校情况，组织开展相关各种类别的劳动技能和劳动成果展示，及时评比和宣传。

充分利用微信、微博、抖音等新媒体，广泛宣传劳动榜样人物事迹，特别是对身边的优秀教师、优秀学生代表、优秀家长及普通劳动者事迹的挖掘和宣传，让师生在校园里近距离接触劳动模范，聆听劳模故事，观摩精湛技艺，感受并领悟勤勉敬业的劳动精神。

（二）劳动实践方式

1. 日常生活劳动。

日常生活劳动是指个人生活自理和家庭生活事务处理等与衣食住行直接相关的劳动，主要包括整理类、清洁类、厨艺类。日常生活劳动教育立足个人生活事务处理，结合开展新时代校园爱国卫生运动，注重生活能力和良好卫生习惯培养，树立自立自强意识。

举措如下：

（1）普通劳动者讲坛，传承劳动精神。

组织人：德育处、劳动专职教师、中小学道德与法治（思想政治）教师。

活动内容：每学期举办1~2次"百姓讲坛"活动，请劳动榜样人物和普通劳动者进校园，通过聆听故事树立正确的劳动观念，培养高尚的劳动精神。

学习日常生活劳动，强调初中生生活自理能力，从外在衣着形象和内在涵养上树立阳光大方的武侯实验中学学子形象，强化劳动自立意识，体验持家之道，这也是学生健康发展、适应社会生活的重要基础。

要求：学习普通劳动者。

时间：课堂时间、集体朝会。

形式：劳动课、劳动讲座。

（2）教室清洁与规范化评比。

组织人：德育处、班主任。

活动内容：学校德育处组织开展评比，班主任组织本班同学做好教室、公区日常清洁与保洁工作，学生会每天早晨、中午及下午放学后开展检查工作，并将检查结果反馈，作为班级量化考评的数据之一，例如：作为参评校、区级优秀班集体的重要参考依据；每学期开展一次教室清洁和规范化评比活动，由德育处对各班完成情况进行考评公示。

要求：班主任积极组织，认真负责落实教室清洁及美化评比，以评带建，通过劳动带领班级健康有序发展。

时间：每年6月和12月。

形式：开展教室清洁与规范化评比。

（3）最佳"家庭劳动合约"执行者。

组织人：德育处、班主任、家长。

活动内容：学校坚持"立德树人"的教育理念，要求学生在国庆长假期间和家长签订家务劳动合同，在家中担当起家庭责任，积极主动参与家庭劳动，懂得感恩，为父母分担家务，做一名合格的管家。为此同学们与家长签订家务劳动合约，以"合约"的形式开展家务劳动。

要求：认真履行"家务劳动合约"，通过劳动构建幸福美满的家庭生活，邀请爸爸妈妈做学习上的表率，生活上的导师，见证劳动好习惯的养成过程。

时间：居家期间（包含周末）。

形式：通过劳动监测平台，学校各班级每天都会进行劳动打卡（见表6-19），教师、家长可以实时监测、评价。所有劳动数据将形成劳动电子档案，每个学生可终身保留，让劳动伴随孩子一生。

表 6-19　学生劳动打卡

劳动日期	家务劳动内容	劳动时长/分钟	自我评价
	清洁（清洗、熨烫衣物）		
	卫生（扫地、拖地）		
	烹饪（烧菜做饭）		
	收纳（整理房间）		
	采购（规划购物）		
	照顾家人（给家人按摩、护理）		

（4）住校生寝室整理评比。

组织人：德育处、生活教师。

活动内容：做好寝室内务整理和清洁工作，提高学生自理能力。

要求：根据《成都市武侯实验中学公寓管理规定》，住校生每日做好寝室内务整理和清洁工作，由生活教师每日进行检查，及时公布各寝室完成情况，每学期评选优秀寝室。

时间：每期期末。

形式：开展寝室内务整理评比。

（5）我是午餐管理者。

组织人：德育处、食堂工人。

活动内容：班级对本班学生餐厅就餐区域实行包干制，在午餐时间，班级按小组安排打餐，餐后负责整理班级餐具，打扫餐厅桌面和地面卫生。学校食堂开展检查工作，并将检查结果反馈，作为班级量化考评的数据之一，如：作为参评校、区级优秀班集体的重要参考依据。

要求：排队有序，取餐有礼，打扫彻底，拒绝浪费。通过管理午餐进一步培养学生生活自理能力和习惯。让学生提高不浪费粮食的意识，懂得珍惜粮食、节约粮食。

时间：每天午餐时间。

形式：开展检查评比。

2. 服务性劳动

服务性劳动教育是指让学生利用知识、技能等为他人和社会提供服务，在服务性岗位上见习实习，树立服务意识，实践服务技能；在公益劳动、志愿服务中强化社会责任感。主要包括校内服务劳动和校外服务劳动，注重结合产业新业态和劳动新形态，选择新型服务性内容。

举措如下：

（1）星级卫生间打造。

组织人：德育处、劳动专职教师、班主任。

活动内容：每班承包一间卫生间，周一至周五 7:40—7:55，10:20—10:40，12:40—12:55，17:45—18:15 进行卫生间清洁和美化工作。

要求：对校园 36 间卫生间进行"分班承包、责任到组"，班主任培训 1 课时，培训材料为学校统一编制的视频教程；学生承担纪律监督、安全提示、公物管理、清洁保洁、卫生间文化设计工作，每月进行星级评比，每学期评比"优秀清洁员""优秀设计者"从而树立劳动观念、服务意识、主人翁责任感，提高学生文明素质，培养学生审美情趣。

时间：上、下午共 80 分钟。

形式：课程保障入课表、课堂劳动实践锻炼。

（2）学校值周我担责。

组织人：德育处、班主任。

活动内容：出勤检查，卫生内务检查，执勤管理，从事临时公益劳动

要求：每天 7:25—7:45，男生女生各 3 名，作为班上的文明礼仪标兵，站在教学楼门口，监督检查学生着装发式及其他文明礼仪要求、迟到的情况，每天早上老师进校门时向老师问好。3 名男生在车棚处对有违反校纪班规的行为给予提示劝导；大课间，6 人分赴三个年级检查各班教室卫生及内务并登记各班体锻滞留教室人数。

时间：周一至周五。

形式：劳动课。

（3）德育活动创造性活动。

组织人：德育处。

活动内容：鼓励学生参与各种德育活动中的创造性劳动内容，提升学生动手能力和协作能力，培育审美情趣与创新意识。

要求：发动学生广泛参与教育处组织的各项德育活动，以个人或集体的方式完成如"我为教师画张像"、班旗班徽设计、运动会会徽会歌创作、艺术节书画等内容。

时间：学校大型活动时。

形式：作品展示。

（4）校园公益服务劳动。

组织人：德育处、班主任。

活动内容：熟练使用清洁用具做好校园清洁维护，完成公共区域的卫生保洁，在花工的指导下给校园里的花草浇水，修剪植物；在维修工的帮助下完成学校课桌椅的维护，主动维护校园秩序，整理公共区域的图书。通过开展节约用电、用水、用纸等绿色节能行动，节能减排，让校园更环保。

要求：积极主动参与服务劳动，养成为他人服务的意识，培养良好的劳动精神。

时间：劳动服务实践课程时。

形式：劳动课。

（5）节假日孝亲活动。

组织人：德育处、班主任、学生家长。

活动内容：利用三八节、清明节、端午节、中秋节、重阳节、父亲节、母亲节、春节等节日组织提高为家人服务的意识，如为家人服务"三个一"活动。增进亲子沟通，培育感恩意识，引导学生传承孝敬父母的优秀传统文化。

要求：主动参与，增强为亲人服务的意识，懂得感恩。

时间：节假日。

形式：课外，拍照记录美好生活。

（6）走进社会公益机构。

组织人：校团委。

活动内容：走进社会公益机构，包括考察当地社会养老机构，如敬老院、老年公寓、福利院等；分别调查选择社会养老和居家养老的老年人的生活状况，并对两类养老方式进行对比分析；利用自己掌握的知识和技能，积极为需要帮助的老年人提供服务并长期坚持等内容。

要求：从联系沟通敬老院、福利院，拟定志愿服务方案，同学间分工合作前往组织实施志愿服务，在卫生、聊天、简单护理、文艺展示等方面开展尊老爱老志愿服务活动。

时间：周末、节假日、寒暑假。

形式：校外志愿服务。

（7）策划校园活动。

组织人：德育处、校团委。

活动内容：策划校园活动包括积极策划在学校举办的各种活动，在活动中进行组织服务、管理服务、活动服务、会议服务、接待服务等多方面的志愿服务活动，并及时总结参与活动服务的经验和感受。

要求：积极策划在学校举办的各种活动，在活动中进行多方面的志愿服务，在团队协作完成大型活动等方面指导学生。

时间：根据学校活动安排。

形式：校内服务性劳动。

3. 生产劳动。

生产劳动是要让学生在工农业生产过程中直接经历物质财富的创造过程，体验从简单劳动、原始劳动向复杂劳动、创造性劳动的发展过程，学会使用工具，掌握相关技术，感受劳动创造价值，增强产品质量意识，体会平凡劳动中的伟大。举措如下：

（1）花满校园。

组织人：德育处、生物学科教师、劳动专职教师。

活动内容：除草、翻土、栽种、浇水、施肥、杀虫、移栽、花艺。

要求：每班负责1块种植园，种植1种花卉。学生认真学习花卉种植相关的基础知识，获得园艺种植的基本技能。安全种植，精心养护，小组进行园艺实践值周管理，卫生、植物的浇水、工具的管理、进行种植实践的记录和撰写报告。通过园艺活动让学生出力流汗，培养学生的审美能力、动手能力以及探索精神，陶冶其情操。

时间：初一课表上安排的每周一节劳动课；周末及节假日。

形式：劳动必修课。

（2）四季果香。

组织人：德育处、生物学科教师、劳动专职教师。

活动内容：认养学校26棵果树，通过劳动实践学习浇水、施肥、杀虫、修枝等劳动技能，采摘果实，设计果实分享活动。

要求：初二每班认养1~2棵果树，认真学习相关维护知识，进行劳动实践并进行项目研究。

时间：课间，周末及节假日。

形式：劳动课。

（3）传统工艺坊。

组织人：德育处、劳动专职教师。

活动内容：学习木工、篾匠等传统手艺人技术，学会制作木制小家具如：木凳、木椅等；学会编织竹篾编织品如竹篮子、竹篓、竹筐等。

要求：注意劳动安全和卫生，戴手套、口罩、护目镜等，防止手脚被工具和构件刺伤；组织策划义卖活动，将劳动成果升华为对社会的关爱、反哺行动；

时间：劳动选修课课上。

形式：劳动课。

（4）校园陶艺、布艺及文创产品制作。

组织人：德育处、美术学科教师。

活动内容：学习陶艺布艺等传统工艺制作，学习校园文创制作的步骤及过程，思考、形成初步设计方案；通过团队合作形式，对初步方案进行可行性调研，咨询教师、相关行业从业人员，以及通过可行性研讨、市场调研等形式完善设计方案；根据具体方案，确定材料、加工工具、加工方式，融入相关学科知识，并学习可能使用到的技术如：电脑设计、激光雕刻、纸立体构成、陶瓷、布艺等，以及学习如何将相关技术综合运用，在教师或家长的指导下，以集体或个人的方式，运用合适的工艺技术和材料，完成加工、生产制作，并完成校园文创产品整体设计报告。

要求：注意劳动安全和卫生，戴手套、口罩、目镜等，防止手脚被工具和构件刺伤；组织策划义卖活动，将劳动成果升华为对社会的关爱、反哺行动。

时间：劳动选修课课上。

形式：劳动课。

（5）电工维修实践。

组织人：德育处、物理学科教师。

活动内容：结合物理学科学习的知识，认识生活中常见的电子元件，会看万用表，会安全使用检测仪器和低压电路，能使用电笔、螺丝刀，剥线钳等工具；在家长或电工的指导下，解决家庭更换照明灯泡、电路检测、电闸跳闸等问题；在教师指导下学习解决日常生活中常见家用小电器的故障；对家用器具、家具、电器进行保养和简单修理，根据生活和学习需要，尝试制作感应台灯、安装夜间自动感应灯、多功能书桌等；

要求：注意劳动安全和用电安全，戴手套、目镜和采取绝缘保护措施等，防止眼睛、手脚被工具和构件刺伤。

时间：周末。

形式：劳动课。

五、考核评价

（一）考核评价

学校在劳动评价中以劳动教育目标为导向，以劳动内容要求为依据，将过程性评价和结果性评价结合起来，开展劳动教育过程监测，实行学分制，在纪实评价中更加注重学生劳动观念的正确、劳动精神的传承、劳动技能的掌握和劳动习惯的坚持。将劳动素养纳入学生综合素质评价体系，进入学校劳动教学数字平台，通过劳动实践评选出劳动小能手。积极构建"六维度"协同评价方式。

一是劳动评价主体多元化：坚持以自我评价为主，辅以教师、同伴、家长、服务对象、用人单位评价等他评方式。

二是劳动评价方式多样化：注重劳动评价方式的多元化，尤其是对学生劳动观念的正确、劳动技能的掌握、劳动习惯的坚持、劳动精神的传承进行及时纪实评价。

三是劳动评价过程全面化：劳动过程中对学生真实劳动、诚实劳动、辛勤劳动写实评价，突出让学生动手实践、出力流汗、接受锻炼、磨炼意志，培养学生正确的劳动价值观和良好的劳动品质。

四是服务对象评价成效性：劳动最重要的评价方式之一是对被服务的对象的反馈评价，把在劳动中被服务对象的综合评价作为重要的评价参考之一。

五是劳动思维的创新评价：劳动中对劳动工具的使用熟练掌握，并能创新开发具有一定效果的劳动方法和劳动工具。

六是劳动效果评价成果化：对照劳动教育的育人目标，通过对劳动实践效果进行评价，判断是否能体现育完整之人的价值观，对学生的成长发展是否具有促进作用。

（二）学生成长劳动素养报告评价

1. 学校设立学生劳动教育成长指导中心，制作学生劳动成长报告册，建立劳动教育数据平台，对学生参与劳动后的劳动过程、收获、经验、教训及感悟做好成长写实记录。通过初中阶段三年的劳动教育，对符合劳动教育要求的学生颁发劳动合格证书，对具有劳动精神品质、掌握劳动技能、具有正确劳动观念和良好劳动习惯的学生颁发劳动能手奖章。

2. 学校将学生成果，择优向报刊推荐，并编辑成集在校内外交流。

3. 学校对劳动中涌现出的先进、典型学生，评选班级或学校的"劳动之星""设计之星""环保之星""道德之星""礼仪之星""服务之星""管理之星""公益之星"等进行表彰和及时宣传。

六、组织与保障

学校围绕"十有"标准加强劳动教育的推进机制建设，确保了劳动教育规范运行和持续深入开展。"十有"标准是：有领导小组、有课表保障、有专兼职教师、有目标计划、有操作流程、有过程指导、有总结评价、有部门联动、有规章制度、有课程渗透和校本课程编写。

（一）组织机构和人员保障

1. 组织机构保障。

学校成立以校长为组长、以劳动教育组织实施的领导及工作机构——劳动发展室。设立武侯实验中学劳动教育中心，全面推进劳动教育过程管理、总结评价等实践落地，教务处保障劳动教育课时、课堂管理。劳动发展室牵头组织协调、资源整合、师资培训。

积极构建学校、家庭、社会三位一体的协同育人机制和安全管理机制，完善课程，制定劳动教育安全风险防控预案与应急处理机制，将劳动教育工作纳入年度考核工作中，进一步保障劳动教育顺利开展。

2. 人员保障。

学校已有稳定劳动教育队伍：劳动教育专职老师 1 名，兼职劳动教师 65 名。明确德育处为劳动教育管理部门，劳动教育中心主任为责任人，对劳动教育统筹规划、组织实施、评价等。

3. 机制保障。

（1）学校充分发挥班主任、辅导员、导师的作用，利用少先队、共青团、党组织以及学生社团等各方面的力量，合力保障劳动教育实践活动。

（2）召开校级家委会关于劳动教育的专题研讨会，进一步研究学校劳动教育工作计划、内容，确保劳动有落地，劳动有实效。

（3）充分利用成都农科院等资源，挖掘家长及当地人力资源，聘请相关行业专业人士担任劳动实践指导教师、确保劳动教育实施保障。

（二）劳动教育安全保障

依据初中学生身心发育情况，科学选择劳动场所，安排好劳动强度、时长。注重劳动前的设施选择、劳动中的材料选用、工具设备和防护用品使用、活动流程等方面的安全，强化科学操作规范，强化劳动过程中每个岗位的管理，明确责任，防患于未然。

劳动前制定劳动实践活动风险防控预案，完善应急与事故处理机制。关注劳动过程中的卫生隐患，按照疾控、卫生健康部门及行业有关规定，采取相应措施，切实保护学生的身心健康。组织劳动前确保学生购买劳动教育相关保险。

（三）协同育人机制保障

成立以学校为主导、以家庭为基础、以社区为依托的三位一体的协同实施机制，研发劳动课程，形成共育合力。通过家长会、家长学校、社区宣讲、网络媒体等途径，引导家长树立正确的劳动观；明确家长的劳动教育责任，让家长主动指导和督促孩子完成家庭、社区劳动任务。

（四）劳动场所保障

根据三类劳动，设计不同的劳动场所，日常生活劳动以家庭和学校为劳动场所。服务性劳动以学校邻近的新苗街道社区、金花街道社区、敬老院、公益机构等为主开展集体服务劳动，以学生家庭周边的社区及街道办以及家长资源为辅开展分散的服务性劳动。生产劳动以区域提供的劳动场地以及学校的花卉种植基地为主集中劳动，以学生家庭为单位利用寒暑假集中或者分散开展生产劳动。

（五）经费保障

统筹好学校公用经费，加大对劳动教育的投入，包括师资培训学习、劳动工具的采购、劳动课程建设。利用好社会、周边资源及经费，吸引更多力量提高劳动教育质量。

课程完善、模式多样、机制健全：

四川大学附属中学悦湖学校劳动教育实施方案

为贯彻落实《中共中央 国务院关于全面加强新时代大中小学劳动教育的意见》精神，全面推进我校劳动教育落地、发展，建构起我校劳动教育育人体系，努力把学生培养成为热爱劳动、勤于劳动、善于劳动的新时代劳动者，根据上级相关要求，结合我校实际，我校特制定劳动教育实施方案。

一、劳动教育的目标

培养目标：学校通过劳动教育，一定程度提高学生的劳动素养，促进他们形成良好的劳动习惯和积极的劳动态度，使学生明白"劳动创造人、劳动创造财富、劳动创造美、劳动创造幸福、劳动创造未来"和"不劳而获可耻，不劳而获不可持久"等道理，引导他们勤奋学习、自觉劳动、勇于创造，为"成为能自食其力之人、善于合作之人、将来造福社会之人"奠定坚实的基础。

工作目标：抓住"武侯区劳动教育试点学校"契机，争取更多政策、资金、资源等支持，用3~5年的时间，推动建立"课程完善、模式多样、机制健全"的学校劳动教育体系，形成"教师重视、学生参与、家长支持"的学校劳动教育氛围，建好3~5个成熟的劳动教育基地，打造5~10个劳动教育典型课程或案例，让学校劳动教育在区域内或更大范围内有示范性。

二、劳动教育实施的基本原则

（一）坚持思想引领

"德智体美劳"五育在走向实践融合的过程中，对劳动教育具有基础性的地位和作用。通过劳动教育，让学生学习必要的劳动知识和技能，帮助学生形成健全的人格和良好的思想道德品质。

（二）坚持有机融合

有效发挥学科教学、社会实践、校园文化、家庭教育、社会教育的劳动教育功能，让学生在日常学习生活中形成劳动光荣的正确观念。

（三）坚持实践体验

让学生直接参与劳动过程，增强劳动感受，体会劳动艰辛，分享劳动喜悦，掌握劳动技能，养成劳动习惯，提高动手能力和发现问题、解决问题的能力。

（四）坚持适当适度

根据学生的年龄特征、性别差异、身体状况等特点，选择合适的劳动项目和内容，安排适度的劳动时间和强度，同时要教育学生，劳动过程中学会自我保护，确保人身安全。

（五）坚持创新创造

劳动教育要体现时代要求，着眼未来产业发展对人的要求，依据劳动形态演进而与时俱进，开展引导性、前瞻性教育，重视传统劳动精神培养与新知识、新技术、新工艺、新方法应用的结合，培养学生的创新精神和创造性解决实际问题的能力，从而培养对未来社会有用的人。

三、主要任务

（一）优化课程建设

将劳动教育纳入学校育人体系，贯穿学生学习与生活的各方面。学校开设劳动教育必修课，每周不少于 1 课时。明确教学目标、活动设计、工具使用、考核评价、安全保护等要求，突出劳动教育特点，让学生切实经历动手实践，出力流汗，磨炼意志。

（二）实施有机渗透

在其他学科教育中有机融入劳动教育内容，有效渗透劳动观念、劳动态度、劳动美德、劳动技术的教育，形成"全科、全员"的"大劳动教育"局面。

（三）开展实践教育

一是，学校通过"值日生制度""劳动服务班""劳动公益岗"等，组织学生清扫教室、校园，认领"百果园"中的果树，承包"现代农业种植区"的"责任地"，参与到与劳动相关的兴趣小组、社团活动，进行手工制作、物品整理等实践活动，提高学生劳动意识和劳动技能，体验劳动本身和劳动促进成长的"双快乐"，培养学生尊重劳动、热爱劳动、以劳动为荣的观念和态度。

二是充分利用"学雷锋活动月""志愿者活动月""植树节""五一劳动节"等节日，组织学生参加各种有益的社会实践活动。同时，充分利用校内外资源，链接学校、家庭、社会实践场所，组织开展与课堂教学相连贯、与学校实际相匹配、与学生成长相适宜的劳动实践。如：在春季开展好"劳动研学旅行"实践教育活动；在秋季开展好"走进父母工作岗位，体验劳动的苦与乐"职业体验教育活动。让学生在亲身实践中深化对劳动的理解，培养正确的劳动价值观和良好的劳动品质，促进知行合一。

三是结合重大节假日、寒暑假，根据学生年龄特点和个性差异，适量安排家庭劳动作业（洗碗、扫地、洗衣服、整理房间等），鼓励学生主动参与力所能及的家务劳动，体会父母的辛苦，为父母分忧，锻炼学生的生活自理能力和劳动能力，增强劳动意识。

（四）建设实践基地

实践基地是劳动教育的重要载体。结合学校实践，建设好"百果园""现代农业生态园"、木工坊、厨艺坊、劳模工作室、种子微博物馆等校内劳动教育实践基地与劳动文化体验中心；建设好农事教育、川菜文化体验、大国工匠、非遗梦工厂等校外劳动教育实践基地。

（五）探索评价标准

构建以家庭为评价主体的线上评价机制和以学校、社会为评价主体的线下评价机制。从学生自我评价、小组评价、教师评价和服务对象评价四个方面进行综合评价。并将劳动教育评价纳入学生综合素质评价体系；同时，将评价结果作为学生评优、入团等重要参考。

四、组织保障

（一）成立领导小组与工作小组（略）

（二）组建学校劳动教育专家团队（略）

（三）课时安排

①学生每天都需进行劳动实践，包括打扫教室卫生、做家务劳动等；②每周安排不少于1课时的专题式劳动教育，和不少于1课时的学科渗透教育；每周进行1次"雅智示范班"劳动服务；③每学期开展一次社会实践活动和职业体验活动；每学期分别开展两次劳动集体教育和专题式讲座；④寒暑假按照学校要求完成"十个一"活动。

（四）经费投入

根据学校劳动教育、实践工作需要，本着节约经费、高效使用的原则，做好预算，申请上级部门财政支持，努力调动社会公益资金和力量的参与，保证学校劳动教育工作不因经费问题而受影响。

五、劳动教育的建设内容

（一）课程建设

1."主题活动与专题讲座"课程。

学校利用升旗仪式、"学雷锋活动月""植树节""五一劳动节"、主题班会、青年志愿者服务等时间节点组织开展劳动知识、劳动安全、劳动纪律等方面的教育。通过"劳模大讲堂"组织学习劳动模范人物的先进事迹，树立劳动最光荣、劳动最崇高、劳动最伟大、劳动最美丽的劳动观念。

2."雅智劳动服务示范班"课程。

学生每人、每期参加1~2次雅智示范服务，通过打扫学校的教学楼廊道、扶手、卫生墙、旗台、厕所，清运、清洗垃圾桶、维护校园环境卫生以及礼仪服务等，学会基本的劳动方法和技能，培养起"辛苦我一个，方便全校师生"的服务情操及奉献精神，从对自己负责到对家庭、学校、社会负责，达到学生人人参与并协助学校搞好管理的目的。通过写下雅智服务感受，在组、班、学校交流，帮助学生从小树立劳动观念、服务意识和主人翁责任感。通过一周的礼仪示范和参与校园周边的文明劝导，养成文明礼貌的习惯。

3. "学科整合与特色塑造"课程。

开设劳动教育必修课，每周不少于 1 课时，在其他学科教育中有机融入劳动教育内容，"全科、全员"的"大劳动教育"局面。组建劳动兴趣小组、劳动青年社团，开设 3D+木工、厨艺、手工制作等特色课程。

4. "家务劳动与基地实践"课程。

学生在校应是好学生，在家应成为好孩子，学校以"家校课程共建"方式引导家长从孩子家务劳动的包办者自觉成为孩子家务劳动的指导者和协助者，放手让孩子在周末、节假日，特别是寒暑假，积极真开展"十个一"活动，参与买米买菜，洗衣做饭，扫地流汗等家务劳动，推动家校共育互进。通过研究型学习、研学旅行等方式，组织学生走进校内外劳动教育基地开展蔬菜水果种植、畜牧养殖、城市绿化、生态园体验等实践教育，培养学生动手能力和实践能力。

5. "职业体验教育"课程。

劳动教育天地宽，"三百六十行，行行出状元"，三百六十行，行行是课程。引导尊重每一名劳动者，尊重每一名劳动者的劳动成果，身体力行去做一名美丽的劳动者是学校劳动教育不可或缺的内容。每年，学校安排每名学生有一整天的"职业体验教育"，学生明确目标，带着任务，跟随父母"早出晚归，日晒雨淋，加班加点"，深度体验并深刻认识到普通劳动者身上的美丽和光辉。返校后以汇报、讲演、手抄报、图片展示等体现收获或成果，感恩父母养育、学会为父母分忧，珍惜当下一切，勤学奋进，努力成就最好的自己。

（二）基地建设

1. "两园两坊一榜样"校内劳动基地建设，为劳动教育"理念与实践结合、生态与生活融合"创造有利条件。

学校重视课堂教学与实践性基地教学相结合，充分挖掘有限的物理空间潜能，从地面到教学楼屋顶，打造"两园两坊一榜样"的校内劳动教育基地。"两园"即百果园与现代农业生态园，"两坊"即厨艺工作坊与木工坊，"一榜样"即劳模工作室。

（1）建设"百果园"劳动教育基地。

在学校的教学楼周围，栽种了红橘、苹果、石榴、李子等12种共120株果树，利用这一优势，学校将建设"百果园"劳动教育基地。语文、英语、生物、美术等课程可以结合果树生长、维护，开展相应的教学活动。

（2）建设"现代农业生态园"劳动教育基地。

学校将在教学楼周围建立"现代农业生态园"劳动教育基地，通过划分区域，开展班级"土地"认养仪式，种植红薯、四季豆、茄子、辣椒、水稻等不同的蔬菜和农作物。学生通过除草、发现病虫害、记录开花结果等，认识农作物，感受"粒粒皆辛苦"的意义。

（3）建设"厨艺课堂"劳动教育基地。

学校将在食堂二楼，开设"厨艺坊"。利用综合实践课时间，在老师的指导下，学生认菜、洗菜、切菜，学习煎、炒、焖、炸、煮、烩、蒸等各种烹饪技巧，完成一道道"有香有色""有滋有味"的家常菜、特色菜。通过"校园美食文化节"活动，让学生进行"厨艺比拼"、展示"拿手好菜"，收获自信与成长。

（4）建设"木工坊"劳动教育基地。

学校计划在综合实践课程中开设木工课，配套建设"木工坊"。在老师带领下，学生自主创意与设计并制作桥梁、房屋和其他多种木工作品，让更多学生得到动脑、动手、思维、意志力与艺术修养上的锻炼。

（5）建设"劳模工作室"。

学校准备建成一间"劳模工作室"。定期或不定期邀请全国、省、市、区劳模进入校园，通过"劳模大讲堂"等，师生领略劳模风采，感受榜样力量，弘扬劳模精神。

2. "农场+博物馆+高校"校外劳动教育基地建设，实现劳动教育"学校家庭配合、校内校外联袂"。

劳动教育不能囿于教材、教室和校园，家庭、田园、博物馆等都可以成为课堂。学校将按照"农场+博物馆+高校"思路，整合资源，合作建立起农事教育、川菜文化体验、大国工匠、非遗梦工厂等校外教育基地。通过以劳动为主题的社会实践、职业体验、研学旅行等，让劳动教育更有广度和深度。

（1）农事教育基地。

学校将在郫都区多利农场、沁彩农庄、都江堰花溪农场建立起农事教育基地。学生亲身体验"翻土、施肥、播种、移栽、收获"等环节，学会常见农作物的种植方法，弥补对"三农"认知的短板，增强对"三农"的情感。

（2）川菜文化体验基地。

每学期，学校将组织学生进入郫都区威尔逊训练基地开展校外厨艺比赛；进入川菜博物馆了解川菜的历史和延续数千年的餐食礼仪，从"看、听、品、做"多维度深度体验"一菜一格，百菜百味"的川菜文化。

（3）"大国工匠"教育基地。

学校计划选择都江堰水利工程景区、山河航空基地、天府新区航空旅游职业学院等作为教育基地，通过实地考察，应用历史、地理、科学等相关学科知识，模拟制作都江堰水利工程、航空器等模型，开展"我是新时代的建造师"网络人物评选，培养并激发学生乐于劳动、创新工作的科学思维。

（4）"非遗梦工厂"。

学校将利用蜀锦博物馆、成都纺织高等专科学校、青神竹编、新都棕编、丝绸博物馆等，让学生了解巴蜀大地散落民间传承至今的民间瑰宝，体验非遗项目技艺及巧手智慧，探究天府文明发展与川人的精神内涵，感受劳动的智慧及生活美学。

（三）文化建设

校园文化是学校综合办学水平的重要体现，是"学校之魂"，体现的是学校的"精、气、神"。为此，学校把"劳动教育文化"纳入学校整体的文化建设中，通过校园电视台、广播、网络等加强劳动教育宣传，开设劳动教育宣传栏、大国工匠人物长廊、劳动教育书籍阅读区、种子微博物馆等，充分发挥劳动独特育人价值，培养学生树立劳动最美丽、劳动人民最美丽的价值观，尊重劳动者，并从"对自己的认同感、对家庭的归属感、对人民的赞誉感"三个方面培养学生劳动幸福感。

（四）队伍建设

1. 专家团队。

学校聘请省（区、市）教科院劳动教研员、川内或在蓉高校的部分大学教授、工厂博物馆或其他实践基地负责人，共同组成学校劳动教育专家团队，指导学校劳动教育方案科学有效地实施。

2. 教师团队。

由专职教师、学科教师、班主任和劳动特色课兼职教师等组成。在实施中，针对劳动任务特点，任课教师要充分考虑学生的性别特点和个体差异性等情况，妥善分工，在劳动前进行安全教育，明确劳动纪律及安全措施，按照教学规范做好学生考勤工作。学生要按照教学要求积极参加劳动，保质保量地完成各项劳动任务，每次劳动后要及时进行总结。

每学期课程教学结束，任课教师要对整个学期劳动教育实施情况进行总结并填写劳动教育教学总结表，分享交流心得，对学校完善劳动教育提出意见和建议。

六、评价机制

（一）构建以家庭为评价主体的线上评价机制

家长和学生可登录武侯"三顾云"平台，进入对应的评价系统，定期开展自我评价和家长评价，从劳动项目、劳动时间、劳动效果、劳动实录、劳动评价五个方面进行记录。学期末根据平台统计数据，进行综合评价。

（二）构建以学校和社会为评价主体的线下评价机制

从学生自我评价、小组评价、教师评价和服务对象评价四个方面进行评价。

1. 自我评价。

学生自我评价作为学习过程中的一个重要的有机组成部分，引导学生采用一系列的方式对自己的进步、成果以及不足加以记录，通过自我评价有助于学生完成自我认识目标以及自我调控过程，增强学生的信心和责任感。

2. 小组评价。

校内劳动、校外基地劳动，都强调合作。劳动的过程与结果离不开小组集体的力量，因此必须要有小组评价的过程，来实现评价的客观性和完整性。

3. 教师评价。

在学生劳动过程中，教师的指导是必要的，教师根据学生的实际情况，运用发展性评价原则，给予学生评价，教师的评价可以是正式评价，即量化或分等。更重要的是非正式评价，如一句激励性话语或一个赞赏的眼神或手势等。

4. 服务对象评价。

通过服务对象评价，可基于更深入或更客观的过程活动指导，评价的目的不是分等而是一种对学生参加后续劳动的一种指导、激励。

（三）学生劳动评价的结果运用

1. 学校结合线上线下评价，对学生劳动素养进行评价，并将劳动教育评价纳入学生综合素质评价体系。

2. 学生劳动评价结果作为学生评优、入团等重要参考。

内化于心，外化于行：
成都市礼仪职业中学劳动教育实施方案

教育部发布的《关于加强和改进新时代中等职业学校德育工作意见》，明确中职学校要将劳动教育纳入人才培养方案，要开设劳动教育必修课程，并将思想道德评价结果记入学生综合素质档案，纳入综合素质评价体系。根据我校情况，现制定成都市礼仪职业中学劳动教育实施方案。

一、指导思想

以习近平新时代中国特色社会主义思想为指导，全面贯彻党的教育方针，落实全国教育大会精神，坚持立德树人，坚持培育和践行社会主义核心价值观，把劳动教育纳入人才培养全过程，贯通大中小学各学段，贯穿家庭、学校、社会各方面，与德育、智育、体育、美育相融合，紧密结合经济社会发展变化和学生生活实际，积极探索具有中国特色的劳动教育模式，创新体制机制，注重教育实效，实现知行合一，促进学生形成正确的世界观、人生观、价值观。

二、工作目标

立足文化传承与时代创新，着眼劳动教育的落地与落实，在"一核三体"武侯劳动教育育人体系的引领下，秉承"勤以立人"的核心理念，结合我校专业人才培养，增强学生职业荣誉感，提高职业技能水平，培育学生精益求精的工匠精神和爱岗敬业的劳动态度。

中职学校德育教育首先要突出时代主题，要深入开展学习贯彻习近平新时代中国特色社会主义思想主题教育，强化理想信念和社会主义核心价值观教育，加强中华优秀传统文化、革命文化和社会主义先进文化教育。

三、实施模式

重点结合专业特点，增强职业荣誉感和责任感，提高职业劳动技能水平，培育积极向上的劳动精神和认真负责的劳动态度。创建我校"心·行"劳动教育的模式（见图6-3），把劳动教育做到"内化于心，外化于行"。

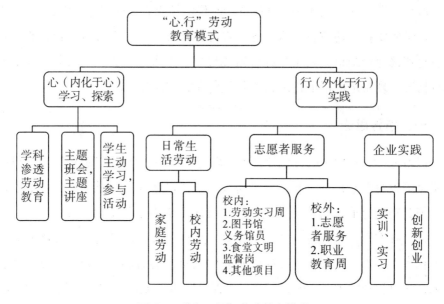

图6-3 "心·行"劳动教育模式

四、实施途径

（一）开设劳动教育必修课

中职学校应着力培育弘扬劳动精神、劳模精神和工匠精神，将劳动教育纳入人才培养方案，融入学校教学全过程；要开设劳动教育必修课程，以实习实训课为主要载体开展劳动教育，其中劳动精神、劳模精神、工匠精神专题教育不少于16学时。通过主题班会、劳动实践、实习实训等载体，确保每学期至少开展1次劳动主题的教育，促使劳动意识教育进课堂。将劳动教育与专业教育有机融合，在专业理论学习的基础上，增加操作实践、强化技能训练，鼓励技术性劳动和创新型劳动，积极孕育新时代大国工匠。

（二）学科渗透劳动教育

中小学道德与法治（思想政治）、语文、历史、艺术等学科要有重点地纳入劳动创造人本身、劳动创造历史、劳动创造世界、劳动不分贵贱等马克思主义劳动观，纳入歌颂劳模、歌颂普通劳动者的选文选材，纳入阐释勤劳、节俭、艰苦奋斗等中华民族优良传统的内容，加强对学生辛勤劳动、诚实劳动、合法劳动等方面的教育。数学、地理、技术、体育与健康等学科要注重培养学生劳动的科学态度、规范意识、效率观念和创新精神。

将劳动教育全面融入公共基础课，要强化马克思主义劳动观、劳动安全、劳动法规教育。专业课在进行职业劳动知识技能教学的同时，注重培养"干一行爱一行"的敬业精神，吃苦耐劳、团结合作、严谨细致的工作态度。

（三）在课外校外活动中，安排劳动实践

将劳动教育与学生的个人生活、校园生活和社会生活有机结合起来，丰富劳动体验，提高劳动能力，深化对劳动价值的理解。

组织学生：

1. 持续开展日常生活劳动，自我管理生活，提高劳动自立自强的意识和能力；每周课外活动和家庭生活中劳动时间不少于3小时；明确生活中的劳动事项和时间，将其纳入学生日常管理工作。

2. 定期开展校内服务性劳动，做好校园环境秩序维护，各校区各个班级按照划定公共区域进行校区的清洁和环境卫生的维护；

3. 依托学校团委开展志愿者活动：每期在高一、高二年级每班开展"劳动服务周"活动、图书馆义务馆员、食堂义务帮厨和文明监督岗以及其他项目志愿者活动。

4. 每学年设立"职业教育劳动周"，运用专业技能为社会、为他人提供相关公益服务，培育社会公德，厚植爱国爱民的情怀。开展校外专业服务进社区活动；校内专题讲座、主题演讲、劳动技能竞赛、劳动成果展示、劳动项目实践等形式进行。

5. 依托实习实训，参与真实的生产劳动和服务性劳动，增强职业认同感和劳动自豪感，提升创意物化能力，培育不断探索、精益求精、追求卓越的工匠精神和爱岗敬业的劳动态度，坚信"三百六十行，行行出状元"，体认劳动不分贵贱，任何职业都很光荣，都能出彩。

（四）在校园文化建设中强化劳动文化

学校要将劳动习惯、劳动品质的养成教育融入校园文化建设之中。要通过制定劳动公约、每日劳动常规、学期劳动任务单，采取与劳动教育有关的兴趣小组、社团等组织形式，结合植树节、学雷锋纪念日、五一劳动节、志愿者日等，开展丰富的劳动教育活动，营造劳动光荣、创造伟大的校园文化。

要举办"劳模大讲堂""大国工匠进校园"、优秀毕业生报告会等劳动榜样人物进校园活动，组织劳动技能和劳动成果展示，综合运用讲座、宣传栏、新媒体等，广泛宣传劳动榜样人物事迹，特别是身边的普通劳动者事迹，让师生在校园里近距离接触劳动模范，聆听劳模故事，观摩精湛技艺，感受并领悟勤勉敬业的劳动精神，争做新时代的奋斗者。

五、劳动教育评价

将劳动素养纳入学生综合素质评价体系。以劳动教育目标、内容要求为依据，将过程性评价和结果性评价结合起来，健全和完善学生劳动素养评价标准、程序和方法，鼓励、支持各地利用大数据、云平台、物联网等现代信息技术手段，开展劳动教育过程监测与纪实评价，发挥评价的育人导向和反馈改进功能。

（一）平时表现评价

要在平时劳动教育实践活动中及时进行评价，以评价促进学生发展。要覆盖各类型劳动教育活动，明确学年劳动实践类型、次数、时间等考核要求。关注学生在劳动教育活动中的实际表现，注重从行为表现中分析把握劳动观念形成情况。以自我评价为主，辅以教师、同伴、家长、服务对象、用人单位等他评方式，指导学生进行反思改进。要指导学生如实记录劳动教育活动情况，收集整理相关制品、作品等，选择代表性的写实记录，纳入综合素质档案，作为学生学年评优评先的重要参考。

（二）学段综合评价

学段结束时，要依据学段目标和内容，结合综合素质档案分析，兼顾必修课学习和课外劳动实践，对劳动观念、劳动能力、劳动精神、劳动习惯和品质等劳动素养发展状况进行综合评定。建立诚信机制，实行写实记录抽查制度，对弄虚作假者在评优评先方面一票否决，性质严重的应依法依规严肃处理。开展志愿者星级认证，推动将学段综合评价结果作为学生升学、就业的重要参考。

（三）开展学生劳动素养监测

将学生劳动素养监测纳入基础教育质量监测、职业院校教学质量评估和普通高等学校本科教学质量评估。可委托有关专业机构，定期组织开展关于学生劳动素养状况调查，注重学生劳动观念、劳动能力、劳动精神、劳动习惯和品质等的监测，发挥监测结果的示范引导、反馈改进等功能。

六、劳动教育的组织实施

（一）实施机构和人员

学校要建立健全劳动教育组织实施的工作机制。明确主管校领导，设置机构或明确相关部门负责劳动教育的规划设计、组织协调、资源整合、师资培训、过程管理、总结评价等。

要建立专兼职相结合的劳动教育教师队伍。根据学校劳动教育需要，明确劳动教育责任人，进行劳动教育规划、组织实施、评价等，配齐劳动教育必修课教师，保持教师队伍的相对稳定性。要充分发挥教职员工特别是班主任、辅导员、导师的作用，利用共青团、党组织以及学生社团等各方面的力量，合力开展劳动教育实践活动。充分利用家长及当地人力资源，聘请相关行业专业人士担任劳动实践指导教师。

（二）劳动安全风险防范与管理

学校要把劳动安全教育与管理作为组织实施的必要内容，强化劳动安全意识，建立健全安全教育与管理并重的劳动安全保障体系。

要依据学生身心发育情况，适度安排劳动强度、时长，切实关注劳动任务及场所设施的适宜性。科学评估劳动实践活动的安全风险，认真排查、清除学生劳动实践中的各种隐患。在场所设施选择、材料选用、工具设备和防护用品使用、活动流程等方面制定安全、科学的操作规范，强化劳动过程每个岗位的管理，明确各方责任，防患于未然。制定劳动实践活动风险防控预案，完善应急与事故处理机制。要特别关注劳动过程中的卫生隐患，按照疾控、卫生健康部门及行业有关规定，采取相应措施，切实保护学生的身心健康。鼓励购买劳动教育相关保险。

（三）建立协同实施机制

推动建立以学校为主导、家庭为基础、社区为依托的协同实施机制，形成共育合力。学校要通过家长会、家长学校、社区宣讲、网络媒体等途径，引导家长树立正确的劳动观；明确家长的劳动教育责任，让家长主动指导和督促孩子完成家庭、社区劳动任务；学校要与相关社会实践基地共同开发并实施劳动教育课程。

学校负责规划设计，行业企业社会机构主要负责业务指导，双方共同管理劳动教育实施机制。通过建立劳模工作室、技能大师工作室，设置荣誉教师、实务导师岗位等，多渠道引入社会力量参与学校劳动教育。要联合社会力量，共建共享稳定的劳动实践基地、校外实习实训基地、各类型创新创业孵化平台，多渠道拓展劳动实践场所。

下篇：教师主导

第七章　武侯劳动教育国家级示范课程

"陶"醉其中，"艺"起劳动
——陶艺手作三星堆特色笔筒

一、教学目标

第一，劳动观念：让学生热爱劳动、喜欢陶艺。

第二，劳动能力：通过揉、搓、捏、拍、切、等方法，制作三星堆特色笔筒、淬炼技术，提高动手创造和手脑协调能力，独立思考问题及团队合作的能力。

第三，劳动精神：在劳动过程中体会制陶的魅力，感受制陶带来的乐趣和成就感，感知制陶时的不易，尊重劳动，在实践中培养不怕挫折、勇于创新的精神。

第四，劳动习惯和品质：通过制陶时对劳动材料、劳动工具的正确使用、摆放，在制作过程中养成珍惜劳动成果、爱护工具、节约材料和收纳习惯，形成爱干净、爱卫生、爱创造、爱劳动的良好品质，在劳动中理解匠人的艰辛付出，并能养成吃苦耐劳、尊重和珍惜他人劳动成果的好品质。

二、教学内容

用原始制陶的手法将泥土制作成三星堆文创笔筒，掌握制作技能和方法，养成良好劳动习惯和品质，传承勤俭节约优良传统，弘扬开拓创新的时代精神。

三、教学重点

三星堆文创笔筒制作的技能，合作完成笔筒制作。

四、教学难点

笔筒制作过程中，器形变化技法的掌握，以及具体制作过程中泥土的黏接问题。

五、劳动工具

材料准备：黏土、转台一个、垫布一张、毛笔一支、木质工具、牙签一根、水杯一个、水少许（半杯）、喷壶一个、毛巾一张、尺子一把、制作所需模板。

教师准备：课件、教学视频、奖励勋章。

六、教学方法

讲授法、小组合作法、头脑风暴法、成果展示法、跨学科教学法、榜样激励法。

七、教学主题分析

本课教学不仅是制陶基本劳动技能的学习，而且注重劳动创美生活、劳动创造价值的教育。

在学习过程中，老师利用中学生学习用具收纳的图片导入，使学生认识笔筒收纳文具的益处，结合巴蜀文化热点三星堆的出土文物，引导学生自己劳动创美的可能性，学习用陶艺手工制作三星堆特色笔筒。

学生通过本课程的学习，树立正确的劳动观念和积极的劳动态度。不仅要学会制陶方法，还要爱上制陶，注重个人收纳，培养良好的生活习惯、通过劳动帮助他人。

八、学情分析

七年级学生大部分具备基本的文具收纳意识，但是少部分同学没有收纳习惯，学习用具随意摆放、笔芯乱放掉落的行为，会影响环境。他们对自己亲自制作笔筒有浓厚的兴趣，作为尚美的巴蜀儿女，对三星堆文化有一定的了解，再基于小学阶段陶艺知识和技能的学习，大部分同学已经掌握陶艺制作搓、捏、拍等技法，但对泥性的掌握还不够熟练，合作意识还不够强，因此，本堂课将激发学生兴趣，让他们乐于利用已掌握的陶艺技能，通过双手劳动创造具有三星堆特色的笔筒，淬炼陶艺技术、培养劳动习惯、加强团队意识，用劳动创美生活，助力他人。

九、教学流程

（一）导入

从文具收纳图片导入，让学生认识笔筒收纳的益处，花钱也可以买到笔筒，但那是购买别人的劳动成果，引导学生自己劳动创美的可能性；笔筒多种多样，对美有追求的我们，作为巴蜀儿女，可以结合巴蜀文化来制作，引出热点三星堆的出土文物，学习用陶手作三星堆特色笔筒。

出示课题："陶"醉其中，"艺"起劳动。

（二）开展新课

1. 教师出示普通签字笔（高度为15厘米）。

小组讨论并分享：想要做的笔筒形状、高度、口径大小并画出简单设计图，师生共同归纳出大致尺寸（作为最后评判优秀作品的标准之一）。

2. 教师出示烧制好的笔筒示范作品，启发同学们探究其制作步骤。

小组讨论并分享步骤：①笔筒底座；②笔筒筒身；③三星堆图。

图案装饰。（回答正确的小组获得点赞奖励）教师出示制作步骤图片印证，并对小组分工。

3. 小组探究其主要制作所需技法。

小组讨论并分享技法：揉、拍、搓、捏、黏接、切（回答正确的小组获得点赞奖励）。教师出示笔筒制作技法图文补充。

4. 认识制作工具。

在小学时候已经制作过陶艺，大家对工具并不陌生，今天多了一位新朋友，老师有配一套三星堆面具图案的模型，大家可以作为制作参考（提醒用完后归位）。

5. 现场示范。

全体同学跟老师一起将泥拍紧、拍成圆球形（将空气拍出、方便制作）最先拍好并将泥球放置桌面举手示意的小组，获得点赞奖励。

6. 微课示范重点讲解。

拍泥板：要求厚薄适中、干湿有度（由两位分工拍泥板的同学完成，最先拍好的小组安静举手示意获得点赞奖励）。搓泥条：要求粗细均匀，干湿适度（由分工搓泥条的同学完成，最先拍好的小组安静举手示意获得点赞奖励）。切割、黏接视频讲解。

（三）制作

出示创作建议及注意事项、完整示范视频循环播放、对学生制作过程中存在的多数问题进行集体解决，个别问题个别辅导，对学生的优秀作品及时评价（口头评价及镜头评价）。

1. 创作建议。

根据设计图的尺寸来制作。笔筒底板的厚度约等于 1 厘米，面具的泥片厚度小于等于 0.5 厘米。

2. 注意事项。

①注意分配和掌握时间；

②创作时注意泥土与水分的协调，泥土的干湿；

③注意把控笔筒的形态、尺寸；

④注意工具的正确使用及安全；

⑤注意制作过程中泥料的节约，桌面的整理。

十、劳动评价及分享

第一，技术技法的分享（最佳技术奖）。

第二，团队合作精神的分享（最佳团队奖）。

第三，劳动习惯、收纳分享（最佳劳动习惯奖）。

第四，职业体验分享。

第五，五育融合分享（最佳创意奖）。

十一、劳动创造价值

劳动淬炼技术、劳动创美生活，一个小小的笔筒可以改变我们的生活习惯，让我们有收纳意识；劳动还不仅限于此，今天这堂课还有一个目的，是通过我们的劳动可以帮助更多的人，棕北中学自办学以来，已经帮助了很多区域合作的学校，我们今天这么好的劳动成果，可以烧制后进行展览，并通过同学们对作品的介绍进行拍卖，所有的善款，将捐献给我们所对口帮扶的白玉中学，帮助到更多的同学，这也是我们劳动创造的价值。

十二、小结与拓展

希望同学们课后可以有所思考，陶艺除了做笔筒，还可以做些什么，我们的双手还能创造什么，能带给我们更加美好的生活！同时也希望同学们能更多地关注我们身边的劳动成果，珍惜劳动果实，将劳动精神发扬和传承。

（作者：成都市棕北中学　杨杰）

神奇的油菜
——定植

一、课程背景

劳动是一切幸福的源泉。劳动教育是中国特色社会主义制度背景下的重要教育内容，习近平总书记高度重视青少年劳动教育，强调"把劳动教育纳入人才培养全过程，贯通大中小学各家庭、学校、社会各方面"。近年来，出现了一些青少年不珍惜劳动成果、不想劳动、不会劳动的现象，劳动的独特育人价值在一定程度上被忽视，劳动教育被淡化弱化。

在这样的背景下，学校把劳动教育纳入学校的顶层设计，生活劳动始终贯穿于孩子们的班级和家庭，生产劳动更是我校的亮点，有 20 亩的试验田，每个班责任一块田，每周一次劳动课，每个孩子都能身体力行，体验劳动的艰辛，体会劳动的乐趣，感受劳动成果的喜悦。

"五谷"种植是我们学校的课程特色，油菜和大豆是我校三年级学生主要种植的农作物。而这学期种植的油菜，是我国的主要油料作物之一，关系着国家植物油的食品安全。种植前，先让学生了解油菜发展的相关知识，知道油菜的作用，在学生心里播下种植的使命感。再了解油菜的生长周期，整体感知，激发种植乐趣。学生对这些和他们生活关系紧密却了解较少的知识，都非常感兴趣，这为种植课打下了基础。

三年级的学生已具备了下地动手的能力。在二年级，我们年级的学生跟着家委代表体验过种植番茄，刨坑、填土、搭支架、剪侧枝、除草都有参与。所以，本节课定植对于三年级的学生是没有问题的。通过实地操作刨坑、定距、种植、浇水等具体劳动，使学生树立正确的劳动观点和劳动态度，热爱劳动和劳动人民，养成劳动习惯。

二、教学目标

第一，通过课前竞猜游戏，了解油菜知识，使学生知道种植油菜苗的意义；第二，通过课前复习，使学生了解油菜的一生，激发种植的乐趣；第三，学生亲历种植油菜的过程，掌握种植油菜苗的要领，体验劳动的辛劳和快乐；第四，通过小组合作种植油菜苗，培养学生动手动脑的能力，让学生学会分工合作。

三、教学重点

第一，学生亲历种植油菜的过程，掌握种植油菜苗的要领。体验劳动的辛劳和快乐，体会粮食的来之不易，懂得珍惜不浪费；第二，通过小组合作种植油菜苗，培养学生动手动脑的能力，让学生学会分工合作。

四、教学难点

学生亲历种植油菜的过程，掌握种植油菜苗的要领。体验劳动的辛劳和快乐。

材料准备：水桶 10 个、洒水壶 10 个、小铁锹 20 个、培育好的油菜苗若干。

五、教学过程

（一）回顾引入，激发兴趣

1. 回顾油菜的作用。

老师：孩子们，大家下午好！有谁知道我们学校主要种植的五谷是哪些呢？

学生：土豆、水稻、小麦、大豆、玉米、红薯等。

老师：是啊！"民以食为天，食以安为先。"所以，我们种植的不仅仅是粮食，还关系国家的粮食安全！这学期，我们年级种植的农作物是油菜，那你对油菜了解多少呢？

学生 A：油菜花可以观赏。

老师追问：你去哪儿观赏过？

……

学生 B：油菜可以榨油。

老师追问：四川哪些特色美食与菜籽油有关？

……

2. 回顾油菜的一生。

老师过渡：既然油菜的作用如此之大，油菜又是怎么长成的呢？大家还记得吗？我来说你来猜。

油菜苗：我是一粒小小的种子，从土里钻出来后，长出了几片绿绿的小叶子。大家猜猜我是谁？

油菜苔：一个多月过去了，我已经长高了，可以做成一道美味的菜肴。这是什么呢？

油菜花：接着油菜又到哪一个阶段呢？谁来说一说油菜花有什么特点？

油菜荚：最后，我变成什么了？有谁见过油菜荚？

老师：孩子们，这就是油菜的一生。今天这节课我们将完成这伟大工程的第一步——定植油菜苗。

（二）齐诵儿歌，做好准备

老师：种植前，我们先一起来回忆儿歌《我是劳动小能手》吧！使用工具要注意……

学生齐诵：工具使用要规范，避开同学不碰撞；责任田边不打闹，下地站稳保距离。

老师：下地劳动要注意……

学生齐诵：小组排队按顺序，认真观察掌要领；请求老师帮指导，我是劳动小能手。

（三）实践体验

大家来到责任田，排成观察队形，体验种植油菜苗。

1. 认识油菜苗。

老师双手高捧一株油菜苗，提问：同学们这是什么？它是油菜籽培育而成。老师认为它不只是一株油菜苗，它还是什么？

学生：一个小生命。

老师：所以说，定植这一步非常关键，种好了油菜苗，我们才能丰收颗粒饱满的油菜籽，榨出来的菜籽油的产量才会更高。

2. 讲解种植要领。

①拉线定距。

老师：同学们，你们观察一下每两株油菜苗的距离是多远？大约为40厘米，这就叫株距；那再看看这两排苗之间的距离有多远？大致为50厘米，这就是行距。这两段距离可以再近一些或远一些吗？为什么？

学生：利于农作物的生长。

老师：为了方便定距，我们采用拉线定距的方法。一位同学手握线的一端，站在田沟边缘处不动，另一个同学拿着线往另一端走，边走边放线，到另一端后蹲下，沿着厢的边缘处把线固定好。第一步简称：拉线定距，请两个同学示范，其余同学观察回忆要领。

②刨坑。

老师：第二步是刨坑，需要用到的劳动工具是小铁锹。使用时一定注意安全，尖的部分不能对别人。铁锹上面还有一些刻度，可以帮助我们测量刨坑的深度。然后开始刨坑，手握小铁锹垂直下压，把土挖出，放在旁边的薄膜上。每个坑的深度是8~10厘米左右。请两个同学示范，其余同学观察回忆要领。

3. 学生完成拉线定距和刨坑，教师巡视指导。

下地要求：每个小组1号和2号合作，3号和4号合作；先完成拉线定距，再拿小铁锹刨窝；完成后收好工具回到路面。完成后请学生评价。

4. 讲解种苗和浇水。

①种植。

刨好坑后就放入油菜苗，再用旁边的细土填上，并用拇指和中指卡压一下，力度要适中，太轻则固定不了幼苗，太重则土压得过紧影响生长。注意只需要把根系位置埋上土，因为根是吸收水分和营养的。我们可以简称这一步为种植。请两个同学示范，其余同学观察回忆要领。

②浇定根水。

种植好后还有非常重要的一步，给油菜苗浇定根水。有了水分，幼苗才能存活。浇水方式是一手提壶柄，一手扶底部。对准油菜苗，在四周均匀淋洒，浇5秒钟左右。

5. 学生完成种苗和浇水，教师巡视指导。

下地要求：每个小组 1 号和 2 号合作，3 号和 4 号合作，每个孩子种五棵油菜苗；全部种植好以后再浇水；完成后收好工具回到路面。

（四）拓展交流

老师过渡：我们的种植完成了，在种植时被老师表扬的孩子，都可以获得我们的劳动幸福币，非常期待你们用幸福币兑换粮食蔬菜。

老师：油菜苗种好了，你们现在的感受怎么样？

学生：开心。

老师追问：想象一下你们种的油菜苗会长成什么样子？大家累不累？

学生：很累。

老师追问：老师看到你们满头大汗也没有停下来，为什么？

学生：……

老师小结：是呀！劳动要出力，会流汗，会让我们筋疲力尽，但我们仍很快乐，有成就感，觉得一切都是值得的。因为劳动创造美好，劳动使我们幸福。孩子们，你们最期待油菜长成哪个阶段？

学生：油菜花开花。因为油菜花很漂亮，我想看一看。

学生：结出油菜籽，榨油。

老师小结：今天你们学会了种植油菜苗，可是传统的种植比较慢，也很辛苦，有什么好的方法能更加高效呢？提高我国菜籽油的产量，期待不久的将来，你们一定会研究出更好方法。

（五）板书设计

神奇的油菜

——定植

油菜苗 油菜苔 油菜花 油菜荚

（作者：成都市磨子桥小学分校　徐莉岚）

智创·乐美·悦享

——收纳盒制作主题课程教学设计

一、背景分析

热爱劳动是中华民族的传统美德。通过对教育部《大中小学劳动教育指导纲要（试行）》的学习和思考，我们主要围绕日常生活劳动，开展小学阶段的劳动教育。而收纳正是日常生活劳动的主要内容之一。据此，我们设计了从低段到高段不同主题的收纳主题课程，引导学生学习收纳知识，掌握收纳技能，并在课堂学习、实践活动和反思评价中，学会珍惜物品，规划空间时间，提高自我管理意识和创新意识，热爱劳动，向往美好生活，并树立对于集体、家人及社会的责任感，从而实现"勤以立人"。

通过低段和中段收纳课程的学习，五年级绝大部分学生已经掌握了书包、课桌等个人学习用品的简单收纳方法，能够独立完成校内学习空间的安排和整理，并能运用所学知识，简单整理个人衣物。但大多数孩子重心偏向学习方面的劳动，日常生活劳动参与度不够，房间主要依靠家长整理。孩子的劳动意识不够深入，劳动经验不足，劳动技能不熟练，即便已经能够在学校自理的同学们，回到家后又出现新的问题：家中的物品比学校课桌里的多，而且储物的空间更复杂；有些时候自己即便参与了整理，但一拿就散，一用就乱。

根据学生们的这些困惑，结合小学五年级学生喜欢活动类课程的特点，我们设计了收纳盒制作主题课程。本课程以学校为主导，家庭为主体，学生在课前自选区域，进行整理收纳，课内分组学制作方法、学收纳思路，回家进行个性化实践和拓展，再返校进行分享评价，反思提升。

课前、课中、课后的一体化设计，有利于提升学生日常生活中的收纳意识和能力，体验收纳过程的不易，感受收纳后的美好生活空间，让学生爱上收纳和制作，养成用劳动美化生活的习惯。

二、教学总目标

第一，通过观看图片、视频，初步了解中国收纳文化，深化对收纳的喜爱。第二，通过观看微课视频，学生清楚了解制作收纳盒的基本步骤。第三，通过小组合作，体验制作、美化收纳盒的过程，掌握大致流程和方法。第四，学习用超轻黏土和熊猫纹饰美化收纳盒的方法，学生能熟练地掌握收纳盒制作、美化的方法，养成良好的收纳习惯。第五，在收纳盒美化升级过程中提升学生的审美意识，提高学生创造美的能力，体验学会新劳动技能的美妙成就感，感受劳动创造美好环境的乐趣，激发学生对美好生活的向往和追求。

三、教学重难点

通过小组合作，学习收纳盒的美化方法，学生能熟练地掌握收纳盒制作、美化的方法，掌握大致流程和方法，见图7-1。

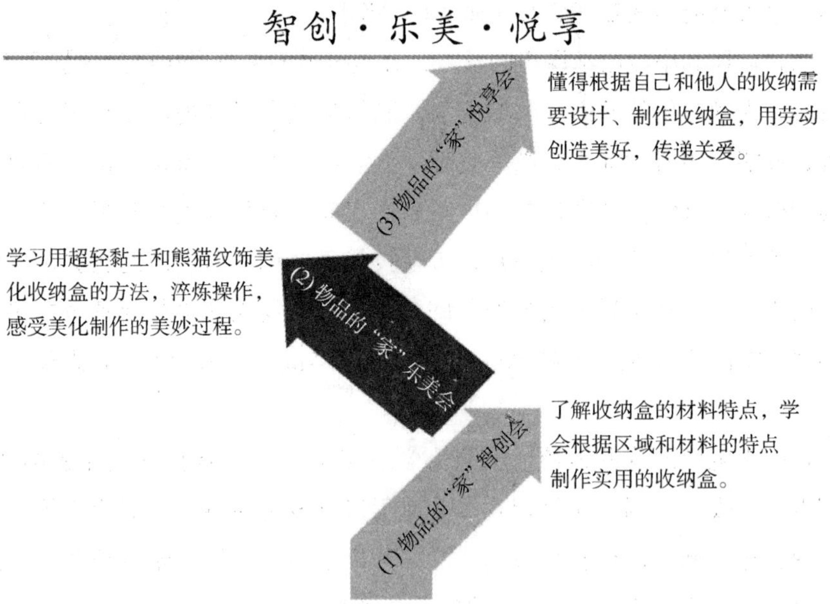

智创·乐美·悦享

(3)物品的"家"悦享会　懂得根据自己和他人的收纳需要设计、制作收纳盒，用劳动创造美好，传递关爱。

学习用超轻黏土和熊猫纹饰美化收纳盒的方法，淬炼操作，感受美化制作的美妙过程。　(2)物品的"家"乐美会

(1)物品的"家"智创会　了解收纳盒的材料特点，学会根据区域和材料的特点制作实用的收纳盒。

图7-1　物品的"家"乐美会

四、教学准备

学生分组制作的收纳盒，工具箱（超轻黏土、酒精胶、直尺等）。

五、教学过程

课前，播放学生在家进行整理收纳和在校分组制作收纳盒的视频。

（一）聊聊创意品，深化器之用

劳动老师：上节课，咱们根据自己的收纳需要，设计制作了收纳盒的雏形，来说说你们用了哪些材料，制作了什么样的收纳盒呢？为什么这样设计？为谁制作的？

交流的指向：

1. 劳动方式：变废为宝会动脑。

2. 劳动目的：满足生活中的收纳需要（自己和他人）。

3. 劳动品质：爱劳动会创造，能合作会坚持。

4. 劳动成果：收纳盒的方便、实用（相机板书：器之用），自己看一看是否达到收纳盒制作的 1.0 标准（很实用）？达到的举手。

课件展示——"器之用"标准：放置平稳能盛物，使用顺畅可扣合。

（二）看看古收纳，感受器之妙

1. 活动：看图猜用（收纳盒的缘起）。

（1）簠（出现于西周早期，主要盛行于西周末春秋初，战国晚期以后消失，盛放黍、稷、稻、粱的方形器皿，盖与器形状相同，上下对称，合成一体，分则为两个器皿）。

（2）妆奁（古代女子的梳妆盒）。

（3）食盒（古人的便当盒、外卖盒）。

（4）多宝盒（藏纳百珍，箱盖中有盒，盒中有套匣、套匣中又有屉，精致无比）。

劳动老师：数千年前，我们的祖先就已经有了收纳的好习惯，想了很多好办法解决他们在整理收纳中遇到的问题。不论盒、匣、箱、柜，皆是他们妥善、巧妙地利用空间的"收纳神器"。

2. 劳动老师：看看你们的收纳盒，与古人的收纳盒有什么不一样？

预设：造型更好看或花纹更好看。

小结：古代的收纳盒不仅功能强大，而且造型、色彩和纹饰都非常精美，还能够美化生活空间。同学们，你们想让自己的收纳盒升级成这样实用又精美的器皿吗？

（三）动动小巧手，创造器之美（大美无言）

劳动老师：今天，我请来一位好帮手，看，美术老师也来到了我们的课堂上。和她打个招呼吧！

1. 美术老师介绍美化方法。

（1）引出熊猫、及特征分析。

美术老师：我被请来带着大家美化收纳盒，其实我也需要帮手，你们瞧！这就是我请来的帮手（课件展示熊猫图片）。大熊猫不仅是国宝，更是成都的名片，把它的形象用在收纳盒上，就有了浓浓的成都味，很特别。那谁能简单概括一下熊猫的外形特征？

美术老师根据学生回答出示熊猫示范画。

（2）装饰美化。

①收纳盒装饰面的选择。

美术老师：这么萌的熊猫放在收纳盒的这一面，合适吗？为什么？（引导学生探究收纳盒美化的面的选择）

②图案装饰排列方式。

美术老师分别以一只熊猫图案出现在收纳盒的一面的不同位置、多只熊猫图案出现在收纳盒的不同位置、以熊猫为主形成的一幅画面为例，引导学生分析排列布局规律，并根据不同的排列讨论分工。

③微课学习制作方法。

美术老师：知道了装饰面的选择，以及装饰的排列布局，接下来就通过这堂微课，看看我们今天要用到的材料及方法。

播放微课，学生观察学习。

2. 劳动老师：现在，同学们是不是都已经胸有成竹啦！说说看，咱们用超轻黏土来制作熊猫纹饰时有哪些步骤呢？（根据学生回答梳理要点）

3. 劳动老师：接下来，咱们就合作完成收纳盒的美化升级吧！看清合作提示（出示课件，见图7-2）。

给"它"做个"家"

自选区域，用所学方法独立设计、制作一个收纳盒

数据线　　妈妈的首饰

合作劳动——添置美纹

4人分工，同时做熊猫的头、身体、竹子

（或其他配饰）等。

1. 制作专注

2. 合作有序

3. 桌面整洁

★ 每个组员都有事做！

图 7-2　合作提示

4. 美术老师、劳动老师共同巡视指导学生合作添置"美纹"。

5. 成果展示，相机点评（结合实时拍摄的照片点评实用、美观、劳动态度和习惯）。

（1）学生（师生）互动：您喜欢我的制作吗？

你觉得他们的制作漂亮吗？

你最喜欢哪个组的作品？说说你的理由。

根据学生回答梳理美化标准的关键词：

色彩美：色彩丰富，搭配协调。

造型美：造型生动，善抓特点。

（2）劳动老师评价合作劳动的过程，出示过程照片，指向劳动态度和习惯等劳动素养。

6. 小结：共同设计、制作收纳盒的过程是美妙的，用聪明的头脑和灵巧的双手制作出的收纳盒是美丽的，相信这些收纳盒也将让咱们的生活空间更美好。

（四）拓展延伸，课后实践

劳动老师：你想给家里的什么物品做个收纳盒呢？你想为谁做个收纳盒呢？

学生：课后给家里需要用收纳盒整理的物品，做个"家"。

（五）板书设计

物品的"家"乐美会

器之用

器之妙

器之美　美妙　美丽　美好

（作者：成都市龙江路小学　罗秀　刘颖）

第八章　武侯劳动教育省级教研课程

小月饼，大团圆
——冰皮月饼的制作

一、背景分析

本课的教学设计是基于"课前—课中—课后"一体化的劳动教育实践研究，将"课前""课中"和"课后"融汇到学习的全过程，促使课堂成为体现自主、合作、探究等学习方式的载体，"课前"和"课后"的融汇，也为家校协同实施劳动教育，构建起丰富、立体、多元的劳动教育情境空间。

二、教学目标

第一，了解中秋月饼的演变历史和制作流程。第二，亲历"包馅—压花"的制作过程，在动手操作中掌握包馅的技巧，并了解月饼制作的全程工序。第三，感受月饼制作过程的不易，学会珍惜劳动成果；经历与同伴的合作、分享，体验到劳动的快乐；认识到劳动是人与人、人与社会的纽带，增强社会责任感。

三、教学重难点

教学重点：亲历"包馅—压花"的制作过程。
教学难点：在动手操作中掌握包馅的技巧。

四、设计思路

在情境创设环节，聚焦本次劳动教育的知识目标，让学生了解中秋月饼的由来以及月饼取意团圆的历史轨迹，感受传统的制作工艺和文化。通过课前制作月饼皮和馅料的亲子活动，家校协同育人，让孩子感受到家人一起劳动的美好。在课中通过学生的试操作、小组合作、成果展示等环节在自评互评中经历与同伴的合作、分享，加强技术要点的掌握、强化操作的规范意识，交流反思得失，以反思促改进，以期达到教、学、评的一体化。课后安排有延续性、创造性的课后劳动作业，注重综合知识运用，鼓励孩子开展创造性劳动，构建起更丰富、立体、多元的劳动教育情境空间。

本节课层次梯度合理，实践项目充分，展评环节凸显对学生劳动素养的培育，在工具使用、制作要求、安全提示等方面，能促进学生良好劳动习惯的养成。

五、劳动工具、材料及教学准备

劳动工具与材料：半成品食材（月饼皮面团、调好的月饼馅）、月饼按压器、一次性手套、打包盒、托盘、油碟、油刷、不锈钢碗、硅胶垫板。

教学准备：课件。

六、教学过程

（一）课前衔接，引入课堂（5分钟）

老师：同学们，中秋节要到了，你们在这个节日里会做什么呢？

学生：吃月饼，赏月。

老师：对，我们都会吃月饼。月饼，又称月团、小饼、丰收饼、团圆饼。你们知道它是怎么来的吗？现在我们一起来了解一下吧！（放视频）

通过视频，我们知道了月饼寓意家人团圆，寄托思念。课前老师布置了自己动手制作月饼皮和馅料的任务，我们一起看看这些孩子的劳动过程吧！（播放课件）

这两个小朋友在做月饼面团，这是一个小朋友在妈妈的指导下做出的月饼馅，老师想知道，你们在做的时候有没有遇到问题呢？是怎么解决的呢？（通过妈妈的帮助、自己想办法）

学生分享，老师评价。

●设计意图：通过课前制作月饼皮和馅料的亲子活动，让学生感受到家人一起劳动的美好。同时让学生亲历制作过程，感受劳动不易。

（二）劳动指导，动手制作

1. 劳动准备（5分钟）。

老师：你们真是爱动手会动脑的小朋友！今天我们就用自己做好的面团和馅料，来制作美味的冰皮月饼。（出示副标题）

（1）穿戴装备。

老师：在我们做月饼之前，老师想问问，你们洗手了吗？

学生：洗了。

老师：那好，我们现在来做准备工作。请孩子们穿好围裙，戴好袖套，戴上手套和帽子。

（2）认识材料。

老师：做好了准备工作，接下来请大家跟着老师来清点桌上的材料和工具。这是大家做好的月饼皮面团和月饼馅。这是月饼按压器，它配了三种花片，等会儿大家可以选择自己喜欢的花样来做。在使用的时候要注意手指不能碰到弹簧，以免被夹伤。（做错误示范）像老师这样可以吗？不可以。使用按压器之前，为了避免面团粘在上面，就需要用油刷在碟子里蘸一点油涂在花片上。

每个小组还配有一张硅胶垫。同学们使用按压器的时候就在硅胶垫上面操作，不能直接放到桌面上按压，以免弄脏我们的食物。这是包装盒，做好的月饼要放进这里面；这是托盘，月饼包装好后放进这里；这是抹布，制作完成后用它来清理桌面。同学们都清楚了吗？

学生：清楚了。

老师：接下来我们观看一段视频，了解月饼的制作流程。（播放微课视频）

看完视频，老师想问问你们制作月饼有哪些步骤呢？

第一步：搓圆。

第二步：压窝、包馅。

第三步：刷油。

第四步：压花。

●设计意图：让学生了解月饼制作的全程工序，感受到制作月饼的乐趣，通过老师讲解示范，让孩子明确"包馅、压花"的制作程序和要点。

2. 小巧手，做一做（20分钟）。

（1）老师引领，提醒要点（5分钟）。

老师：了解了制作的步骤，下面，老师带着大家一起做一做。

第一步，请小朋友们取出面团，像老师这样轻轻地把它搓圆，注意多搓几下才不会粘在手套上。接着用同样的方式把馅料搓圆。

第二步，用大拇指把面团压一个窝，然后一边捏一边旋转。捏的时候不要太用力，大家看这个窝窝像不像小蘑菇撑的伞啊？把馅放进去比一下，如果放不进去，就说明蘑菇伞太小了，需要再把它捏大一点。把馅放进去之后，开始收口，一直收到把馅完全包住。收好口后，我们进行第三次搓圆。其实我们就是把两个小圆球搓成了一个大圆球。请孩子们把大圆球放到硅胶垫上。

第三步，请小组长来操作，其他孩子认真观察。请组长选择一个你喜欢的花片，放入按压器，注意花片有花纹的一面朝外，不要放反了。接下来我们用油刷蘸一点油，伸进按压器轻轻刷一刷。油不要刷太多，否则做出来的月饼就油乎乎的，没那么好吃了。

第四步，压花。把月饼团放进去，用大拇指把面团抹平压实，让它充分贴合按压器。然后在硅胶垫上按压三秒钟，力度要适中。如果力气太大的话，面团会从下面溢出来。如果力气太小，花纹可能就印不上去。那接下来面团该怎么取出来呢？可不可以直接这样推出去（按压器对着人）？不可以，这样月饼就会变成炮弹，被发射出去就会打到同学，这样太危险了！正确的做法是，把按压器放在硅胶垫上，慢慢推出，一块漂亮的月饼就做好啦！

请组员评价一下组长做得漂不漂亮？

学生：漂亮。

老师：这块月饼哪里最漂亮？

学生：花纹。

老师：对，他做的月饼花纹很清晰。老师这里有一块月饼，大家看看漂亮吗？

学生：不漂亮。

老师：哪里不漂亮呢？

学生：有点歪。

老师：我们做的时候要均匀用力，做出来的月饼才会薄厚均匀。

● 设计意图：通过学生的试操作，在学生互评中加强技术要点的掌握、强化操作的规范意识，以期达到教、学、评的一体化。

（2）回顾要点，清楚要求（5分钟）。

老师：大家通过动手体验，发现花纹清晰、薄厚均匀的月饼才是漂亮的（贴板书）。那么，做月饼需要注意什么呢？我们一起来回顾一下。

第一步：搓圆（皮和馅都要搓圆）；

第二步：压窝包馅（先收口再搓圆）；

第三步：刷油（防粘）；

第四步，压花（压的时候要均匀用力，按压三秒）。

下面我们要准备小组合作制作月饼，各组的小组长举手，好，放下。你们每组只有一个按压器和一张硅胶垫，今天就考验一下大家协作劳动的能力，请小朋友们规范有序地来制作月饼，合理分配劳动工具和材料。要做到五个"要"（课件出示）：

①操作要安全（按压器不能对着同学乱推，也不能把手放在弹簧边）；

②制作要专注（不交头接耳，不大声喧哗）；

③协作要有序（合理分配材料和工具，规范有序地进行协作劳动）；

④月饼要漂亮（花纹清晰，薄厚均匀）；

⑤桌面要清理（要养成良好的劳动习惯）。

等下你们做的时候，老师就会观察，看哪个小组认真按照这五项要求来做了。

（3）动手操作，体验过程（10分钟）。

老师：准备好了吗？限时10分钟，开始！

学生动手完成包馅、压花两道工序，电脑限时计时器，老师巡视指导，重点关注动手能力不强的孩子，加强指导，使其能体验到成功的快乐。到八九分钟时老师提醒：注意，还有一分钟，该清理你们的桌面了。老师在观察的过程中发现这个小组做的数量最多。老师还发现这个小组的劳动习惯是最好的，他们做的时候非常认真、专注。刚才老师还看到这个小朋友做坏了，马上又开始重新制作，他这种坚持不懈完成任务的劳动精神非常值得我们学习。

●设计意图：让学生亲历"包馅—压花"的制作过程，在动手操作中掌握包馅的技巧，经历与同伴的合作、分享，感受到劳动的快乐。

3. 成果展示，交流感受（3分钟）。

老师：今天，做了这么多漂亮的月饼，大家在这个过程当中有什么感受？

学生说感受。

学生：看似简单的劳动其实操作起来并不容易，学会珍惜劳动成果。

老师：那以后小朋友遇到自己不喜欢吃的东西，应该不会吃两口就扔掉吧。

学生：成功做出月饼，体验到劳动的乐趣。

老师：对，劳动最快乐！

学生：体会到妈妈平时做饭的辛苦，以后会更加爱她。

老师：能体会到妈妈的辛苦，你真是一个懂感恩的孩子！

●设计意图：学生在自评、互评中展示劳动成果，说说自己在制作过程中遇到的难题，交流反思得失，注重过程体验，强化感悟体认，以反思促改进，内化劳动价值观的培养。

（三）总结反思，深化主题（5分钟）

老师：同学们，你看，自己亲手做的月饼不仅仅是一项劳动成果，还包含了丰富的情感在里面。我们常常想把自己觉得有意义的劳动成果送给我们尊敬的人、感激的人，四川泸州龙马潭的一群孩子就做了这样一件事情，我们来看看。（播放视频）

孩子们，你们做的月饼想送给谁呢？你们都是懂感恩的好孩子，除了家人，我们还能把它送给哪些劳动者呢？（环卫工人、门卫）每一位普通的劳动者都是值得我们尊敬的人，所有的劳动都值得我们热爱，值得我们尊重。

（四）拓展延伸（2分钟）

老师：通过这节课，同学们体验了亲手制作的乐趣，也学会了做月饼这项技能。最后，老师给大家布置一项小作业：用今天学到的技能——做一块创意月饼，再写一句感恩的话，送给你最尊敬的劳动者，让他感受到节日的温暖和祝福。

圆圆的月饼就象征着家国团圆，幸福美满！小月饼，大团圆，让我们带着最美的劳动果实去欢度这更有意义的中秋佳节吧！

●设计意图：点明活动主题，让学生感受自己动手的乐趣，认识到劳动是人与人、人与社会的纽带，增强社会责任感。同时强调月饼象征团圆的寓意，让学生感受到劳动创造生活的美好。

（五）板书设计

小月饼，大团圆

——冰皮月饼的制作

1. 搓圆（皮、馅）

2. 压窝包馅（收口、搓圆）

3. 刷油（防粘）

4. 压花（均匀用力，按压三秒）

（作者：四川大学附属实验小学江安河分校　郭志敏）

乐收纳 悦成长："我是收纳魔法师"

——收纳主题课程第二课时

一、课时目标

第一，知识与技能目标：深化对收纳方法和技能的结构化认识，形成关于书桌、衣柜、行李箱收纳的结构化标准。

第二，过程与方法目标：通过分享交流、课堂体验，深化学生亲历收纳实践中的难点，突破收纳关键点——规划的劳动能力和系统的劳动思维。

第三，情感态度价值观目标：深化收纳与自身的关系，感受"劳动创造美好生活"，从而树立劳动最美丽、劳动最光荣等劳动观；深化精益求精、锲而不舍的劳动精神。

二、教学重难点

深化学生亲历收纳实践中的难点，突破收纳关键点——规划的劳动能力和系统的劳动思维。

三、教学准备

教师：教学课件、班级收纳合辑等。
学生：图片、视频、收纳神器等。

四、教学过程

（一）情境引入，提升表达愿望（2分钟）

1. 古人有云："几案洁，笔砚正，物似主人形。"我们的学习生活空间，就是我们的第二张面孔。上节课，我们学习了让这"第二张面孔"变得整洁美观的收纳方法，回家后，同学们自选区域，用所学的方法进行了收纳的体验，来，看看大家上传的收纳成果。

2. 学生观看班级收纳合辑。

3. 老师：你们看了，有什么感受？（刚才我听到很多同学发出了感叹，说说有什么感受）

学生谈直观感受，不追问。

老师：要达到这么好的效果，是怎么做的呢？

（二）学生分组合作，推选收纳达人，完成全组妙招梳理、整合（8分钟）

老师：同学们亲手完成了收纳，还填写了活动记录（出示课件），现在小组交流，推荐一位收纳达人。请大家注意看推荐标准和方法。

1. 明确推荐方法和标准（学生看后，老师强调：全组举手推荐一名收纳小达人）。

课件出示：

①推荐方法：根据组员分享的收纳过程和成果，全组举手推荐一名收纳小达人。

②推荐标准：一是收纳中有自己独特的方法；二是收纳后的区域整洁，便于拿取。

③推荐完成后，综合收纳达人和全组同学的收纳方法，形成本区域的收纳秘籍，准备汇报展示。

④时间：7分钟，音乐停，小组合作即结束。

2. 学生分小组推荐一名收纳达人，合作完成妙招梳理等。

老师过渡语：小组交流时间到，期待大家一会的分享交流，注意看提示。（出示课件：分享交流提示）

（三）分组汇报、展示（20分钟）

1. 书桌组分享海报（5分钟）。

（1）学生分享。

预设：收纳海报展示（+二维码中的视频）。

视频中有做的过程、小妙招，家长和孩子亲子合作完成收纳。

（2）学生互动、点评。

（3）老师："行动生困难，困难生疑惑"，对这个几乎天天使用的学习区域，你在收纳中有没有什么困惑？

预设：每天都在用，每天都在乱；不知道怎么去规划——分类；不容易，难以保持整洁——养成好习惯，珍惜劳动成果。

老师：怎么做才能解决这个问题呢？同学们给他支支招。

学生：物有定位，有拿有放。

老师：不怕天寒地冻，就怕手脚不动。"集中整理"过后，需要做的还有"日常整理"和及时清扫，也就是保持这些好的收纳习惯，勤动手，就能让我们保持学习空间的干净整洁。）

（4）课件出示书桌组的收纳秘籍。

明需求，断舍离。

按特点，分好类。

看频率，划区域。

记归位，勤清理。

2. 行李箱组分享情景剧表演+现场整理（8分钟）。

（1）学生情景剧表演。

组长：我们想真实再现某某同学当时收纳的情况。

（2）学生互动（针对收纳过程和方法进行）。

（3）老师：不是说东西都放不下了，为什么后来又放下了？

劳动中的坚持，想办法解决问题（在劳动实践中学会坚持，不断寻找解决问题的办法，这是劳动中相当可贵的品质）。

（4）老师：为什么最后他能成为收纳小达人？因为他的方法很清晰。

课件出示：行李箱收纳结构图。

列清单，带必备。

铺物品，分好类。

卷一卷，装好袋。

重物底，硬物上。

用软物，塞缝隙。

（5）老师：行李箱收纳哪一步最关键的，哪一步是最难的？（规划空间）

（6）老师追问：为什么？难在哪？

（7）老师：你知道生活中还有什么时候需要规划吗？

学生说两三个，老师补充具体事例：出行，去什么地方？不规划行不行？如果有一天到学校来，发现没有课表，会怎么样？（不仅仅在收纳中很重要，在生活的方方面面都很重要）

小结：规划不仅是一种收纳方法，更是一种思维能力：规划空间，能让我们的生活环境更整洁，在这样的环境里劳动，心情都更美丽了；规划时间，能让我们从容不迫，更有条理地在生活中劳动……

3. 衣柜组分享（7分钟）。

（1）学生A：在收纳衣柜的过程中，我们组的某同学遇到一个大难题，叠衣服很慢，不整齐，收好的衣服一拿就垮了，但是有一个同学发现了一种有意思的方法，我们觉得她的这种方法特别好，今天我们就想把这样的方法传递给全班同学，大家想不想和我们一起学习这个新方法？我们马上用校服来试试。（体验叠衣服）

老师：拿起来看一看你的学习成果。（重点看开始存在困难的同学）

太棒了，真是"百闻不如一见，百见不如一干"。你们知道吗？在收纳中如果遇到了实际困难，可以通过学习新方法来解决问题，达到更好的效果。

（2）学生B：我们组在收纳时和别的组还有很不一样的地方，就是带来了我们的"秘密武器"……

老师：在劳动过程中，工具是可以提高效率、帮助我们更好地完成收纳的。

（3）课件出示衣柜收纳方法：

> 铺物品，分好类。
>
> 看频率，划区域。
>
> 柔软物，可卷折。
>
> 最上面，放棉被。
>
> 中间层，放当季。
>
> 最下层，用抽屉。

（四）总结拓展（10分钟）

1. 老师：课件出示三个收纳组梳理的小妙招，大家发现，这三个区域的收纳有什么共同的关键点吗？

学生对比，找出共同的关键点，形成收纳秘籍（通用版）：

系统思，断舍离。

找共性，分类别。

有规划，优空间。

看需要，用工具。

老师：还有很多具体而实用的小妙招，期待同学们在平常的收纳中去学习和发现。

2. 颁奖。

（1）老师：收纳达人战胜了劳动的不容易，克服了自己的懒惰，练就了收纳技能，养成了收纳好习惯，习得了劳动好品质，劳动真是最光荣的，我想为这些收纳达人颁奖！（重音）

（2）老师：哪怕是三个臭皮匠，也能顶个诸葛亮，合作的魅力无限大，某小组在交流讨论中总结了清晰又完整的某区域收纳秘籍，我想给他们颁发最佳合作小组。

（3）老师采访台上获奖者：你觉得收纳是一件什么样的事情？

小结：劳动不是一件又苦又累又脏的事，而是能够带给我们愉悦感的事。和他有一样感受的同学举手。

3. 观看收纳大师视频合集。

老师：收纳不是像苦行僧似的辛苦劳动，让人一想到就一个头两个大。收纳过程中用好的方法来解决问题是愉悦的，生活中养成好的习惯，轻松收纳，是快乐的，说不定，你也会像这些收纳大师们一样喜欢上收纳！

播放视频。

4. 总结。

老师：同学们，收纳是生活中一件极平常的小事，但我们的收纳大师却将这样的小事做到了极致，用他们的双手和智慧让生活变得更加美好了。我们不仅要学习收纳方法，更要学习劳动的精神，让我们在手与脑的勤劳动中快乐成长！

5. 板书设计。

乐收纳，悦成长

系统思，断舍离

找共性，分类别　　　劳动创造美好生活

有规划，优空间

看需要，用工具

（作者：成都市龙江路小学　罗秀）

第九章 武侯劳动教育市级教研课程

定植空心菜

一、教学目标

第一，劳动知识及能力：了解空心菜的特性，掌握定植空心菜的方法，在实际操作中掌握起垄、刨窝、定植、养护的方法，形成种植空心菜的技能。

第二，过程与方法：在刨窝、定植、浇水的实际操作中，掌握扦插空心菜的要领。

第三，情感态度价值观：劳动是光荣的。在劳动中培养学生动手动脑的能力，学会和同学分工合作，培养学生吃苦耐劳的品质；通过劳动体会粮食（蔬菜）的来之不易，懂得珍惜不浪费；初步感知科学方法对种植的影响。

二、教学重点

教学重点是认识并了解空心菜的种植过程，学会定植，懂得如何养护。

三、教学难点

教学难点是体验定植的方法，掌握定植的要领。

四、课型

实际操作课。

五、课时安排

共三课时，具体内容安排：第一课时认识空心菜；第二课时整地起垄

（刨窝）；第三课时定植。

六、材料准备

小锄头 16 把（起垄），小铲子 16 把（起垄），小铁锹 16 把（定植），空心菜苗若干，水壶 16 个，1~16 号码牌（用于标识小组）。

七、教学展示

下面展示第三课时——定植空心菜。

（一）教学重点

定植空心菜，掌握定植要点，学会定植。

（二）教学难点

正确定植空心菜。

（三）材料准备

洒水壶 16 个，小铲子 16 个，装工具和菜苗的小桶 16 个，空心菜苗。

（四）课前准备

1. 全班学生按分好的小组排队集合。

组长领取分配好的劳动工具（小铁锹、水壶）和菜苗，放在指定的地方。

实操课分组方法：3 人一小组，每组分别按顺序进行编号，按号依次进行实际操作体验。全班 50 人，共分为 12 小组，剩余 2 人担任观察员和老师。队形分为：观摩队形，操作队形。

2. 劳动安全及劳动纪律注意事项强调。

（1）劳动工具的使用：按第二课时的要求，正确使用劳动工具，避开同学，避免劳动工具与同学的接触和碰撞。

（2）劳动纪律：各小组排好队按顺序、按老师的指令进行轮流操作；不会的举手请求老师的帮助指导，没有轮到的同学认真观察同学的操作是否正确规范，如果发现问题举手进行交流。不得在试验田边随意喧哗打闹。

（3）下地要求：定植时脚不能踩在起好的垄上，只能站在垄间的沟里进行定植；站稳后再操作，防止跌倒和摔伤；各小组操作时注意保持距离，眼观六路耳听八方，注意自身安全。

（4）劳动小能手评选：实际操作结束后由观察员根据观察记录评选优秀小组。班级予以奖励，奖励劳动币。

（五）教学过程

1. 直接入题，明确目标。

（1）回顾引入。

老师：上节课我们认识了空心菜，并初步了解了空心菜的定植方法，这节课我们将进行现场实际操作课，进行空心菜的定植。

（2）优秀劳动小组评选细则。

①评委——家委会代表3人；②评价标准——不喧哗，有序，团结协作；③细节——工具的使用和收纳。

老师：这节课我们将根据同学们各方面的表现，评选出优秀劳动小组，予以班级表彰和奖励。评委由家委会代表和学生助手担任，分别从安静有序、遵守纪律、团结合作、工具收纳四方面进行评价。希望同学们一切行动听指挥，认真听、仔细操作、注意劳动时劳动工具的使用和同学间的避让，注意安全。

（3）劳动安全强调：一切行动听指挥；用学过的方法正确使用劳动工具，注意劳动安全；注意同学之间的避让。

2. 实操指导。

（1）定植空心菜菜苗。

①看苗：实物介绍根、茎、叶。

②看地：垄，垄沟，垄中线（居中栽苗），苗间距（两拃）。

③看距离：空心菜的株距保持两拃的距离。

④老师示范定植。

动作要领：

a. 插：把小铁锹插入土中（锹背朝外），深度以小铁锹的金属部位为佳。

b. 拉：将小铁锹拉向自己，露出小坑。

c. 放：将一株小菜苗放入坑中，尽量深一点。

d. 抽：抽出小铁锹。

e. 压：用双手将菜苗周围的土压实（技巧：左右手前三指用力压，后两指弯曲)。

f. 培：用双手将菜苗两边的松土培在栽好的苗周围。

老师按步骤对学生加以引导，并进行操作示范，边示范边进行讲解。

⑤学生代表演示示范，其余学生观察，指名评价操作过程。

老师让学生助手进行示范，有问题指出，进行再次操作演示。

⑥各小组按序号进行轮流操作，每个组员先定植 4 株；完成任务后如果有空地可根据情况再次进行操作。

学生定植，老师巡视指导，随机对表现优秀的小组进行评价和鼓励；家长代表根据观察填写劳动表格，协助劳动安全提醒。

⑦各小组定植完毕后简单交流：在定植的过程中你遇到了什么困难（问题）？怎么解决的？（2~3 人交流）

●设计意图：通过老师的讲解、示范操作、学生的示范演练，然后进行分组操作，孩子在实际操作中掌握定植空心菜的方法，通过反复地练习形成定植空心菜的技能。操作完成后，通过简单的交流及时解决困惑，针对困惑提供帮助，让学生在反思中成长。

（2）组长检查整理，放好铁锹。

①各组进行自我检查，看看菜苗是否定植好；有踩垮的地垄用小铲进行修复。

②整理好后将小铁锹放入桶内。

●设计意图：学生栽好苗后，部分同学所栽的苗不合要求，不利于菜苗的存活，这时通过组长的排查和整理，一定程度上提高了菜苗的存活率。及时收好小铁锹，可以杜绝安全事故的发生。

（3）定植后菜苗浇水。

①老师示范［打水注意事项（量不宜太多，注意不要一路洒），浇水方法指导，浇水注意事项（浇透，可轮流浇一次水）］。

②各小组在组长的带领下分工合作，打水浇地，组员依次进行操作，掌握浇水方法（老师根据情况适时加以指导）。

③各组浇水完毕后，回到观摩队形排队等待，组长收拾好劳动工具。

●设计意图：通过老师的示范，让孩子掌握浇水的方法；通过孩子们的实际操作，及时发现问题，及时加以帮助和指导。通过及时的评价和鼓励，调动学生劳动的积极性，培养劳动的兴趣。

3. 评优选先，谈话交流。

（1）谈话交流：通过这次定植空心菜的劳动，你有什么感受或者体会？（学生举手发言，老师适时点评，价值观引导）

（2）家委会观察员根据各小组操作的表现评选优秀小组。

（3）实践操作小结：同学们在这次的操作中表现都很棒！大家从这次劳动操作中也有了很多的收获和感受，我们平时生活中的每一粒米，每一片菜叶都来之不易，大家要学会珍惜。

4. 活动结束，拓展延伸。

老师：劳动是光荣的，我们的劳动课，不仅仅是学习劳动技能，更重要的是我们要将平时所学的科学知识运用到自己的劳动实践之中去，作为一名劳动者，我们要不断地学习新知识。科学技术是第一生产力，只有科学进步了，工业、农业才会取得更大的进步。同学们，珍惜美好的时光，好好学习科学知识和劳动技能，让知识来改变自己。

（作者：成都市磨子桥小学分校　朱灵华）

给豆宝宝安家

一、教学目标

第一，劳动知识：掌握播种的方法，在实际操作中进行刨窝、播种、培土、洒水等劳动知识，学会种植黄豆的知识。

第二，劳动能力：如何使用小铁锹挖坑，挑选黄豆的标准，撒种的能力，培土的劳动能力和浇水的能力。

第三，劳动价值观：在劳动中感受团队合作的力量，在劳动中体会劳动的艰辛，感受劳动的快乐，体会劳动的光荣。

二、教学重点

知道黄豆的种植过程，明白种黄豆的步骤，学会播种黄豆。

三、教学难点

在刨窝时窝的大小和距离。

四、课型

实际操作课。

五、课时安排

共三课时（具体内容安排：第一课时认识黄豆及黄豆的生长规律；第二课时整地起垄、平整厢面；第三课时播种）。

六、材料准备

小铁锹 22 把，泡好的黄豆 1 斤，洒水壶 11 个，秧绳 11 根，心愿卡 43 张，1~11 个小组牌。

七、教学展示

下面展示第三课时。该课时教学重点是播种黄豆，掌握刨坑、播种技能，学会种黄豆。教学难点是在刨坑时坑与坑之间的距离把握不准。该课时须准备材料小铁锹22把、洒水壶11个、秧绳11根，以及泡好的黄豆1斤，分成11份。

（一）直接入题，明确目标

老师：上节课我们学习了认识黄豆，知道了黄豆的生长规律，明白了播种的步骤，你们还记得吗？（抽学生来说一说步骤）我们就一起来实践演练一下吧！我们给黄豆宝宝做一个温暖的家，让它们美美地睡一觉，快快地长大吧！

（二）做好准备，整装待发

1. 全班同学按分好的小组集合。

实操课分组方法：4人一小组，每人分别按顺序进行编号，1号为小组长，按号依次进行实际操作体验。全班43人，共分为11个小组。

2. 劳动安全及劳动纪律注意事项强调。

（1）劳动工具的使用：按第二课时的要求正确使用劳动工具，避开同学，避免劳动工具与同学的接触和碰撞。

（2）劳动纪律：各小组排好队按顺序、按老师的指令进行轮流操作；不会的举手请求老师的帮助指导，没有轮到的同学认真观察同学的操作是否正确规范，如果发现问题按要求在讨论环节举手进行交流。不得在试验田边喧哗打闹。违反纪律者暂时不参与小组的操作，全班实际操作结束后单独由老师带着操作进行补课。

（3）下地要求：播种时脚不能踩在起好的垄上，只能站在垄间的沟里进行播种；站稳后再操作，防止跌倒和摔伤；各小组操作时注意保持距离，眼观六路耳听八方，注意自身安全。

（4）劳动小能手评选：实际操作结束后各小组根据组员各方面表现评选1名"劳动小能手"，予以劳动币奖励。

3. 各小组在组长的带领下，走到自己的操作地边，进行排队等待。

（三）实践体验

1. 展示刨坑。

明确刨坑要求，老师示范：同学们喜欢玩泥巴吗？我们用泥巴给我们的黄豆做一个温暖的家，好吗？

（1）老师示范，明确规则。

老师：现在我们4人为一个小组，1号和2号在垄头，3号和4号在垄尾。1号和3号先挖完3个坑，换2号和4号。依次轮流，直至完成。注意选择的"家"的间隔距离、对整齐（距离大致40厘米约3柞，一垄并排起坑三个。每排与每排之间间隔40厘米）。挖深约10厘米（大约一个苹果的大小）注意刨坑时的土放在垄上，方便我们埋种时使用。小助手和老师示范，其余同学观察。边看边说出步骤，一插秧绳，二刨苹果大小的窝。

（2）小组示范。

学生代表小组演示示范，其余学生观察，指名评价操作过程。（说说做得好的地方，鼓励孩子在观察中回忆步骤和注意事项，进行再次操作演示）

（3）小组长领取劳动工具。老师宣布开始。

全部小组下地开始，在劳作期间，大家喊劳动口号，为孩子们加油鼓劲。

（4）集中讨论交流：在刨坑的过程中遇到了哪些困难？你们如何克服？有没有好的操作技巧分享？

2. 点播希望的种子。

（1）老师请学生示范播种，讲解注意事项。

老师讲解方法：将我们泡好的黄豆宝宝放入土窝，一个土窝放4颗豆宝宝，然后盖上土，盖3厘米厚的松土即可，覆盖的泥土要酥松，不要紧压。（如果发现周围有大块的土请清理在旁边）

（2）小组示范操作。

学生代表小组演示示范，其余学生观察，指名评价操作过程。（说说做得好的地方，鼓励孩子在观察中回忆步骤和注意事项，进行再次操作演示）

（3）按小组顺序下地播种，1号和2号组员一人负责撒种一人负责盖土，3号组员和4号组员一人负责撒种一人负责盖土，一左一右两边同时进行播种。

（4）撒完种子的孩子，提水壶来给豆宝宝洒水，从中间洒约 5 秒的水。洒好 10 个种子的依次换下一位组员。

（5）各小组播种完毕后集中交流：播种的过程还顺利吗？你遇到了什么困难（问题）？怎么解决？

（四）拓展交流

1. 老师：通过这次给豆宝宝安家，你有什么体会？（学生举手发言，老师适时点评，引导价值观：劳动是光荣的，劳动是辛苦的，珍惜劳动成果）

2. 老师实践操作小结：孩子们，在这次实践操作课中，我们洒下了汗水，洒下了辛劳，更洒下爱的种子。每个孩子都收获满满，有的收获了团队的友谊，有的收获了劳动的光荣，还有的收获了劳动的智慧。"谁知盘中餐，粒粒皆辛苦"，体会了劳动的艰辛，感受了劳动的乐趣，你一定会更加珍惜每一粒在爱与期望中长大的粮食，养成勤俭节约的好习惯。课后大家可以把自己收获和感受记录下来，作为自己劳动实践的宝贵财富。

（五）活动结束

1. 各小组长安排组员整理好劳动工具，小组长将劳动工具放回原处。

2. 各组组员评选该组的劳动小能手，说出理由，老师在全班进行表彰。

（作者：成都市磨子桥小学分校　蔡婷）

"诗意五谷"系列课程

——土豆成长记第二课时起垄、平整厢面

一、教学目标

第一，劳动知识：了解农作物土豆的特性，掌握播种土豆的方法，在实际操作中进行选种及处理、起垄、刨窝、点播等技能的培养，掌握土豆种植技能。

第二，劳动能力：学习选种、起垄、刨窝、点播的方法，掌握要领，亲身体验劳动过程。

第三，情感态度：培养学生在劳动中身心专注、手脑协调的能力，学会与同学分工合作，形成吃苦耐劳的劳动品质；通过劳动体会粮食来之不易，懂得珍惜劳动成果。

二、教学重点

正确使用劳动工具（铁锹、拉线工具、水桶、水壶等）；学会种植土豆的劳动技能。

三、教学难点

学会处理土豆种、掌握起垄和刨窝的要领。

四、材料准备

铁锹、耙、拉线工具、白灰、水桶、漏眼水壶、组牌等。

五、课型

实际操作课。

六、课时

共三课时（第一课时认识土豆；第二课时起垄、平整厢面；第三课时点播）。

七、教学展示

下面展示第二课时——起垄、平整厢面。该课时教学重点是学习起垄、平整厢面。教学难点是起垄铲土和用铁耙把厢面平整。该课时须准备材料：拉线工具、白灰、口罩、铁铲、铁耙、桶。

（一）导入，揭示课题（2分钟）

老师：为什么要给土地起垄呢？

学生：①起垄能接受更多的光照，从而提高地温，增加光合效能；②起垄能增加土壤通透性，促进作物根系生长发育，抗逆性增强；③起垄的地块排灌方便，管理比平畦栽培更方便。

老师：今天我们就学习起垄。

（二）明确纪律，做好准备（5分钟）

劳动纪律及安全注意事项。

1. 明确劳动纪律：各小组排好队按照顺序、按老师的指令进行轮流操作，不会的举手请求老师指导，没有轮到的同学认真观察同学的操作是否正确规范，如果发现问题按要求在讨论环节举手进行交流。不得在试验田边喧哗打闹。

2. 下地劳动要求：劳动时站稳后再操作，防止跌倒和摔伤；各小组操作时注意保持距离，提前礼让，注意自身安全。

3. "劳动小能手"的评选：实际操作结束后各小组根据组员各方面表现评选一名"劳动小能手"，班级予以奖励，颁发学校劳动币3枚。

● 设计意图：使学生树立劳动纪律意识，明确劳动前的纪律要求、劳动安全及工具的使用要求等，做到规范劳动、安全劳动，避免安全事故的发生。

（三）起垄（15 分钟）

1. 过渡。

老师：给土地起垄，就像给土豆铺好床。起垄的步骤分为：拉线定距—沿线撒白灰—铲土开浅沟—修理并开深沟—平整厢面。

2. 边示范边讲解。

先出示劳动工具，并讲解此劳动工具的作用，使用工具的安全事项。

（1）拉线定点。

①拉线定居，把整块田，量出它的长度，再平均分成 14 份，每份 110 厘米。两条长都要进行打点（长皮尺）。

②老师：（小助手示范）一位同学手握线的一端，两人一人拿一根线杆同时往田间走，双手摊平横着握杆，同时向后移动，边走边放线，到另一端后蹲下，沿着厢的边缘处把线固定好；组与组的间距在 110 厘米（拉线杆）。

（2）撒白灰。

取出白灰袋子，弯腰，左手拿袋子，右手抓一把白灰，沿线均匀撒白灰（撒白灰的同学戴上口罩）。

（3）铲土。

双手握住铁锹柄，使铁锹刃与地面成 90 度，右脚踩在铁锹肩位置，利用身体重量将锹刃向下压，使锹刃插入土壤，再双手将锹柄向身体方向拉，利用杠杆原理将土壤撬动，最后，蹲身铲起土向旁边轻轻倒下。一握，二踩，三压，四翘，五铲，六放（第一遍老师讲解，第二遍老师提取关键动词，学生比画动作）。

3. 明确分工。

老师：同学们明白了吗？先请组长分工。建议 1 号、2 号拉线定点，2 号同学撒白灰，1 号同学检查，做完拉线撒白灰后站回原位，同时收线，由 2 号同学放回工具，取铁锹，同时开沟。

4. 小组实操（教师巡视观察，发现问题后及时指导）。

铲土时：第一遍，沿线开浅沟，第二遍，在浅沟的基础上深度为一掌深，宽度为 20 厘米左右。

老师点评：

（1）我看到有的孩子的鞋子已经弄脏了，但仍然在继续劳动，他不怕脏的品质，值得我们学习。

（2）两人合作的时候，力气大的同学帮助同组力气小的同学，互相帮助，完成劳动。

（3）在合作中我发现有的同学特别细心，开沟捡石头，捡得认真、干净，厢面看起来特别整洁。

老师过渡：我发现大部分小组已经快完成任务，再给两分钟时间，请完成的小组收捡好工具，并及时归位。劳动完成后有序回到等待区。

5. 评价反馈。

（1）观察。

老师：同学们起垄后，我们来观察哪一垄最好？请同学们认真观察，选出你认为做得最好的一行。

（2）小组互评。

老师：哪一组同学起垄得最好？说说为什么？

（3）在起垄的过程中，你遇到了什么困难？你是如何解决的？（学生自由发言，教师适时点评）

●设计意图：使学生明确种植农作物前起垄的作用，学习如何把垄做得大小合适，沟直宽度合适；在劳动中培养相互协作的意识。

（四）平整厢面（12分钟）

1. 过渡。

老师：起垄做好了，垄的厢面还要保持平整、松软，这样才更利于后面的播种。

2. 教师讲解示范。

出示劳动工具，并讲解此工具的作用，与使用中的注意事项。

（1）平整厢面：双手握住耙柄的尾部，使耙齿与地面接触，再用力向回拉，将厢面凸出的土壤向凹下去的地方来回运动，直到土壤变得平整为止。

2号同学取铁耙，站在厢面的一端，往另一端把大块泥土和树枝等清理掉（不利于农作物生长的废旧残渣）。

（2）装废渣。

3. 明确分工：2号同学取铁耙，站在厢面的一端，往另一端把大块泥土和树枝等清理掉（不利于农作物生长的废旧残渣）。

4. 各小组有序劳动。

老师巡视指导，并给予点评鼓励。

5. 集中交流。

在平整厢面环节，你遇到了什么困难？你是如何解决的？（学生自由发言，教师适时点评，在点评的时候，要把学生引到育人上来）

● 设计意图：使学生明确平整厢面要领和安全事项，在劳动中培养相互协作的意识。

（五）拓展交流，评价总结（3分钟）

1. 老师：孩子们，现在我们来回顾一下，在这节劳动课起垄和平整厢面的过程中，你有哪些体会或收获？看似简单的劳动，实际上并不容易，在劳动的过程中，我们从不会到会，这中间虽碰到了许多困难，但我们都能解决，不怕苦，不怕累，就是劳动精神。

● 设计意图：激发学生学会在劳动中思考，智慧地劳动、创造性地劳动，有意识地引导学生回顾劳动历程，培养学生吃苦耐劳的品质。

2. 插领地牌。

老师：插上领地牌，这一块地将属于你这一组的了，希望你们继续用热情管理好这块土地。

● 设计意图：增强学生的领地责任意识，激发学生后续看护和管理愿望。

（作者：成都市磨子桥小学分校　陈婷婷）

"诗意五谷" 系列课程

——土豆成长记第三课时播种土豆

一、教学目标

1. 劳动知识：了解农作物土豆的特性，学习播种土豆的相关农事。

2. 劳动能力：在实际操作中进行选种、处理种子、起垄、刨窝、点播等技能培养，掌握土豆种植技能，亲身体验劳动过程。

3. 情感态度与价值观：培养学生在劳动中身心专注、手脑协调的能力，学会与同学分工合作，形成吃苦耐劳的劳动品质；通过劳动体会粮食的来之不易，懂得珍惜劳动成果。

二、教学重点

正确使用劳动工具（铁锹、拉线工具、水桶、水壶等）；掌握土豆种植技能。

三、教学难点

学习处理土豆种；掌握起垄和刨窝的要领。

四、材料准备

铁锹、耙、拉线工具、白灰、水桶、漏眼水壶、组牌等。

五、课时

共三课时（第一课时认识土豆；第二课时施肥、起垄；第三课时点播）。

六、课型

实际操作课。

七、教学展示

下面展示第三课时——播种土豆，教学内容是刨窝、点播、盖土、浇水。教学重点是学习刨窝和点播。教学难点是把线拉直，找准点位；把土窝刨得大小均匀，深浅适中。该课时须准备材料：带刻度铁锹33把、秧绳11套、塑料桶11个、小桶11个（装种子）、漏眼水壶23个、小组领地牌10个、其他。

（一）分配区域，揭示课题（5分钟）

课前整队，呼劳动口号。

1. 老师：暮春已至，万物生长。中华5 000多年的农耕文明浸透在脚下的每一片土地上，人生因为有了劳作而变得无比美好，今天就让我们一起来上一节春耕播种吧，播种土豆。我看到同学们课前做好了充分的准备，各小组设计制作了自己的领地牌，能不能给大家介绍一下你们的设计。

2. 小组代表分享介绍领地牌。

3. 老师过渡：从同学们的用心设计和精彩介绍中，老师看得出来你们对自己种下的土豆充满了热情和期待，就让我们把这份劳动的期待，一起种下去吧！

4. 小组长插领地牌。

● 设计意图：增强学生的领地责任意识，激发学生劳动热情和后续管理土豆苗的愿望。

（二）明确纪律，做好准备（2分钟）

劳动纪律及安全注意事项：

1. 明确劳动纪律：各小组排好队按照顺序、按老师的指令进行轮流操作，不会的举手请求老师指导，没有轮到的同学，认真观察同学的操作是否正确规范，如果发现问题按要求在讨论环节举手进行交流。不得在田边喧哗打闹。

2. 下地劳动要求：劳动时脚不能踩在起好的垄上，只能站在垄间的沟里进行；站稳后再操作，防止跌倒和摔伤；各小组操作时注意保持距离，提前礼让，注意自身安全。

3. "劳动小能手"的评选：实际操作结束后，我们根据组员各方面表现评选班级"劳动小能手"，班级予以奖励，颁发学校劳动币3枚。

●设计意图：使学生树立劳动纪律意识，明确劳动前的纪律要求、劳动安全及工具的使用要求等，做到规范劳动、安全劳动，避免安全事故的发生。

（三）示范操作，学生实践（28分钟）

1. 拉线（8分钟）。

（1）过渡。

老师：上节课我们学习了起垄，就像给土豆铺好了床，搭好了家。今天我们一起来学习播种，同学们还记得播种土豆的环节吗？（指明简述，是根据回答情况再次引导回顾：拉线—刨窝—播种、盖土—浇水）

（2）拉线定点。

安全使用工具：介绍秧绳的组成、作用，收线和放线的注意事项。

①方法：（两位同学示范）一位同学手握线的一端，站在田沟边缘处不动，另一个同学拿着线往另一端走，边走边放线，到另一端后蹲下，沿着厢的边缘处把线固定好；

②要领：拉线的位置要离边缘至少15厘米的距离，手掌一扎，小棍要插紧，如果不仅可以用铁锹轻轻敲一下；还要找准第一个红色原点，要对着最边缘第一个土窝的位置（线绷直，一扎宽）。

（3）小组分工：1号、3号同学开始拉线，从1号同学右手边的第一行开始。

（4）学生实操，教师和小助理巡视指导。

（5）评价反馈：请观察员指出哪些小组拉得好，哪些需要调整。表扬做得好的小组。

2. 刨窝（10分钟）

安全使用工具：介绍铁锹的组成、作用，安全注意事项。

（1）师边讲解边示范。

方法：取出铁锹，蹲下去，双手握铁锹，先找准线上的标记红点，在点旁边的土里刨土窝，刨出的泥土堆在中间，窝不能太大太深，能刚好放下一个拳头就差不多了。

（2）告知学生土窝的标准——大小均匀，深浅合适，整齐美观。

（3）明确分工。

各小组按序号依次刨土窝，每个人先刨 5 个窝，再交给下一位同学，直到全部做完。

（4）小组实操（教师巡视观察，发现问题后及时指导）。

过渡：老师发现大部分小组已经快完成任务，再给两分钟时间，请完成的小组及时归位，有序回到等待区。

（5）小组互评。

老师：请各小组同学仔细观察自己附近区域的土窝，你认为哪一垄的土窝刨得最好？说说为什么？对照自己小组刨的土窝，有没有需要调整的地方？

学生答理由：大小均匀，深浅合适，整齐美观。

老师：把掌声送给这个小组。

（6）刨第二行土窝（教师和小助手示范）。

刨完一行后，再刨第二行，每垄两行土窝，先把秧绳移过去，第二行对着两个红点中间位置刨，让两行土窝刚好错开排列，这样可以使长出的每一窝土豆苗都有足够的空间。

（7）学生实操。

（8）集中交流。

老师：同学们第二行土窝明显比第一行好多了，说明劳动技能是需要不断练习、不断改进的。在刨土窝的过程中，有没有遇到什么问题呢？你是怎样解决的？

预设一：遇到大的土块，可以用铁锹敲碎——智慧的劳动者。

老师：你们有没有把土窝刨好的小绝招呢？

预设二：为了使每一个土窝都美观均匀，都用拳头去比一比——严谨认真的劳动态度。

3. 点播、盖土（5分钟）。

（1）过渡。

老师：土窝刨好了，接下来我们就要种土豆了！

（2）教师讲解示范。

①播种。

老师：上节课我们学习了选种，知道要想土豆长得好，跟种子放置的方向有很大关系，土豆块应该哪一面朝上呢？（芽眼上）

数量：根据芽眼多少，一个土窝放 1~2 块土豆。

②盖土。

然后盖少许细碎的泥土，要把土豆完全盖住，也不可太多，覆盖的泥土要疏松，不要紧压（盖细土）。

（3）学生观察提炼要领。

老师：同学们说一说老师刚才的操作分为几步？每一步有什么要领？（芽眼上、盖细土）

（4）小组分工（建议 1 号同学播种、2 号同学盖土，3 号同学担任检查员，播完一行再轮换）。

（5）各小组有序劳动（教师巡视指导）。

4. 浇水（5 分钟）。

（1）过渡。

老师：所有小组都已经播种完毕，接下来我们来浇水！

（2）教师讲解示范。

取装满水的水壶，一手握一个把，对准土窝均匀地浇上水，浇透即可。

（3）学生观察提炼流程要领：水浇透。

（4）小组分工。（建议从 3 号同学开始浇水，先把一壶水浇完，浇完后去排队取水，再请 1 号继续浇，2 号同学协助）

（5）各小组有序劳动（教师巡视指导）。

（6）劳动完回到讲解区。

●设计意图：学习如何把土窝做得大小合适，深浅均匀；如何正确放置土豆种，掌握点播和浇水的方法要领，在劳动中培养学生规范严谨的劳动态度和相互协作的意识。

（四）集中交流，评价总结（5分钟）

1.教师点评（评价要点：劳动态度、劳动习惯、劳动品质和精神、团队合作）。

预设一：在劳动过程中，老师也在观察各个小组，我捕捉到几个有意思的场景，刨窝的时候，我看见某小组的某位同学不小心踩滑了，踩在泥沟里，但是他并没有表现出害怕和慌张，而是沉着地把鞋拔出来，裤子上粘上泥土也没有在意，这种不怕苦、不怕脏的行为就是吃苦耐劳的劳动品质。

预设二：在刨窝环节，某小组同学一人拿种子播种，一人拿铁锹盖土，第三人在旁边观察指导，分工合作，劳动非常有序，这就是齐心协力的劳动精神。

2.学生分享。

老师：你在劳动过程中还有没有发现类似的场景呢？或者有什么感受？跟大家分享一下。

●设计意图：激发学生学会在劳动中思考，智慧地劳动、创造性地劳动，有意识地引导学生回顾劳动历程，培养学生吃苦耐劳的品质。

（五）劳动完毕，整队离开（2分钟）

老师：这节劳动课中，我们不仅播下了土豆，也种下了春天的希望，就让我们继续怀揣着这份劳动热情，共同看护好这片土地，期待土豆丰收那一天吧！

（作者：成都市磨子桥小学分校　周屈舟）

第十章　武侯劳动教育区级成果

第一节　教学设计

我们来给教室洗洗澡

一、课题设计缘由

环境卫生保洁非常重要。人既是个人卫生的第一责任人，又应为公共环境卫生尽一份力。在倡导"五育并举"的新时代的教育大背景下，卫生教育与劳动教育相结合，可以让学生不光有自身卫生整洁及对生活环境卫生负责的意识，还有环境卫生维护和创造的能力。在《中共中央 国务院关于全面加强新时代大中小学劳动教育的意见》和《大中小学劳动教育指导纲要（试行）》指导下，小学低段学生需完成个人物品整理、清洗，进行简单的家庭清扫和垃圾分类等，具有自己的事情自己做的意识，提高生活自理能力；参与适当的班级集体劳动，主动维护教室内外环境卫生等，培养集体荣誉感。根据小学三年级学生的年龄特点，以体力劳动为主，注意手脑并用、安全适度，强化实践体验，让学生亲历劳动过程，提升育人实效性。有目的、有计划地组织学生进行教室卫生大扫除，让学生动手实践、出力流汗，接受锻炼、磨炼意志，培养学生正确劳动价值观和良好劳动品质。让学生具备收拾整理物品的方法和能力，养成整洁卫生、自主劳动的好习惯，掌握满足生存发展需要的基本劳动能力，学会与他人合作劳动，养成基本的劳动习惯。

二、课程系列目标

第一，知识与技能：学生了解教室整洁所包含的内容及要求，懂得一些除去顽固污渍的知识和方法，并学习一些整理物品、清洁教室天花板、墙壁、桌椅、地面的步骤、方法和技能。

第二，过程与方法：学生在家里通过学习相关资料、请教家长、实操体验、交流讨论、体会总结科学高效的保洁的步骤和方法，并在老师的指导下，迁移运用到班级教室的保洁中。

第三，情感态度和价值观：让学生有"我的地盘我负责"意识，在做好个人卫生的同时，做好所学习生活的教室的卫生，自己的事情自己做，自力更生。劳动过程中，不怕脏、不怕苦、不怕累，学会担当谦让，遇到问题动脑想办法解决，团结协作完成保洁任务。从中懂得做事要坚持，靠智慧。形成更加珍惜劳动成果、尊重保洁人员等普通劳动者的态度和情感。

三、教学设计思路

首先，让学生仔细观察教室卫生保洁需要着重解决的问题，通过查找相关资料、请教大人、结合实践体验，展示分享交流关于教室保洁所涉及的方方面面的保洁步骤、方法和策略。梳理总结能解决班级教室卫生保洁问题的关键方法。其次，学生准备保洁所需工具和材料，并在家练习熟练使用刷子、扫帚、拖布等劳动工具。再次，师生共同研讨，进行分工安排、劳动方法及安全等方面提醒。最后，按照研讨的教室保洁方案进行实操，发现不能解决的卫生问题小组内商量办法解决，也可以请教老师指导。老师在此过程中观察各小组学生行为表现，及时肯定好的做法和表现。再结合各小组负责区域的清洁情况，进行学生完成本劳动教育课程评价。

四、教学展示——实操课

总课时为三课时，分别为准备课、实操课和反思课。下面展示第二课时实操课。

（一）教学目标

1. 知识与技能：能根据打扫空间，设计操作步骤和做好劳作提醒；能针对不同顽固污渍采取科学有效的办法；学习保洁时扫、抹、擦、拖等劳动技能。

2. 过程与方法：结合前期所学知识和获得的经验，将其迁移到教室的大扫除中，在事前的分享交流中，明确打扫的步骤、方法，再学以致用。

3. 情感态度和价值观：直面遇到的困难，不怕脏、不怕累，并能与他人协作完成任务。珍惜劳动成果，言行一致、自力更生，激发对劳动的崇敬感。

（二）教学重难点

学以致用，进行劳动实践操作体验，一边提升劳动实践技能，一边从中领悟做人做事之道理。

（三）工具材料准备

每人必备 2 张抹布、1 个塑料袋；全班共准备水桶 4 个、中大盆 4 个、易清洗拖布 8 把、扫帚 4 把、可伸缩干净掸子 2 把、洗洁精 1 瓶、去污渍 1 瓶、刷子 8 把、簸箕 2 个、磁性擦窗刷 2 对等。

（四）安全预案

1. 取水时，两人通力协作，量力而为。

2. 扫拖擦时注意相互避让，以免发生冲撞。

3. 使用清洁剂时注意不要弄到眼睛里、嘴里。

4. 擦教室靠高空处窗户和清扫天花板灰尘时，注意在老师指导下，关窗操作，由力大的同学操作。

（五）教学过程

1. 回顾导入，激趣揭题。

（1）老师引导回顾：近期我们都在进行整理物品、房间以及打扫方面的家务劳动知识及技能的学习（展示学生前期学习、练习的场景图片）。

好多同学的书包、自己的房间和整个家都变得更加整洁、干净，我替大家高兴，我想，你看到自己的劳动成果也一定很高兴（展示学生的劳动成果）。用掌声祝贺我们自己！

（2）老师激发兴趣：除了我们生活的小家，还有一个大家共同生活的家——班级教室，它也想要一张干净、整洁的脸面，让我们一起来为它洗洗澡吧！也让我们在里面学习生活得更舒服啊！

2. 分享交流，总结方法。

（1）带上"放大镜"发现教室卫生问题。

①各小组拿出课前在"问题清单"上记录的发现的问题，给问题排序；

②各小组汇报排在最前面的两个问题。全班现场梳理发现的"教室整洁问题"。注意倾听，不重复他人问题。

（2）针对问题分小组"头脑风暴"。

①师生结合实际情况，挑选需要着重解决的疑难问题。

②分小组承包问题，再进行"头脑风暴"。老师巡视指导。

③各小组汇报问题解决办法，其余小组补充完善。

④老师随机引导总结板书要点。

整洁教室的步骤梳理：清扫天花板、墙壁高处；收拾整理书包；擦玻璃、窗台；擦刷桌椅、储物柜、架子四处；挪桌椅、扫地、拖地；整理教室物品、倒垃圾。

结合各小组的汇报随机对应板书"打扫小妙招"。

（3）再次交流打扫过程的安全注意事项，板书"安全小提示"。

3. 迁移运用，实操锤炼。

（1）引导任务分解、分工安排。

师生按照步骤进行任务分解、分工安排——两位力大的学生负责清扫天花板，墙壁高处；四位学生用盆去温水区接水、四位学生用桶装水，并提到教室里供每个大组使用。各大组派三人（每边六人）擦窗户、玻璃、储物柜、讲台、黑板等，保洁阿姨着重指导监管靠高空处的擦洗。每位学生收拾整理自己的书包，并把物品放进书包或者自备口袋里，擦自己使用的桌椅，完成好了主动帮忙擦参与共同区域打扫同学的桌椅。各大组长注意方法和安全提醒。老师指导监管全场劳作。

（2）分头行动，相互安全监督。

①教师带着力大的孩子清扫；八名同学合作取水；其余学生拿出清洁工具、用品等，收拾整理书包（将课桌里的东西放书包里），并把书包放在规定

区域（放学集合处）。

②教师指挥进入第二步骤：擦玻璃、窗台；擦刷桌椅、储物柜、架子四处；并做安全提醒，即站高处擦玻璃关窗操作，不要靠在窗户及玻璃上。进行清洁操作时，注意避让，不要碰到桌椅和同学了。

③教师相机指导第三、第四步骤：挪桌椅、扫地、拖地——整理教室物品。

4. 相机引导，提升能力。

（1）教师相机评价学生劳动过程中表现出来的能力、品质和精神。

（2）教师进行安全监管，及时予以帮助，实操指导。教师发现学生遭遇劳动问题时，引导学生分析、思考，想办法解决，提升解决问题的能力。不替代、急于告知解决办法。

预设一：请保洁阿姨为学生示范擦玻璃的方法及安全注意事项；学生操作，保洁阿姨随机指导帮助。

预设二：角落处、隐蔽处的清扫，引导巧妙使用扫帚细心清理。扫帚挨着地，从前往后赶，尤其注重清理角落处，特别注意桌椅下面及交界之处。

预设三：顽固污渍的清理。课桌椅上、墙面和地面的涂抹洗洁精，分别用软、硬刷子用劲刷或用小刀轻轻刮、用抹布擦。

预设四：拖地时的顺序和方法，做到两次搞定。拖把洗干净，不要太湿，握紧把手，用劲按序推拉。

5. 简要总结，主题延伸。

（1）接下来我们来看一段视频，请大家认真看，看完后，老师可要考考你们的眼力哦！（学生观看视频）

（2）老师引导交流：大家看清楚了吗？上课前和上课后，教室里发生了什么样的变化呢？（学生交流）

（3）老师总结点评：在我们的共同努力下，教室变得干净、整洁了。我发现有的同学在劳动过程中非常细心，桌椅的每个部位都不放过，连桌子下面都擦洗得干干净净，我们应该为这种同学点赞；有的同学拖地时特别用劲，又是用刷子刷，又是反复使劲拖，把顽固污渍彻底清除，我们为这种坚持不懈的精神鼓掌；还有的同学不光完成自己的桌椅擦洗，还帮助同学擦洗桌椅或者来支援做公共区域保洁的同学，这种主动帮助他人的行为，非常值得大家学习。我认为，咱们都是合格的小小保洁员！

我们好不容易把教室打扫干净了，怎么保持我们教室的整洁呢？这将是我们下节课重点探讨的话题。

（六）板书设计

板书设计见图 10-1。

我们来给教室洗洗澡

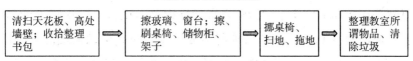

打扫小妙招：按顺序　仔细做　动脑筋　巧用劲　互帮助

安全小提示：不靠窗　懂避让　量力行　遵要求　不打闹

图 10-1　板书设计

（作者：成都市武侯区科教院附属小学　朱玉琴）

做甜水面 品巴蜀味

一、背景分析

（一）选题依据

教育部印发的《大中小学劳动教育指导纲要（试行）》中指出劳动教育是发挥劳动的育人功能，对学生进行热爱劳动、热爱劳动人民的教育活动。烹饪与营养，是日常生活劳动中最重要、最基本的内容之一，也是同学们非常喜欢的劳动实践。

（二）学情分析

四年级是儿童成长的一个关键期，是中段学习向高段学习的过渡期。此时学生的思维开始发生转变，由对事物的抽象思维过渡为具体分析。在这个阶段让学生学习劳动知识，习得劳动技能非常重要。他们对于四川的面点小吃是既熟悉又陌生，虽然常常吃，但是这个阶段他们更希望了解面点小吃的相关知识，学习做一些简单的面点小吃。

（三）学校资源

四川大学附属实验小学以"学生事大"为教育命题，坚持"勤劳善创·五育协同·立人生长"探索劳动实践与发展。学校积极构建劳动校本课程，形成以劳动专题活动为主导，以劳动学科引领与全学科渗透融合为支持，以劳动创造空间建设为载体，以学校、家庭和社会劳动协同育人为路径，形成学校"小学三段六年十二梯步劳动教育活动体系"。教师拟从中段任务群——"烹饪与营养"这一大主题出发，开展做甜水面的劳动知识学习与制作实践，引导学生感受劳动创造美好生活，提升学生的劳动核心素养。

二、教学目标

（一）知识与能力目标

1. 了解小麦、面粉等农作物的相关知识。

2. 了解川味面点制作的基本工艺。

3. 认识制作甜水面所需的原材料。

（二）过程与方法目标

1. 学习熬制"复制甜酱油"，制作粗面条的方法和技巧。

2. 通过观察和体验甜水面的制作过程，知道制作面条的大致流程。

（三）情感态度与价值观

1. 通过了解甜水面的历史和故事，激发对四川小吃的喜爱之情。

2. 通过参与制作甜水面，激发学生动手实践探索的兴趣，体会劳动的快乐，培养劳动的习惯。

三、教学重点

甜水面的制作方法。

四、教学难点

熬制"复制甜酱油"，制作粗面条的技巧和方法。

五、设计思路

本劳动项目设计了三个课时。

第一课时：初始甜水面，了解巴蜀面点工艺及甜水面制作方法。

第二课时：小组合作，做甜水面，品巴蜀味。

第三课时：展示评价，创意延伸。

六、教学准备

（一）教师准备

1. 面条及甜水面照片，关于小麦知识的视频，小麦磨成面粉的视频。

2. 和好的面团、各种调味料、香料、擀面杖、刀具、厨具、灶具。

3. 围裙、一次性手套、口罩等。

（二）学生准备

搜集小麦、面粉与甜水面的相关资料。

七、教学内容

（一）导入：初识甜水面（5分钟）

1. 出示甜水面的图片。

教师：孩子们，你们吃过甜水面吧？说说你对它的印象吧（学生可以从外形、味道、制作等方面来介绍）。

2. 学生交流搜集的甜水面的资料。

（1）教师简单介绍甜水面：甜水面是一道成都很有名的特色小吃。因为多用"复制甜酱油"，口味回甜而得名。面条大概有筷子头那么粗，所以面入口有嚼劲，还有花生碎和花椒的香味，入口会觉得微甜，最后会辣上那么一下，香味会在嘴里停留很久。

（2）关于甜水面的各种有意思的说法。

教师：有人说，甜水面是四川风味小吃中的"男子汉"，因其粗壮的面条，具有硬朗、坚韧的风格，一入口就能感觉到它的力度。与之打交道，牙齿便有了一番较量，加之红油辣椒、"复制甜酱油"、芝麻酱、蒜泥调味，够刺激，也够爽快。

还有人说，一根软软的面条，从大盘子里，通过制作者有节奏的动作，绕出很好看的旋儿，一圈一圈，进了翻滚着的沸水，成了泛着面香、年代久远的美食。煮面，在四川也煮得不慌不忙，因为这份"平静"，四川的甜水面，从没有断过，就这样传承了下来。这就是四川的甜水面，以及四川人的安静。

同学们，听着是不是都流口水了？今天，咱们就一起来"做甜水面 品巴蜀味"。

（二）原材料认识（10分钟）

1. 介绍做甜水面所需原材料（实物展示）。

高筋面粉、清水、酱油、红糖、八角、山奈、草果、桂皮、姜、葱、蒜泥、红辣椒油、芝麻酱、味精、色拉油、菜籽油、酥花生碎。

2. 了解面粉的知识。

（1）学生交流收集到的关于小麦的知识。

教师小结：小麦是小麦属植物的统称，是禾本科植物，是一种在世界各地广泛种植的谷类作物，小麦的颖果是人类的主食之一，磨成面粉后可制作面包、馒头、饼干、面条等食物，发酵后可制成啤酒、酒精、白酒，或生物质燃料。小麦是三大谷物之一，几乎全作食用，仅约有六分之一作为饲料使用。两河流域是世界上最早栽培小麦的地区，中国是世界较早种植小麦的国家之一。

（2）看视频"一分钟了解小麦"，了解小麦是如何制成面粉的。

（3）了解关于面粉的知识。

教师：面粉可说是多数地区制作小吃最主要的原料，四川也不例外，面粉制品小吃在川味小吃所有种类中占绝大多数。面粉的质地，会因麦子品种的加工方式而有差异，而差异对各种小吃的成品效果有较大的影响。因此，选择和了解面粉的质地，是学做小吃的重要基础，进而根据所制作小吃的不同要求，选择适当的面粉种类，才能保证小吃的风味品质。

面粉在传统上分特制粉、标准粉、普通粉三种，而因西式点心的普及化，面粉的分类也开始多元化，但主要的分类指标还是筋性，此外才是加工精致度，因此特制粉相当于高筋面粉，标准粉相当于中筋面粉，普通粉相当于低筋面粉，彼此之间可以互相替代使用。咱们做甜水面使用的是高筋粉。

3. 认识其他原材料（教师简单介绍）。

（三）了解"川味面点"基本工艺（5分钟）

1. 教师概述讲解"川味面点"基本工艺。

川味面点小吃制作工艺流程主要包括和面、揉面、搓条、下剂、制皮和包馅六道操作过程。通过和面和揉面工序，就可制作出各种类型、均匀柔软、光滑、滋润适度的面团，再经过接条、下剂、制皮、包馅的工序，就可完成制品成形的工艺流程。每一道工序的操作方法，必须要均匀，手法要干净、利索，不拖泥带水。

2. 视频或图片，展示川味面点制作基本工艺。

（四）学做甜水面（20分钟）

1. 介绍制作流程。

和面揉面—饧面—熬制"复制甜酱油"—制作甜水面所需的粗面条—煮面条—配制调料。

食品安全卫生提示：操作前清洁双手，穿上围裙，戴上一次性手套、口罩及帽子。

（1）和面揉面。

通过视频或教师演示，传授和面揉面的过程及相关诀窍。先将面粉放入容器中，在面粉中间开一个洞，分次放入适量的水，用双手从外往里、从缸底向上抄拌，如此反复多次，直至水与面粉充分混合成面团。揉好的面团需要饧20分钟，利用这20分钟熬制"复制甜酱油"。

（2）熬制"复制甜酱油"。

①简介"复制甜酱油"。

教师："复制甜酱油"是四川使用得比较广泛的一种特制调料，就是把买回来的成品酱油进行二次加工，"复制甜酱油"主要用于制作成都凉菜和部分面食小吃，比如甜水面和钟水饺等面食都要用"复制甜酱油"来调味。

使用"复制甜酱油"的好处很多：它能去除酱油本身的生酱油味，从而能更好地烘托出食材本身的原有醇香味道；"复制甜酱油"经过二次加工后，还能缓解酱油自身的咸味，让酱油的味道更加层次分明；在肉类菜肴中，使用"复制甜酱油"，能达到更好的上色效果且不寡不腻；在凉菜中使用"复制甜酱油"，能让凉菜色泽诱人，而且口味鲜浓醇香。

②介绍熬制"复制甜酱油"所需调料。

酱油、红糖、八角、山奈、草果、桂皮、姜、葱（根据小组人数按克数配好相关配料）。

③教师操作演示讲解调馅方法—学生观察，总结调馅方法及相关技巧—教师传授调馅及注意事项—请个别学生动手体验—教师同学相机评价。

熬制方法：将八角、山奈、草果、桂皮放入纱布袋中，绑紧袋口成香料袋。生姜拍破，葱挽成结状。取净汤锅，下入酱油、红糖、香料包、姜、葱，中火煮开后转小火熬制约45分钟。静置冷却后捞去香料包、姜、葱即成。

熬制诀窍：一斤酱油四两糖是标准的甜水面"复制甜酱油"的黄金比例，这个比例也同样适用于钟水饺。传统的"复制甜酱油"纯用红糖，也可以用清爽的冰糖来代替红糖，但糖的总量不能变。熬制酱油在放入糖的那一步一定要改小火，否则，一旦红糖入锅，必定会翻出大量的泡沫，导致鬻锅。

食品安全提示：使用灶具熬制的安全。

（3）制作甜水面所需的粗面条（熬制酱油的时间可以制作面条）。

教师操作演示讲解制作面条的方法—学生观察，总结方法及相关技巧—教师传授诀窍注意事项—请个别学生动手体验—教师同学相机评价。

制作方法：饧好的面团再次揉成圆团，压成饼状，两面抹上菜籽油，用擀面杖擀成约 5 毫米厚的面皮，再用刀切成约 5 毫米宽的条，然后两手抓住面条两头（每次五六根）用力拉长（拉成约 4 毫米粗细），即成。

制作诀窍：面团软硬要适中，面条可以拉细一点（比筷子头稍细），因为煮后会膨胀变粗，每根面条要尽量做到粗细均匀一致。

食品安全提示：使用擀面杖和刀具的安全。

（4）煮面条。

①教师演示讲解，学生观察总结步骤。

清水烧沸，将面条一根一根地放入沸水中煮熟，捞出沥干，抖散加入少许色拉油即成面条坯。

②注意事项：锅内水多一点，大火烧沸才能下面条。面条要一根一根下锅，煮至没有白心即可捞出。面条不宜煮太久，断生即可。

食品安全提示：强调灶具使用的安全。

（5）配制调料。

①教师演示讲解，学生观察总结所需调料及方法用量。

②配制调料：将煮好的面条坯放入碗中，依次淋上熬制好的"复制甜酱油"、味精、芝麻酱、红辣椒油、蒜泥、酥花生碎。

③注意事项：根据现场情况确定调料用量，可根据自己的口味适当调整。

（五）学生小组合作制作甜水面（40 分钟）

1. 学习了制作的方法、步骤和注意事项后，4 人为一组来制作。5 分钟明确一下有哪些工作，4 人怎么分工合作？（熬制酱油、制作面条、煮熟、配置调料等）

2. 抽 1~2 个小组汇报分工情况及分工理由。

3. 大家还有什么建议或提醒？（制作前要洗手；物品及时归位；整理清洁操作台；品尝完后及时清洁收拾自己使用的餐具……）

4. 小组分工合作制作甜水面，教师巡视拍照、指导（指导学生实际操作方法，关注操作过程中的卫生与安全）。

（六）成果展示、品味（20分钟）

1. 成果展示及品味。

学生品味自己制作的甜水面。

教师相机品尝、评价、拍照。

2. 学生收拾清理劳动现场。

（1）收拾清洗自己使用的餐具。

（2）收拾清理操作台及灶具。

（七）交流评价及创意延伸（20分钟）

1. 教师：看到你们劳动的成果（一碗碗甜水面的成品照片）有什么话想说？吃了自己亲手制作的甜水面，你又想说什么？

（交流要点：成品的样子，口味怎么样；在制作过程中遇到了哪些问题，怎么解决的；还有哪些需要注意改进的地方……评价要点：劳动成果很美，劳动创造美；劳动带给人快乐，有成就感……）

2. 教师展示制作过程中的照片进行点评。

图片1：学生专注操作照（评价要点：劳动的人最美）。

图片2：学生规范操作照（评价要点：制作过程、物品摆放很规范，注意了食品安全；用完归位，及时清理，是劳动的好习惯）。

图片3：小组分工合作有序照（评价要点：劳动中团结合作才能高效）。

教师小结：甜水面里不仅蕴含着悠久的川菜文化，也盛着我们的爱心，装着我们的智慧和心血，更带给我们劳动的快乐。希望每个孩子都能爱劳动、会劳动、享受劳动，能用自己的劳动成果创造美好的生活。

3. 小组内评价（见表10-1，根据现场实际情况而定，可安排在回校后的总结活动中）。

表 10-1　课程评价

学校：								
班级：			小组名称：					
组员姓名	劳动成果		劳动态度		劳动习惯		团结合作	
	自评	互评	自评	互评	自评	互评	自评	互评

4. 创意延伸。

教师出示"翡翠甜水面"图片，学生观察。

教师：你们发现这种甜水面和今天制作的甜水面有什么不同？"翡翠甜水面"和面时加入了菠菜汁，面条呈绿色，色泽上有了变化。同时，菠菜含有丰富的铁元素，大量的粗纤维，还有能补充保护我们视力的胡萝卜素。

川菜讲究百菜百味，一菜一格。甜水面也有很多不同的样式和味道，我们今天学的是普通甜水面的做法。你们还可以根据自己和家人朋友的口味和喜好在和面时加入果蔬汁，使面条颜色更鲜艳，营养价值更丰富。同时，还可以配制不同的调料，做出各种味道的甜水面。

（八）板书设计

做甜水面　品巴蜀味

和面揉面　　　　　"川味面点"基本工艺：
熬制调料　　　　　和面
制作面条　　　　　揉面
　　　　　　　　　搓条
　　　　　　　　　下剂
　　　　　　　　　制皮
　　　　　　　　　包馅

（作者：四川大学附属实验小学　邢健飞）

爱生活 巧洗衣

一、背景分析：资源、学情、选题依据

（一）资源分析

在学校开展清洗衣物的劳动教育课，从资源上来看，各个学校都具备相应的条件。我校在"乐劳重安"育人目标的引领下，为了促进学生的多元化、全面发展，因地制宜，建立了学生劳动实践基地，更是为有效开展此项劳动教育提供了实践的场所和平台。

（二）学情分析

初一的学生虽然已初步具备一定的自主能力与自理能力，部分同学会清洗衣物，但受家庭环境的影响，也有一部分同学没有清洗衣物的经验。同时，处于这个年龄阶段的不少学生，存在劳动意识不强、劳动能力差等问题，加强其劳动意识、劳动素养以及劳动技能的培养，显得至关重要。

（三）选题依据

本课程以《劳动教育课程标准》为导向，以《成都市大中小学劳动教育项目清单（试行）》为依据，清单中呈现了初中段日常生活劳动——清洁与卫生任务群，列举了"保持仪容仪表"劳动项目，提出保持衣物的整洁的目标与要求。要做到衣物的整洁，先要学会清洗衣物，因此，开展此项劳动，可帮助孩子们正确掌握清洗衣物的方法和技巧，也为增强学生的基本生活劳动技能，提供科学指导和实践机会。

二、教学目标

（一）劳动知识

了解衣物的材质，了解清洗衣物的步骤和注意事项，掌握科学洗涤衣物的方法，知道不同材质的衣物清洗方式不同。

（二）劳动技能

学会按照颜色和材质给各种衣物进行分类清洗，能够选择正确的洗涤剂清洗不同材质的衣物，学习并掌握清洗各种污渍的方法与技巧，熟练掌握清洗衣物的基本步骤。

（三）劳动习惯和品质

通过清洗各种衣物，在实践中体验劳动的乐趣，激发学生养成着装整洁的好习惯和培养热爱劳动热爱生活的品质。

（四）劳动精神

通过清洗各种衣物，让学生在实践中感悟劳动创造美、创造美好生活，从而培养学生热爱劳动、热爱生活的意识和生活实践能力。

三、教学重难点

（一）教学重点

掌握清洗各种污渍的方法，学会对衣物进行分类清洗，正确选择洗涤剂清洗不同材质的衣物。

（二）教学难点

学会对衣物进行分类清洗，知道不同衣物选择不同洗涤用品和方法。

四、设计思路

了解衣物的材质，能按照颜色和材质对各种衣物进行清洗分类，并能选择正确的洗涤剂清洗不同材质的衣物，掌握清洗各种污渍的基本方法与技巧，是初中学生应该具备的基本生活技能。本课教学围绕清洗各种衣物这项日常生活劳动进行，通过"图片导入、引出课题""讲解说明、淬炼操作""动手实践、清洗衣物""总结反思、榜样激励"四个环节，引导学生掌握正确的清洗衣物的方法，培养和提升学生动手能力和生活实践的能力，引导学生明白劳动创造美、创造美好生活的道理。

五、教学准备

（一）实践场所

普通教室或劳动课教室。

（二）课前准备

1. 教师准备：录制清洗衣物的微课，制作课件。

2. 学生准备：提前查阅、搜集关于清洗衣物的资料，了解清洗衣物的方法和小窍门。

（三）材料及工具

1. 洗衣盆、一件脏衣服（自备）、洗衣粉或洗衣液、肥皂等洗涤剂、晾衣架、桶等。

2. 衣服洗涤标识、清洗衣物活动记录表。

六、教学过程

（一）图片欣赏，引出课题

课件播放清洗衣物的图片集锦。

教师：同学们，你们平时在家帮父母洗过衣服吗？你们平时洗衣服都是怎样做的呢？

学生：（略）。

教师：是不是所有的衣服都适合机洗或者水洗呢？（不是）那么，在清洗衣服时，我们应该注意些什么呢？带着这个问题，我们一起来参与生活中常做的一项家务劳动——清洗各种衣物，探寻洗涤衣物的科学方法和窍门吧！

●设计意图：通过呈现图片以及教师提问，引发学生结合生活实际，对清洗衣物这一生活活动进行反思、思考，继而引出清洗各种衣物的课题。

（二）讲解说明，淬炼操作

1. 凭经验，谈方法。

教师：同学们，凭你们的日常生活经验，你觉得清洗衣物主要有哪些步骤呢？

学生交流、讨论后回答：（略）。

教师出示课件：浸泡、加入洗衣粉或洗衣液等洗涤剂、搓洗、冲洗、晾晒。

教师过渡：同学们基本上都清楚清洗衣物的步骤，那么在清洗衣物的过程中还需要注意些什么呢，我们先来看一个视频，请同学们仔细观看，思考在清洗衣物的过程中，我们需要注意些什么？

2. 看微课，知要领。

教师播放微课视频"日常清洗衣物小窍门"。

教师：同学们看了视频，谁能来说一说在清洗衣物的过程中需要注意些什么？

学生回答：（略）。

教师出示课件：

（1）浸泡——水不宜过多。

（2）加入洗衣液或洗衣粉等洗涤剂——不宜过多，均匀涂抹在脏处。

（3）搓洗——不能太用力，要轻轻搓洗。

（4）冲洗——要多冲洗几遍，不要残留洗衣液等洗涤剂。

（5）晾晒——要将衣物拧干并抖平晾晒。

（6）顽固污渍重点清洗，选用具体的清洗剂清洗。

教师过渡：通过学习，我们已经掌握了日常清洗衣物的基本方法和窍门，是否所有的衣物都可以用这样的方式清洗呢？我们一起来看一个小视频。

教师播放视频"羊毛衫水洗后严重缩水变形"。

教师：为什么会出现这样的情况？这给我们什么启示？

学生：（略）。

教师：是的，清洗衣物，我们不仅要掌握基本的清洗方法和窍门，还需要注意衣服的材质，根据不同材质采取不同的清洗方式。

3. 看标志，知事项。

教师：为了提醒大家在清洗衣物时应该注意些什么，在我们的衣服上通常也有这些洗涤标志，你们认识吗？

呈现各种衣物的洗涤标志的图片。

教师：这些标志是什么意思，大家清楚吗？

学生：（略）。

教师：不同材质的衣物清洗的要求和注意事项不同，在日常衣物的清洗过程中，我们一定要多注意。除此之外，你还知道哪些清洗衣物需要注意的问题和事项？

学生交流、讨论后回答：（略）。

课件展示：

（1）不同材质的衣物清洗方式不同，要参照洗涤标识进行洗涤。

（2）不同颜色的衣物可分类清洗，避免衣服掉色浸染其他衣物。

（3）内衣、内裤、袜子要与其他衣物分开清洗。

4. 善总结，明方法。

教师带领学生回顾微课视频，梳理、总结、归纳清洗各类衣物的方法与技巧，以及清洗的注意事项等（见表10-2），学会正确清洗各种衣物。

表10-2　清洗衣物的步骤

步骤	内容
第一步 衣物 分类	（1）根据衣物颜色，将深色、浅色分开清洗。 （2）根据衣物属性将内衣、外衣分开清洗，袜子单独清洗。 （3）根据衣物材质及洗涤标识将衣物分开清洗。不能机洗的衣服要手洗，不能水洗的衣服送干洗店
第二步 清洗 衣物	（1）可机洗的衣物可选择机洗。将同类衣物放入洗衣机中，在洗衣盒中倒入洗衣液，打开电源键，选择相应洗衣功能后按开启键清洗即可。 （2）手洗的一般步骤：浸泡—加入洗衣液或洗衣粉等洗涤剂—搓洗—冲洗。 清洗衣物时要重点清洗有污渍的地方。 污渍清洗有小妙招。 油渍：在干燥衣物的油渍部位涂上牙膏或洗洁精，等几分钟，然后用手搓洗，油污即可清除。 汗渍黄渍：可把衣服浸泡在温水中，然后在有汗渍黄渍的地方涂抹上食盐静置10分钟，再用肥皂进行洗涤即可。 墨渍：可倒上酒精，静置5分钟，然后放水中浸泡，再用肥皂进行清洗即可
第三步 晾晒 衣物	衣物清洗好后，根据衣物材质属性进行晾晒（抖开，抻平晾晒）。 丝织品忌日晒、忌拧绞

● 设计意图：该部分内容是本课方法指导的重点，通过"凭经验、谈方法""看微课、知要领""看标志、知事项""善总结、明方法"四个环节，引发学生结合生活实际分享、交流、探究、总结，初步掌握衣物清洗分类、科学洗涤、有效去除各种污渍的方法，为动手实践做准备。

（三）动手实践，清洗衣物

教师：实践是检验真理的唯一标准。现在我们就动手洗一洗，通过动手实践，体会一下清洗衣服的过程，感悟劳动的快乐与美好吧。

教师出示课件——我们一起劳动吧！

清洗衣物五部曲：①浸泡；②加入洗涤剂；③搓洗；④冲洗；⑤晾晒。教师出示并发放劳动任务单，指导学生根据任务单（见表 10-3）的内容完成清洗衣物的任务。

表 10-3　劳动任务单

劳动任务名称	清洗一件脏衣物
所需的材料与工具	自带的脏衣物（一件）、洗衣盆、清洗剂、衣架、桶
劳动过程记录	
完成时间	
劳动成果	
劳动体会	

学生分小组清洗自己带的一件脏衣服，在动手实践中掌握清洗衣物的方法与技巧，学会正确认识衣物的材质分类，正确选用适合的洗涤剂，并在完成清洗任务后，填写劳动任务单的记录。

清洗时间：约 13 分钟。

安全小贴士：在使用洗涤剂的时候，要戴上一次性手套。

● 设计意图：动手环节是本课的重点，也是难点，通过引导学生根据劳动任务单的要求及内容动手实践，进而一步步巩固并掌握清洗各类衣物的流程、方法以及注意事项，学会区分衣物的材质，选择适合的洗涤剂，掌握清洗各种污渍的方法和窍门。引导学生在动手实践的过程中体验劳动的快乐，懂得劳动创造美、创造美好生活的道理。

（四）总结反思，榜样激励

教师：同学们对自己的劳动成果是否满意，是否达到了预期，你们是否已经完全掌握了清洗衣物的窍门了呢？请大家根据任务评价表进行自我评价以及小组互评吧。

教师发放任务评价表（见表10-4），指导学生进行自评与小组互评。

表10-4　任务评价

评价维度		具体内容	自评	互评
会劳动	劳动知识	知道了分类清洗各种衣物的重要性；知道了不同材质的衣物要选择正确的洗涤剂，以有效保护衣物，增长衣物的使用寿命	☆ ☆ ☆	☆ ☆ ☆
	劳动技能	掌握分类清洗衣物的方法与窍门，能独立完成衣物的分类清洗	☆ ☆ ☆	☆ ☆ ☆
爱劳动	劳动态度	主动参与清洗衣物的劳动活动，积极准备所需工具材料	☆ ☆ ☆	☆ ☆ ☆
	反思分享	能交流分享对清洗衣物劳动的感悟和收获	☆ ☆ ☆	☆ ☆ ☆
勤劳动	劳动参与	独立完成脏衣物的清洗	☆ ☆ ☆	☆ ☆ ☆
	安全劳动	有劳动安全意识，在清洗衣物时规范操作	☆ ☆ ☆	☆ ☆ ☆
	有始有终	能准备好劳动所需工具材料，清洗任务完成后及时清理台面	☆ ☆ ☆	☆ ☆ ☆
乐劳动	勤劳善创	在清洗衣物的过程中体会到劳动的成就感与获得感，感受到劳动的乐趣，体会到劳动创造美、创造美好生活的道理	☆ ☆ ☆	☆ ☆ ☆
	独立自主	独立完成清洗衣物的任务，培养热爱劳动的习惯	☆ ☆ ☆	☆ ☆ ☆

第一步——自评。请学生安静、独立地进行自我反思与评价，完成评价反思表自评打星。建议思考方向：在本节课中，我学会了/了解了/掌握了……自己需要改进的地方有哪些？时长约1分钟。

第二步——小组互评。小组成员互相分享各自的思考，并根据评价反思表内容进行互评，完成互评打星，并选出小组最佳洗衣能手。时长约 1 分钟。

第三步——分享。小组互评后，每组派最佳洗衣能手围绕劳动体会和感悟向全班同学做分享。时长约 2 分钟。

教师小结：在刚才亲身体验清洗衣物的过程中，我们逐步掌握了清洗各种衣物的方法和窍门，也在这个过程中感受到了劳动的快乐与收获。劳动创造美，创造美好生活，作为中学生的我们，应该从小树立热爱劳动的意识，做一个爱劳动、爱生活的人。劳动因你而美丽，生活因你而更精彩，让我们一起行动起来吧！

●设计意图：本环节通过自我评价与反思、小组互评等方式，引导学生进一步明确清洗各类衣物的方法与技巧，培养学生观察、分析问题和解决问题的能力，引导学生在自我反思与他人评价中提升劳动意识，增强劳动技能，体会劳动的乐趣，感悟劳动创造美、创造美好生活。

（五）板书设计

清洗各种衣物：

1. 清洗衣物的方法与窍门。

（1）浸泡——水不宜过多。

（2）加入洗衣液或洗衣粉等洗涤剂——不宜过多，均匀涂抹在脏处。

（3）搓洗——不能太用力，要轻轻搓洗。

（4）冲洗——要多冲洗几遍，不要残留洗衣液等洗涤剂。

（5）晾晒——要将衣物拧干并抖平晾晒。

（6）顽固污渍重点清洗，选用具体的清洗剂清洗。

2. 清洗衣物的注意事项。

（1）不同材质的衣物清洗方式不同，要参照洗涤标识进行洗涤。

（2）不同颜色的衣物可分类清洗，避免衣服掉色浸染其他衣物。

（3）内衣、内裤、袜子要与其他衣物分开清洗。

七、生活运用，实践拓展

实践拓展任务内容：运用课堂上学到的劳动方法和技能，为家庭清洗一周的衣物。

实践拓展任务要求：用视频、图片和文字，记录自己的劳动实践过程以及体会和感受，并上传至指定的作业平台（劳动课小程序）。

•设计意图：让学生学以致用，将本节课的学习应用于生活，培养学生劳动的意识，巩固本节课学习内容，提升学生的劳动技能。

八、教学反思

（一）好的方面

1. 基于活动探究，掌握洗衣方法。

本节课从生活常识着手，从"凭经验、谈方法""看微课、知要领""看标志、知事项""善总结、明方法"引导学生分析、了解洗衣步骤与技巧以及注意事项，学生参与性高，基本掌握了洗衣方法，为后面的动手实践奠定了基础。

2. 基于活动体验，激发劳动活力。

动手实践、亲身参与体验环节，大家都在积极动手、参与，学生的劳动积极性和主动性被充分调动了起来，激发了劳动的活力。

3. 基于劳动成果，感悟劳动快乐。

在分享环节，学生通过自评、小组互评，选出洗衣小能手，分享自己的劳动成果，榜样激励，切实体会到了劳动的快乐，明白了劳动创造美好生活的道理。

（二）不足之处

本次衣物清洗，未明确规定学生清洗的衣物类型，导致有同学准备的衣物很厚，纯靠手工清洗，很难将清洗剂泡沫清洗干净，并且花费了大量的时间。

（作者：四川大学附属中学悦湖学校　邓小琳）

第二节　活动方案

与美好牵手 向绿色而行——"河长小助理"志愿巡河活动

一、活动开展背景

府南河，成都人的母亲河，哺育了一代又一代成都人。近年来，政府致力于打造美化府南河，河流环境日益改善。但是，不断美化改善的背后，依然存在路人在河边乱丢垃圾、单车乱停乱放、市民护河意识不够强等问题。帮助解决这些问题，保护母亲河，是一个合格的公民应尽的社会责任。

3~6 年级的学生学习并储备了一定的环保知识，参加过校内外的环保志愿活动，参与志愿活动的积极性非常高。同时，从 1985 年的"第一声呼唤"开始，成都市龙江路小学（以下简称"龙小"）持续开展了许多保护母亲河、保护周边环境的志愿活动。

基于府南河的现状、龙小的教育主张和学生的学情，为进一步提升学生的环保意识，强化社会责任感，让母亲河更绿、家乡更美，我们组织开展了"河长小助理"志愿巡河活动。

二、活动目标设定

第一，进一步学习护河环保知识，将护河环保知识转化为护河行动能力；第二，通过培训与实践，掌握观测水质、制作宣传单、垃圾分类等环保志愿服务技能，提升社会服务能力；第三，感受志愿服务给家乡环境带来的变化，增强志愿服务的获得感，从而进一步激发参与积极性、凸显社会责任感。

三、活动设计思路

《关于全面加强新时代大中小学劳动教育的意见》指出，要系统开展日常生活劳动、生产劳动和服务性劳动，其中服务性劳动重在培养学生的社会责任感与社会公德。基于意见要求，学校多年开展的环保教育与劳动教育的有机结合，是本次活动的出发点与落脚点。

同时，龙小是"美丽中国，我是行动者"—— 小河长小湖长青少年环境志愿行动项目全国首批试点学校之一。在相关专家的指导下，我们充分挖掘校内外资源，调动学生、家长、教师的积极性，以学科渗透、课程整合等多种形式，开展培训与实施活动。

四、时间安排

劳动教育课：2 课时，用于服务前的培训与服务后的交流。
课外劳动实践：30 分钟。

五、工具准备

志愿者旗帜、帽子。
垃圾清理组：垃圾袋、扫帚、簸箕、手套等清洁工具。
护河宣传组：准备、制作护河宣传资料。
水质观测组：水杯、自制透明度检测仪、量杯、温度计、pH 试剂、水质观测记录表。

六、活动过程

（一）明确服务需求
1. 在家长志愿者的带领下，学生志愿者走访调查（服务需求调查表见表10-5），了解府南河环境保护方面目前存在的问题。
2. 学生志愿者根据问题，查找资料，做好知识储备。

表 10-5　服务需求调查

调查者		调查时间	
调查地点		调查对象	
府南河现状			
目前的优势		待改进的地方	
希望我们提供怎样的服务：			

（二）制订服务计划

服务计划表见表 10-6。

表 10-6　服务计划

服务时间		服务地点			参与人员		
服务类别	服务内容		小组长	组员	具体分工	教师志愿者	家长志愿者
单车整理组	单车有序停放						
垃圾清理组	清扫路面、草坪垃圾						
护河宣传组	发放护河资料，宣传护河知识						
水质观测组	在科学教师的指导下，进行测水温、pH 等水质观测活动						

（三）学习服务技能

服务技能培训见图 10-2。

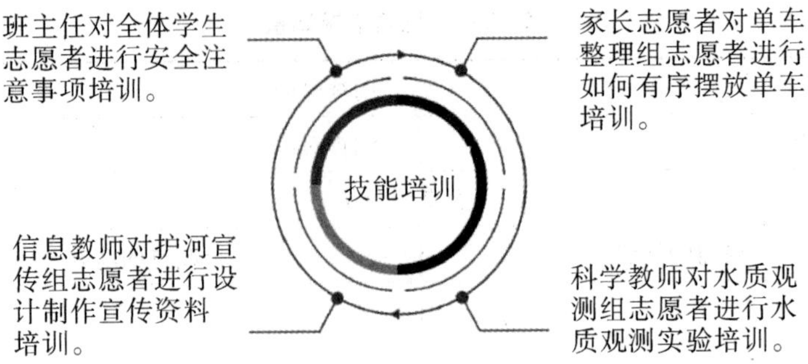

班主任对全体学生志愿者进行安全注意事项培训。

家长志愿者对单车整理组志愿者进行如何有序摆放单车培训。

技能培训

信息教师对护河宣传组志愿者进行设计制作宣传资料培训。

科学教师对水质观测组志愿者进行水质观测实验培训。

图 10-2　服务技能培训

（四）开展志愿服务

在教师志愿者和家长志愿者的带领下，河长小助理进行小组内分工合作，分头开展志愿服务活动。

1. 单车整理组。

（1）将河边乱停乱放的单车抬到单车规定停放点。

（2）引导骑车者将单车有序停放到停车点。

（3）为有序停放单车的骑车者发放点赞卡。

（4）将脏单车擦干净。

2. 垃圾清理组。

（1）清理草坪里的烟头、纸屑等垃圾。

（2）将垃圾分类处理，倒入相应的垃圾桶。

（3）将路边椅子擦干净。

3. 护河宣传组。

（1）向垂钓者宣传文明、绿色垂钓的知识。

（2）向路人发放护河宣传手册，讲解护河环保知识。

（3）在适宜的地方悬挂护河宣传小卡片。

（4）演唱护河歌曲，倡导保护母亲河。

4. 水质观测组。

（1）采集水样并倒入量杯。

（2）滴入两滴 pH 试剂并搅拌。

（3）林对水样和比色卡，得出河水的 pH。

（4）温度计放入水样杯中，观察 5 分钟，等液面不再波动，平视观察温度计上的水温。

（5）盛有河水水样的杯子置于面前，用手在上方扇动，闻河水气味。

（6）水样倒入玻璃杯，观察杯中的悬浮物，判断河水浑浊度。

（7）水样倒入量筒中，检测河水透明度。

（8）查看河水流量、流速、河面垃圾。

（9）填写观测数据，公布到数据栏。

（五）评价反馈

评价反馈表见表 10-7。

表 10-7　评价反馈

班级：　　　　小组：　　　　姓名：　　　　　　服务时间：						
活动前	为了更好地参加这次劳动，我做了充分准备：					
活动中	这次劳动让我收获了这些知识与技能：					
活动后	请大家为了我的劳动成果点赞吧！					
评价指标	具体内容	自评	小组评	教师评	服务对象评	总评
劳动态度	能根据活动主题，积极主动去调查志愿服务需求，根据需求制订、实施志愿服务计划					
	劳动过程中，积极主动、认真完成分配给自己的劳动内容					
	能主动和同伴合作，面对困难，互帮互助，有团队意识与责任担当意识					
劳动技能	能按照要求，通过多种方式收集、处理信息及活动资料，准备好相应的服务所需工具					
	培训时认真听讲，做好记录，能将劳动技巧用于实践					
劳动纪律	遵守劳动纪律，有安全意识，不擅自离队，服从带队教师管理；在服务场所文明用语，不喧哗，不推挤，遵守秩序					
劳动成效	服务成效显著，服务环境得到极大改善，获得服务对象的好评					
	志愿者在服务意识、服务能力、责任感等方面得到了一定程度的提升，愿意继续参与服务劳动					

表10-7（续）

对我们的建议	
我们的反思	

注：1. 评价等级：☆为优良，√为合格，×为不合格。

　　2. 在自评、小组评、教师评、服务对象评中如有一项未获得☆，则这一项总评不能获得☆。

　　3. 总评获四颗☆及以上的同学将获评"志愿者星"，"志愿者星"纳入"新三好"评价。

（六）教师反思

1. 服务能力增强。

志愿巡河活动中，学生经历了服务计划—服务培训—服务开展—服务分享的过程，学生的实践与服务能力，得到了极大增强。

2. 责任意识提升。

服务的好评，让学生获得了成就感，刺激了他们持续参与社会服务的动力，提升了学生的社会责任感与担当意识。

3. 服务影响深远。

将"新三好"评价体系植入"好公民"部分的评价中，用"志愿者星"作为对学生参加志愿者服务的认定。这极大调动了学生参与志愿服务的热情，让学生一直行走在做"好公民"的路上。

七、交流分享

为扩大志愿服务活动的覆盖面与影响力，增强服务的荣誉感与幸福感，服务结束后，我们利用周一德育大课，开展了"河长小助理"志愿服务分享会。分享会上，"河长小助理"代表向全校学生讲解志愿服务过程，分享服务感受，号召更多学生加入"河长小助理"队伍。

八、拓展延伸

为鼓励学生积极参与志愿服务，做一个能履职尽责、有社会责任感的合格小公民，我们为孩子制定志愿服务劳动成长档案（见表10-8），动态记录孩子参与志愿服务劳动的过程，见证孩子的成长。

表 10-8　学生志愿服务劳动成长档案

班级			姓名		
服务时间	服务地点	服务内容	服务时长	证明人	

九、安全预案

（一）安全领导小组

总负责人：班主任。

安全员：副班主任。

小组负责人：一名家长志愿者、一名教师志愿者。

（二）应急程序

1. 发生小损伤。

班主任马上与保健老师联系并进行处理，若有必要，应由副班主任及时护送学生到指定医院救治。

2. 发生严重损伤，大量出血或昏迷休克。

（1）班主任马上拨打 120，请求派车急救，并护送受伤学生到医院救治，副班主任组织其余学生秩序。

（2）班主任及时报告年级组长，年级组长第一时间报告下年级行政人员。

（3）根据行政人员指示，班主任通知学生家长到医院。

（4）行政小组拟定事故紧急处理方案，采取积极措施做好受伤学生及家长的接待、抚慰等工作。

（三）就近医院

四川大学华西医院。

（作者：成都市龙江路小学　黄瑞雪）

趣丰收：农场收获活动方案

一、活动背景

（一）社会与教育发展

劳动教育是新时期党对教育的新要求，社会在劳动教育中发挥着重要的支持作用，国家与社会对劳动能力与劳动精神的需求，催生教育聚焦人才劳动素养的培养。武侯区劳动教育形成"一核三体"的格局，确立"勤以立人"的核心理念，为学生全面发展、终身发展和人生幸福奠定基础。

（二）课程与学校现状

学校的育人目标指向学生劳动素养的培养，形成了"一核两专五常"课程体系，以"坚毅、同理、共情"为核心，建立了小农场和蜀锦博物馆两个劳动教育实践基地，形成了课表设置、教学考核、环境卫生、家庭劳动、公益劳动五个常态，规范教师培养学生的劳动观念、养成良好的劳动习惯，把劳动的知识和技能，传递给每一个学生。

（三）学生成长需求

根据一年级学生对于植物的好奇心，结合学生通过科学课对于植物的学习了解，以及学生已经经历了农场蔬菜种植活动，作物成熟需要收获，催生了本次"秋收——农场丰收"活动的设计与实施。

二、活动目标

（一）劳动知识目标

了解农作物发芽、成长、开花、结果、衰老以及死亡的生长周期，学习这一过程中的基本知识，知晓农作物成熟收获带来的科学与经济价值。

（二）劳动技能目标

1. 通过上网查阅资料，初步养成搜集、整理和分析资料的能力。

2. 通过寻访农民、亲身体验学习，掌握收获与保存成熟蔬菜的基本方法与技能。

（三）劳动价值观目标

1. 乐意参加蔬菜收获活动，体验劳动成果收获的快乐，感受收获劳动果实的价值与意义。

2. 通过收获蔬菜活动，体会到劳动的辛苦与珍贵，初步养成日常生活中爱惜劳动成果的意识。

三、活动设计思路

首先，学生通过查阅资料、走访体验、课堂教学等多途径，了解学习农作物收获的基本知识与技能；其次，学生利用已经掌握的知识技能，到农场去实践收获成熟的农作物；再次，学生通过保存、售卖、加工展示等方式，将收获的农作物进行个性化处理，感受劳动的价值和乐趣；最后，对本次活动进行评价与总结，将本次活动延伸至日常生活中，尊重和爱惜自己和他人的劳动成果。

四、活动准备

（一）教师

1. 活动方案。

教师撰写详尽的活动方案，包括以下内容。

（1）活动背景，从国家、社会、学校和学生多层面，聚焦活动对于劳动教育的价值意义。

（2）活动目标，在国家、社会、学校的大背景下，聚焦学生需要达成的劳动知识、技能与价值观目标。

（3）活动设计思路，以活动目标为核心，指导设计整个活动过程。

（4）活动准备，以设计思路为基础，为活动做足充分准备。

（5）活动过程，一切准备都是为活动奠基，劳动过程才是活动的聚焦点。

（6）活动成果，活动结束之后的总结，提升活动的价值意义。

2. 家校宣传。

（1）家校合作，亲子乐园。教师邀请家长参与本次活动，家长和学生可以通过书籍、上网、走访、访谈、体验等多渠道途径，查阅、收集和梳理关于农作物生长周期的基本知识，了解农作物成熟收获带来的经济价值，学习掌握农作物收获模式、收获技能、收获工具、收获注意事项等技能。

（2）家校合力，增强沟通。家长协助参与本次活动并进行评价总结，从劳动态度、劳动热情、参与劳动的主动性和自觉性、劳动习惯、与人协作的精神、坚毅的意志、同理共情的品质等，多方面评价学生劳动素养的提升程度，从劳动知识、技能以及劳动品质方面，来评价活动的劳动价值意义。

3. 材料准备

剪刀、小刀、盛放收获蔬菜的容器（保鲜袋、小桶、小盆）等。

（二）学生

1. 知识准备。

（1）了解学习收获不同蔬菜的不同方法。老师通过家校联系沟通 App，线上发布通知，家长和学生亲自查阅资料，了解学习收获不同蔬菜的不同方法和知识，学生将查阅整理的资料，进行课堂分享展示，教师在课堂上提问、引导、小组讨论、答疑解惑、总结分享，让学生获取到不同农作物收获的方法和知识，了解不同类型作物收获不一样的根、茎、叶、芽、花、果实。

（2）了解学习农作物的防腐保存原理。学生查阅资料，了解作物保存知识，课堂上教师用微课、讲授、问答、讨论分享的方式，让学生强化防腐保存蔬菜的原理：防腐不一定需要防腐剂，只要确保微生物没有足够的繁殖条件，即可实现蔬菜防腐保存。

2. 技能准备。

（1）查阅资料，了解收获的基本技能方法。通过查阅资料，了解农作物收获的机械收获和人工收获方式，学校种植的蔬菜，从人力、物力和财力各方面考虑，采用人工收获的方式。人工收获有割、铲、掐、捏等操作方法，学习掌握这些知识，为实践体验打基础。

（2）实地走访田间、种植基地，观看学习农民收获蔬菜的基本技能。周末或假期，家长和学生走进田园或种植基地，去观看学习农民收获。现场参观学习收获的技能和方法，体验农民收割蔬菜的技能，最后形成实地走访的体验报告，课堂上展示分享并进行现场演示。

（3）课堂教学学习并掌握收获的基本技能。劳动课堂上，教师组织学生分组展示查阅资料、实地体验获取的收获技能，再通过教师演示、微课视频教学，强化并巩固收获技能的掌握。

五、活动过程

（一）活动前

1. 课堂教学。

（1）课堂上回顾种植过程，感受到劳动的艰辛。

（2）农场观察成熟的农作物，感受劳动成果收获的欣喜。

（3）通过观察成熟的蔬菜被虫、鸟啄食，意识到需要保护劳动成果。

（4）微课学习农民收获蔬菜果实的资料，意识到成熟的作物需要收获，从而开展本次"秋收"活动，驱动学习收获的知识与技能。

2. 搜集、查阅、整理资料。

（1）关于收获的知识。

不同类型的作物，需要收获相应的根、茎、叶、芽、花、果实。本次活动，收获豌豆苗的嫩芽，知道收获之后，它还会再生长新芽。

本次收获的新鲜蔬菜需要保鲜，不然会枯萎，可以撒一点水，也可以装入保鲜袋。

（2）关于收获的方法。

农作物的人工收获，有割、铲、掐、捏等操作方法，本次活动收获的豌豆苗的嫩芽，采用小刀或剪刀收割、或者直接用手掐断嫩芽的方式。

（二）活动中

1. 体验与实践成熟蔬菜的收获（一节课 40 分钟）。

第一步，教师组织学生有序到达农场；

第二步，教师现场演示收获工具剪刀、小刀的使用以及提醒安全注意事项；

第三步，对学生进行分组，小组分工合作，进行收获实践；

第四步，学生进入农场，利用学习掌握的收获技能，收割豌豆苗的嫩芽；

第五步，分组防腐保存新鲜蔬菜，拿保鲜袋、撒少量水、装袋、正确运输蔬菜保鲜；

第六步，汇总各小组收获的劳动果实；

第七步，开展收获成果的个性化处理。

2. 对收获成果进行个性化处理。

（1）售卖：学生运用数学课学到的 20 以内的加减法知识，计算自己劳动成果的价值，用 1 棵蔬菜 1 元的价格卖出；运用科学课学习的植物知识，向老师、家长推荐售卖；蔬菜是豌豆的茎和叶的嫩芽部分，采摘之后还会再生长；运用美术课学习的绘画知识，美化蔬菜售卖的袋子以及价格牌，吸引购买者的眼球。售卖活动让收获进一步发挥意义，使劳动成果创造经济价值。

（2）加工：对于收获豌豆苗的嫩芽，学生可以现场加工或带回家制成美食，学生现场清洗，向老师寻求提供热水和容器的帮助，直接把菜烫成熟食；也可以带回家加工，与家人分享劳动成果，感受收获带来的喜悦。

3. 收成——评价与总结。

评价与总结是活动中的重要部分。学生通过学习技能并运用技能进行收获，将收获的成果进行个性化处理，感受劳动收获的喜悦，体会收获的价值和意义。

活动从劳动态度、劳动的主动性和自觉性、劳动习惯、劳动技能的掌握程度、团结协作、同理共情的品质六个方面展开评价，通过评价表，多维度对学生、教师和家长进行评价：学生乐意参与活动，说明劳动态度、主动性和积极性较高；学生正确使用劳动工具，能及时规范整理，劳动习惯较好；学生能安全使用劳动工具收获，劳动技能掌握得较为熟练；学生在小组内团结合作，一起完成收获，具有一定的团结协作精神；学生活动后能尊重爱惜劳动成果，初步养成了同理共情的劳动品质。

家长评价通过线上问卷的形式获取，教师评价和学生评价同时在学校课堂进行。本次活动蔬菜的购买者和加工品尝者，可以通过网络渠道对本次活动进行评价。"秋收——农场丰收"活动评价表见表 10-9。

表 10-9　"秋收——农场丰收"活动评价

评价维度、对象	自我评价	教师评价	家长评价
劳动态度			
劳动主动性与积极性			
劳动习惯			
劳动技能掌握程度			
团结协助			
同理共情的品质			
评语			

注：请学生、教师和家长实事求是对本次活动的学生以 0~5☆进行打分。

学生自我评价：用自己学到的方法收获自己种植的蔬菜，还卖了钱，吃到了美味食物，非常开心。

收获成果的购买者评价：学生自己种植并收获的蔬菜，绿色又新鲜，为劳动创造的幸福点赞。

成果的品尝者评价：用学生收获的蔬菜加工成不同花样的食物，美味又健康，劳动创造幸福。

（三）活动后

通过评价表的呈现，全部学生都乐意参与活动，劳动的主动性、积极性非常强，大部分学生的劳动知识与技能，较以前是有明显提高的，但是"同理""共情"的品质养成还不够，因此本活动之后，又开展了一节劳动成果保护的主题班会课。班会课上，学生先回顾总结对劳动成果和收获的认识，再思考如何更好爱惜劳动成果。

教师引导：生活中的劳动，都会有收获，例如打扫教室，可以收获干净整洁的卫生成果。学会尊重与保护，爱惜自己和他人的劳动成果，感同身受，真切感受到劳动的价值。

六、活动成果

（一）物质成果

学生通过本次活动，学习运用收获的知识与技能，形成了自己的"农作物收获技术手册""农作物存储包装""农作物美食谱"等，用售卖获得的人生第一桶金，购买了文具、礼物等有纪念价值的物品，还有些学生成立了"农场科技基金""劳动成果保护基金"。

（二）价值意义性的成果

1. 劳动知识技能方面的价值：遇到问题（如果实成熟被啄食）采用多种方式，努力获取知识和技能来解决问题，养成"坚毅"的劳动品质；

2. 劳动意识方面的价值：通过向农民虚心学习、亲身实践，认识到劳动创造价值的道理，养成"共理"的劳动意识；强化"共情"的劳动态度。

（作者：四川大学附属实验小学南区学校　吴巧）

第三节　教研论文

创设劳动日：推进劳动教育理念课程师资有机更新

摘　要：过去简单传统的劳动活动，见证了劳动教育的发展，也部分承载了中华民族的精神和文化。面对新时代新要求，我们在小学创设劳动日，既遵循传统劳动的原始肌理，又以课程体系、能力体系、价值体系为支点，整合更新劳动教育师资队伍，组成协同育人的共同体。在每周开展劳动日的过程中，我们既结合小学生的身心特点，来丰富、更新传统劳动教育的学科体系，传承劳动教育的精神内核，又在守正中创新，让学校开展的劳动日课程具有鲜明的时代特色，体现新时代背景下学校劳动教育文化的新要求，劳动日必将焕发新时代劳动教育的独特魅力。

党中央、国务院在《关于全面加强新时代大中小学劳动教育的意见》中提出"大中小学每学年设立劳动周，可在学年内或寒暑假自主安排，以集体劳动为主"。

教育专家柳夕浪老师进一步解读：大学生开展劳动月，中学生开展劳动周，小学生就可以开展劳动日。在小学开展劳动日的过程中，我们既要结合小学生的身心特点，来丰富、更新传统劳动教育的课程体系，传承劳动教育的精神内核，又要在守正中创新，让学校开展的劳动日课程有鲜明的时代特色，体现新时代背景下学校劳动教育文化的新要求。

古代的儒家教育分为大学和小学。15 岁前的小学教育，大部分所学，是洒扫、应对、进退之事，可见洒扫是中华传统教育中非常重要的一环。再者，中华文明发轫于农耕文化，《国语·周语上》有言："三时务农而一时讲武。"

无论是洒扫庭除的劳动，抑或是躬耕田野的劳动，千百年来，国人在价值取向上有着底线的共识：不稼不穑是可耻的，勤勉耕作是光荣的。这种朴素的劳动观，承载了中华传统文化的精神力量。

一、更新理念，透视劳动教育焕发生命力

因识而新，学校站在历史唯物主义的视角视之，新的时代要求进一步提高学校全员对劳动教育工作的认识，促成更新观念，确立德智体美劳全面发展的教育思想，把劳动教育视为学校教育工作的重要组成部分，充分认识劳动日在劳动教育中的重要地位与作用，在观念上达成"三化"共识。

（一）时代化

古语云："故天将降大任于是人也，必先苦其心志，劳其筋骨，饿其体肤，空乏其身。"今天的劳动不只是"劳"其筋骨，新时代劳动教育目标，直指劳动素养的四个维度：劳动观念、劳动能力、劳动精神、劳动习惯和品质，劳动教育着眼在育人的综合价值上。传统的劳动日，内容比较单一，大部分是做清洁卫生，常言大扫除。而新时代的劳动教育内容，包含日常生活劳动、生产劳动和服务性劳动三大类。劳动日从目标到内容的有机更新，应像细胞代谢一样"有机地更新"，而不是生硬地替换，以更彰显劳动教育、陶冶灵魂、弘扬劳动精神的基本准则，在"勤以立人"中，实现劳动日树德、增智、强体、育美的综合育人价值。

（二）体系化

一是，劳动日的内容，要成体系提升学生的劳动素养，它既要包括三类劳动的内容，成螺旋上升的层级，也可与劳动教育的其他内容、其他学科活动等相联系，就像一个有机的整体相互协调不可分割，从而确保劳动日的开展系统化、结构化、常态化。二是，劳动日的目标和实施要成体系，劳动素养是劳动价值观、劳动习惯与劳动知识、劳动技能的辩证统一。故我们推行劳动日要认知、情感与实践并重（见图10-3）。认知层面，要侧重技术认知，即技术思维的传递与培养；实践层面，要侧重于技术的习得与实践锻炼；情感意志层面，要侧重于劳动意识、情感、劳动态度的培育和劳动品质的雕塑。在跨领域、跨学科综合育人的视野下，不仅在认知上去体认它感受它，在情

感意志中去内化它，还要在实践中去表达它，实现劳动日的体系化、统整性。

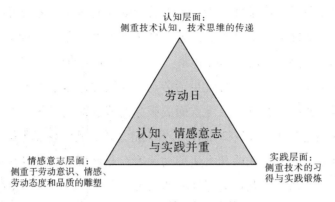

图 10-3　认知、情感与实践并重

（三）生态化

劳动教育与别的教育不同在于，它是一种自由的形态，通过身体力行，潜移默化地使人的心灵得到净化，身体得到锻炼。劳动与人的身心是相通的，我们常说心灵手巧，劳动可以创造幸福的生活，劳动可以使人具有丰富充实的灵魂和强壮结实的体魄，并渗透到整个内心世界与生活中，形成一种自觉的理性力量，这是其他教育无法做到的。同时，劳动教育能与其他所有教育有机相连，形成良性循环的生态磁场。而劳动日是一颗种子，根植于传统文化，汲取其他教育文化的精髓，使之成其为真善美则统一的人格绿色教育场，让学生的劳动指向学生的现在与未来，连接学生的学校、家庭以及社会生活，帮助学生系好人生的第一颗扣子。

有机更新的劳动日，在劳动教育过程中，保护学校现有劳动教育的激励和迭代升级，既避免传统劳动教育的短板，又让劳动教育在新时代有机发展，彰显劳动教育的生命力。

二、更新课程，激发全面育人的教育活力

立足新时代，赋予劳动日有机更新的历史使命。学校的劳动日需要在广度，深度和高度上实现全面飞跃，通过课程化的建构与实施，有效链接"劳动日"和"全面育人"的两端，让劳动日以更加理性规范持久的方式继承和发展。

（一）课程体系

劳动日不只是一次集体活动，也不是为活动而活动。劳动日的开展以课程为支点，聚焦能力基础课程、凸显个性拓展课程、深化实践体验课程。基础课程是每生每周一节的劳动必修课。针对不同年段的特点，进行三类劳动：整理类、清洁类、烹饪类的日常生活劳动；种植类、养殖类生产性劳动；服务班级、服务校园、服务社会等方面的服务性劳动课堂教学工作。个性拓展课程在每周固定时间（1.5~2 小时），开设缝、剪、染、修、烘焙、电工、木工、劳动规划、男生劳动课和女生劳动课等专业性更强、针对性更强的劳动选修课程，对劳动必修课程进行补充和拓展，帮助他们进一步掌握简单的劳动技能，培养热爱劳动的意识和习惯，充分挖掘学生的劳动潜质，提升劳动创造力；实践体验课程从"劳动与家庭""劳动与自然""劳动与社会"三个维度，构建实践体验课程。突破时空的限制，整合班会、队会、综合实践活动等校内时间，以劳动项目实践重组劳动日，引导学生积极参与学校、社区、社会劳动服务。

劳动日有机嵌入三类课程，进行一体化设置，有准备期的习技、习德，实践期的出力出汗，反思分享期的入脑入心，促进学生形成正确的劳动价值观，为培养良好劳动素养的高素质人才打好底色。

（二）能力体系

根据小学生的身心特点、劳动规律，让劳动日首先从身边做起，从事与他们生活场景息息相关的劳动，更利于劳动教育的广泛开展。学校根据自身情况，可每周固定日轮流，有一个班亲历实践学校的校内劳动，也可每月或每日固定日进行以年级或全校为单位，根据学生的年龄特点，尊重他们的兴趣，自己选择劳动板块，有具体的劳动任务。

具体的劳动日任务，分年段依能力发展规律，将劳动教育纳入学校劳动日的全过程。如成都市龙江路小学按小学生劳动核心能力发展，设计的"三会两爱"——"会自理、会操作、会照顾、爱公益、爱创意"作为课程目标的主题指引，将课堂教学与实践活动、将学生的个人生活校园生活和社会生活有机结合起来，丰富劳动体验，提高劳动能力。

（三）价值体系

劳动日应跟语文、数学、艺术、科学等学科一样，有着完整的教育过程。以劳动精神为内驱力，在真实情境的劳动中，运用所学，力所能及地解决真实问题。劳动日带给学生的成长，不仅仅是知识的积累、技能技巧的习得，更重要的是劳动意识、责任感、人际交往、同理心、团队精神等综合素养的全面提升，在深化对劳动价值的理解中，不断凝聚劳动的力量，让孩子们萌发为城市建设、为中国梦而努力的学习动力。由此，劳动日的深入开展必须有课程实施规范、完整的流程，

其基础版流程如下（见图 10-4）。

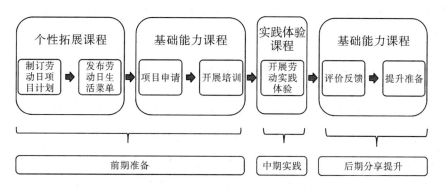

图 10-4　劳动日课程实施流程

前期通过个性拓展课程，由劳动老师带领学生代表共同制订劳动日项目计划，定期向不同年级，或全校发布劳动日活动菜单。在基础能力课程中，进行全校的项目申请，集中开展相应劳动技能项目的培训。在劳动日当天的实践体验课程的开展过程中，劳动老师跟踪了解学生在技能态度等方面的表现，评价反馈服务效果，引导学生反思劳动经历，规范活动流程，分享劳动经验。

劳动日的基础流程中，需要深耕的环节有三点：一是基础培训。劳动日的培训，要帮助学生与平时的劳动课教学做横向的内容链接，形成结构化劳动认识的基础。同时，纵向与《大中小学劳动教育指导纲要（试行）》中提到的"劳动教育是培养学生热爱劳动、热爱劳动人民的一种教育活动，它归根结底是要在学生的意识形态中塑造劳动的观念，劳动的精神。"做情感与精

神的链接。二是劳动日的实践不仅指向学生的劳动任务、劳动技能，更是让学生从中体悟劳动应有的态度、价值观，我们小学生的劳动日不是指向学生今后谋生的手段，而是引导学生学习将劳动小事做到极致，这就是《诗》云："如切如磋，如琢如磨"，这就是"工匠精神"，是精益求精的劳动品质。孩子们有了精益求精追求卓越的精神，距离实现中国梦还远吗？三是分享提升。在学生已经亲历劳动知识技能学习、实践体验后，在一起共同分享讨论，可有交流、评价、分享、讨论、启迪五大板块，这五大板块不是独立的，而应该是像奥运五环一样彼此交叉，彼此链接。师生在分享讨论中，劳动情感、思维、品质等形成磁场同频共振，让学生劳动日后比劳动日前，更有劳动的动力，为后面的劳动日提供更多的经验和情感积累，不断提升劳动日教育价值。

三、更新师资队伍，提升有机协同育人凝聚力

将学校劳动日纳入学校教育的全过程，不仅提升学生的劳动素养，还能促成教师队伍的有机更新，成就教师的专业成长。在传统意义上，劳动老师上劳动课，大队部老师组织劳动活动，而劳动日需要将劳动实践与学科教学紧密结合起来，故而学校需要对劳动教育的师资队伍进行组织架构调整、人员重组，人力破立之间，教师队伍的更新格局实现。如何让劳动日的有机更新与人力资源的更新匹配发展，可在以下三个匹配上着力。

（一）组织架构与课程设置匹配

学校可设立劳动教育发展中心，劳动教育发展中心的人员配置，应打破教学、德育线条的思路，配置来自行政岗、教学一线的不同学科的有志教师、德育骨干和后勤管理人员。该中心提供匹配更新劳动日的需求课程设置，和学生制订计划发布菜单，根据劳动日项目制定，给学校人事部门提出相匹配的劳动日专项教学人员名单，并匹配出课程的物资、设施等后勤保障需求。

（二）师资结构与劳动项目匹配

劳动日中，不同的劳动项目对师资的专业要求不同，劳动老师不是全能的，但我们可以打造学校全能劳动师资队伍。这支队伍可以从校内教师、外聘劳动辅导员和家长志愿者进行选择性融入和选择性植入组建而成。大致上

教师具有教学经验丰富，组织能力强等优势，但专业技术不够，外聘教师专业技术能力强，但组织教学不到位；家长志愿者参与学校教育活动的热情高，但不具备专业知识与技能。根据成都市龙江路小学绘制的劳动日师资队伍雷达图来看（见图10-5），劳动日开展的时候，三支主力军打组合拳实施劳动日课程，可以发挥他们各自的优势，取长补短，以达成劳动最佳的教育教学效果，实现新时代劳动教育的新目标。

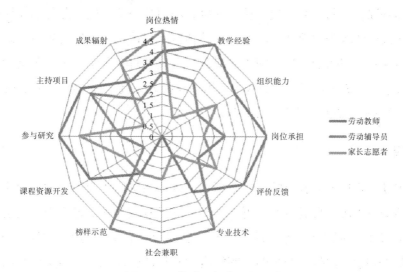

图10-5　劳动日师资队伍雷达

以龙江路小学开展的劳动日为例，前期以校内老师为主和与劳动辅导员间搭进行前期教育教学。劳动日开展当天，学校的花工、电工、食堂叔叔、物管阿姨等变身导师，与孩子们结为师徒，指导学习、体验他们一天的劳动，而且孩子们还可以向校外劳动辅导员（如成都农业科技职业学院的老师）请教种植、养殖的专业知识，向四川大学华西公共卫生学院的营养师们讨教学校午餐的搭配等。家长志愿者也参与其中，不仅可以保驾护航，也与老师、劳动辅导员一起进行后期的分享提升。

劳动日需要学校充分挖掘、整合资源，尤其是校外劳动辅导员队伍（可以聘请劳动模范、能工巧匠、专业技术人员、校内勤杂人员等）。校内劳动教师不足，可与兄弟学校的师资共享等，以多种形式来满足劳动师资的体量和丰富性，实现劳动师资的有机更新，达成校外辅导员的技能指导和校内教育场景有机融合的效果。

（三）教研团队与劳动日管理匹配

独行速，众行远。专业的团队，才能保障劳动日获得智力和人才的支撑。倡导学校成立劳动日教研组或劳动学科教研组，进行定期总结、研制、设置中心发言人轮值制等配套管理环节，这样可以避免劳动日浮于表面走形式，缺乏深度思维，阻碍劳动教育价值的实践。同时教研团队进行劳动日共同体的集体备课，专题研究，让劳动日的研究小而精、接地气，促进老师快速成长。每次团队教研中设置中心发言人轮值制，以课例、小项目研讨，研究破解困惑和解决问题的方法，师资的所长，引发各自在劳动日中处理能力、教学设计能力、教学反思、教研能力的思考与提升，真正探索出"学校+社会"联手、"学校+家庭"牵手的有效路径。

四、小结

劳动日推进劳动教育的有机更新中，既让孩子们体会到劳动的艰辛，让珍惜劳动成果成为自觉行为，更让他们在贴近真实劳动的过程中，调动内在的劳动兴趣，对脚踏实地、兢兢业业的普通劳动者培养起感情基础。而且，孩子们走到学校的每一个角落，都能看到自己的劳动成果，感受到劳动创造出美丽环境和美好生活，带给他们的光荣感和成就感，让四个"最"不再停留在空泛的口号上，而是真正内化于学生的心里。我们的最终目的，不仅仅是培养合格的劳动者，更希望让劳动彰显人的价值，绽放人的生命。我们根据《大中小学劳动教育指导纲要（试行）》中的四条路径，搭建出课内外融通的劳动日，也希望让它成为学生全面发展终身发展最宝贵的财富。

让有机更新的劳动日，成为"龙娃娃"成人、成才过程中的一条康庄大道！

（作者：成都市龙江路小学　唐月悦）

音中有劳：以劳动为主题的线上音乐教学初探

摘　要： 音乐课堂需要摆脱横亘劳动与音乐的隔阂，打通两者之间的重重障碍，在音乐课堂中渗透劳动思想。在音乐学习中，让学生参与创编劳动歌词或者旋律，体会创编的乐趣。同时在课堂中体验节奏特点，渗透创编旋律的简单方法，初步学习旋律创编。启发学生发现身边声响，让学生动手自制"乐器"。

2020 年春节前夕，本该学校开学的日子，为了确保学生的生命健康被迫叫停，为保证学业不被延误，贯彻执行武侯区"停课不停学，学习不延期"的方针，我校全体教师积极参与到了线上教学中，做到教师不停教，学生不停学，积极推进线上教学，从最初手忙脚乱的茫然，到信手拈来的自信教学，其间的摸索过程，是一种丰厚的教学财富。

"兴趣是音乐学习的根本动力和终身喜爱音乐的必要前提。在教学中，要根据学生身心发展规律，以丰富多彩的教学内容和生动活泼的教学形式，激发学生对音乐的兴趣，不断提高音乐素养，丰富精神生活。"将劳动与兴趣结合，再实施于音乐课堂教学中，将是摆在我们音乐线上教学的一个新课题。

一、摆脱横亘劳动与音乐的隔阂，打通两者之间的重重障碍

劳动创造了人类本身，也创造了音乐，音乐起源于劳动，我们音乐教材中有很多关于这方面的乐曲，笔者整理了一些比较有代表性的乐曲，在线上课堂与学生分享。

在远古时代，为了争取生存，人们需要与大自然做斗争，但在取胜后，他们就特别欢喜、快乐。这个时候就需要有一个庆祝来建立仪式感，借由庆祝来歌颂胜利、赞美英雄等。

《阿细跳月》这首乐曲以热烈欢腾的情绪，表现了彝族人民在月下踏歌、欢庆节日的欢乐场面。通过聆听，能使学生从浓郁的彝族音乐中进一步了解

彝族的音乐文化和民俗风情，从而热爱中华民族音乐文化。学生完整听赏整首乐曲后，教师可从音乐的情绪、旋律的特点、力度速度的变化中，让学生交流感受，同时也可以把自己的感受用身体动作表现出来。在分析旋律环节，教师哼唱旋律，问："大家是不是一直听到这段旋律？"并让学生感受乐曲旋律不变的特征和五拍子的强弱规律。随后教师带领学生边听边做身体律动：前三拍拍手，后两拍拍腿，体会《阿细跳月》五拍子的节奏特点。教师演唱主题旋律后，提问："你们听到了哪些音符？"教师总结得出：这首乐曲是我国典型的民族音乐，出现最多的是 do、mi、sol 三个音，这就是中国民族音乐最大的特点。

人们常说民族的就是世界的，今天我们欣赏的由民族乐器合奏的《阿细跳月》不仅为全中国人民所喜爱，更是早就走出国门为世界人民所喜爱。2011 年中国广播民族乐团在维也纳金色大厅的专场演出，就是以它作为第一首演奏曲目。《阿细跳月》独特的五拍子的节奏、旋律、舞蹈，让我们感受到了彝族人民独有的音乐文化，体会到了彝族是一个能歌善舞的民族。

音乐具有情感特征，听者可从音乐中将其识别出来，换言之，我们可以听得出音乐中的情感。歌曲《土风舞》是一首热烈欢快的捷克斯洛伐克民歌，歌曲节奏规整、旋律流畅、音乐朗朗上口，表现了农民载歌载舞、欢庆丰收的热闹情景。这一课的教学，笔者带着学生跟着音乐律动，如挖地、除草等劳动动作感受歌曲二拍子的特点，在律动中体验劳动的乐趣。在演唱部分，寻找歌曲中哪些地方运用了重音记号、切分音以及大跳音程等以体会舞曲的风格。再用活泼欢快的歌声表达人们丰收后的喜悦，并让学生学会懂得珍惜劳动成果。歌曲处理部分重点关注切分节奏的跳跃性和附点节奏的推动性，以达到最佳的教学效果。

二、参与创编劳动歌词或者旋律

回归到音乐课堂本身，我们还是要学生学以致用，创编就是最好的方法。以劳动主题创编歌词，让学生提高劳动意识，从小建立热爱劳动的乐观态度，并指导学生用愉悦的心情参与创编，然后再通过线上交流。这样的线上交流方式，拉近了师生之间的心理距离，让交流无障碍。

（一）利用劳动课程的学习，让学生创编劳动歌词，体会创编的乐趣

以《劳动最光荣》为例，笔者先让学生聆听歌曲，明确音乐内容是劳动的主题，然后引申到歌词创编上，笔者对孩子们说道：你在家里除了学习与玩耍，也一定帮父母做过一些力所能及的家务活，相信你在干这些家务活的时候，一定比平时更用心、更开心，如果你能将劳动心得编创成歌词，那一定会感觉非常棒。简单地激发之后，透过屏幕，笔者看到孩子们开始了自己的创作尝试。网络线上教学缺乏的是互动与反馈，为了拉近师生之间的距离，笔者这节课采用了网络会议的模式，大家可以在网上互相看到彼此，新的教学方式带来了新的体验，在交流环节，大家由刚开始的羞涩逐渐转变成了踊跃。

这一节课可以说是收获满满，笔者看到了孩子们不少精彩作品。以下是孩子们的创编作品：

"团结友爱在一起，桌椅摆放整齐。爱卫生讲健康，我们大家爱劳动。"

"春天里暖洋洋，原野一片忙；机器转动忙种粮，小孩子帮忙来牧羊；快乐的生活从哪里来，要靠劳动来创造。"

"秋天到，丰收忙，一片好景象；稻谷熟透了，像个害羞的小姑娘。苹果红，橘子黄，小朋友，来帮忙；果园和田野里真热闹，农民伯伯哈哈笑。收割机，隆隆地响，田野里，收割忙；金黄的谷穗揽怀中，大家都在忙碌着；大地铺上了红地毯，秋风一吹，哗啦啦响；好像大家在鼓掌，庆祝劳动最光荣。"

"犬守夜，鸡司晨。蝉吐丝，蜂酿蜜。小蜘蛛勤织网，小燕子忙筑巢。幸福的生活从哪来，要靠劳动来创造。"

"跑跑步来跳跳绳，眨一眨小眼睛。爱读书来爱劳动，妈妈夸我小聪明。每天上课仔细听，当日的事情当日毕，亲爱的老师请放心，我们一定能胜利。"

看到孩子们的交流作品，笔者眼眶湿润了，没有想到一节平常的网络课，会带给笔者如此的震撼。这一节课，有的孩子声情并茂地朗诵自己创编的歌词，会乐器的孩子还自弹自唱自己的作品。这一幅幅画面让笔者感叹孩子们创编的能力，也让笔者看到了他们热爱劳动享受劳动的品性。"人心之动，物

使之然也。""乐者，音之所由生也。"充分印证了音乐来源于劳动，劳动创造了音乐艺术。

（二）体验节奏特点，渗透创编旋律的简单方法，初步学习旋律创编

音乐的基础是声音，目的是产生愉悦并唤起我们各种各样的情感。以教材中的《剪羊毛》为例，它的教学，使学生了解澳大利亚牧民的劳动生活，懂得"只有努力劳动才能换取幸福的生活"。

首先导入新课，欣赏澳大利亚牧场的风光，聆听马蹄声，掌握附点节奏，并拍一拍，读一读。然后观看图片：河那边的草原呈现白色的一片，像白云从天空飘临。教师提问：那是什么呢？原来是一群可爱的绵羊。最后一起模仿小羊的叫声。教师再提问：那边的牧民在忙什么呢？哦，原来牧民们正在进行一场剪羊毛劳动比赛。勤劳的牧民一边剪羊毛，一边唱起了歌。这很自然地就过渡到歌曲教学中。

音乐对于各种各样的人来说，有不同的魅力，这种魅力不同于和声，它来自音乐所唤起的愉悦感情。接下来，在学习和聆听《剪羊毛》的过程中，笔者重点解决了以下几个问题：

1. 歌曲是几拍子？

2. 这首曲子的速度是怎样的？

3. 这首曲子的情绪是什么？

4. 感受附点节奏及休止符赋予歌曲欢快跳跃的情绪及其表现作用，在歌唱中准确地把握附点八分节奏，区别节奏的不同感觉。

5. 选用你身边能发出声响的物体为歌曲伴奏。

这5个提问有效地解决了以下课堂要求：让学生感知了整体风格；哼唱了主题旋律；分析了作品中的附点节奏和休止符的运用目的。正是因为这些原因，歌曲的情绪给我们听觉上的感受是热烈、欢快的。所以不难看出，旋律、节奏、速度是影响音乐情绪的重要因素，它在音乐表现中起着重要的作用。而节奏又是音乐的灵魂，音乐没有了节奏，就好像缺少了一条生命线。拓展部分，笔者选择了一条乐曲中比较有代表性的附点节奏，让学生进行了练习，并根据节奏进行了旋律创编，让学生体会创编旋律的乐趣，激发了学生学习音乐的兴趣。最后师生共同欣赏部分学生的作品，并给予点评。小学

生是旋律编创的初学者，模仿是重要的学习方式之一，本课教学创编就是根据《剪羊毛》的附点节奏特点，选择其中的节奏型通过练习、节奏模仿，进行旋律创编。在课堂总结中，笔者总结了一段鼓励性的话："旋律创编的规律还有很多很多，等待我们去发现，去探索……相信你们在艺术创作的道路上会取得更大的成功，创作出更好的作品！"

三、启发学生发现身边声响，让学生动手自制"乐器"

学生在家学习，师生网络相见，上课交流完全只能通过网络，这个时候小学生好动的天性完全被冻结，如果这时候能让孩子们静下心来，完成一些简单的课堂任务，将是一件非常有趣的事情。苏霍姆林斯基曾经说："让学生体验到一种自己亲自参与掌握知识的情感，乃是唤起少年特有的对知识的兴趣的重要条件。"

在"春天举行音乐会"这一课堂中，笔者便想到了让孩子们用身边能发出声音的物体为歌曲伴奏。透过屏幕，笔者看到了一些学生敲击桌子为歌曲伴奏，一些学生敲击凳子为歌曲伴奏，还有的学生敲击玻璃杯为歌曲伴奏……这些丰富的伴奏方式，瞬间点亮了网络课堂氛围，这种玩耍音乐的方式，呈现出孩子们乐于学习音乐的主动性。

在"龙的传人"一课中，笔者让学生用了我们平常线下课堂里经常用到的奥尔夫纸杯，共同编写了一些常用的节奏型为歌曲伴奏。奥尔夫音乐的教学方法是非常贴近孩童心理的，这种教学通过纸杯的拍击与敲击，通过推杯盏唤的变化与重复，在音乐聆听体验中、在参与领悟中、在模仿创造中，完成了新形势下的课堂教学，让参与课堂教学的学生久久难以忘怀。

在"转圆圈"这一课的编创活动中，有的学生用塑料瓶子装上小半瓶大米，制作出了沙球的替代品，用筷子敲打碗来替代双响筒。同学们用这两种自制的"乐器"为歌曲做了丰富的伴奏，编创出宽松型节奏一条，密集型节奏一条。选择密集型节奏为主题一进行伴奏，选择密集型节奏为主题二进行伴奏，音乐表现有了一定的对比和层次感，丰富了音乐的想象，展示了不同的音乐形象。有了这两种伴奏形式，表现出了两个主题不同的音乐情绪，从他们的自信的状态中，笔者仿佛看到了歌曲中少数民族悠闲的一面、也感受到了欢快与活泼的另一面。

正如法国作家雨果所说："没有任何东西的威力，比得上一个适时的主意。"事实上，要找到好的主意，靠的是态度，而不是能力。一个思想开放的、有创造力的人，重要的是要有观察、思考的习惯。很多看似平淡无奇的东西，用心去琢磨，说不定就有新的有价值的发现。笔者也喜欢做这样的一个发现者，善于利用身边这些有意义的发现，去开发、丰富自己的课堂，从而让学生去享受课堂，在享受中完成知识的传递与碰撞。

音乐，不仅仅是一种音与韵，还是聆听音乐时，所产生的美的感悟，每一次感悟都能带来不同的美丽心境，教师需要把这种感悟与心境，传承给学生。"教学设计主要是设计学生活动，而不是教师活动。"愿每一位教师都能深刻体会这句话的含义。

（作者：四川大学附属实验小学清水河分校　张生）

劳动教育：在三种校本课程样态中绽放

摘　要： 在新时代背景下践行劳动教育，加强校本课程建设，是一个切实保证劳动教育落地生根的实施路径。就目前我校校本课程的开发来说，呈现出"主题式"的劳动教育校本课程、"序列化"的劳动教育校本课程、"整合式"的劳动教育校本课程三种样态。三种课程样态各有千秋。学校基于自身的地理位置、文化背景、学情师资、育人目标等多方面的情况进行通盘考虑，让劳动教育在校本课程中绽放。

在全国教育大会上，习近平总书记提出劳动教育的具体目标是"要在学生中弘扬劳动精神，教育引导学生崇尚劳动、尊重劳动，懂得劳动最光荣、劳动最崇高、劳动最伟大、劳动最美丽的道理，长大后能够辛勤劳动、诚实劳动、创造性劳动。"然而，学校作为教育的主要场所，真正落实劳动教育难上加难。某些部门和教师的意识仍然停留滞后，高考指挥棒在哪里，教育主阵地就在哪里。因此，不作为升学考试内容的劳动教育，长期以来都被归类于"豆芽课"。加上劳动教育只是综合实践活动的一个组成部分，因此长期以来对劳动教育价值的认识不够，出现教师不是专职教师，由其他考试科目的教师兼任的情况，于是，综合实践课就成为作业讲评课，劳动教育便成为应景学科。一说劳动教育，有老师便把教育任务下发给家长，让学生在家里扫扫地、洗洗碗，再拍照上传，便落实了"劳动教育"。有的老师则为了应付逐级的督导检查，装模作样地上几回课，督导结束，劳动教育也就偃旗息鼓。

实际上，劳动教育既不是知识的传授，也不是只限于做一些力所能及的家务劳动。前者没有理解到劳动教育的本质是实践，后者窄化了劳动教育的范畴。众所周知，要真正让劳动教育落地，就需要根据课程大纲要求，依托学生的年段特点，制定具体的课程目标，匹配相应的课程资源，开展配套的课程实践，落实相应的课程评价方式，只有这样才能真正贯彻执行国家的教育方针，促进学生全面健康成长。

那么，如何在新时代背景下践行劳动教育，在认真研读《中共中央 国务院关于全面加强新时代大中小学劳动教育的意见》后，笔者认为，加强劳动教育校本课程建设，是一个切实保证劳动教育落地生根的实施路径。

就目前我校校本课程的开发来说，呈现出这样三种不同的样态。

一、主题式的劳动教育校本课程

很多学校在办学过程中，往往追求学校办学特色化。特色是学校独有的文化，是学校育人取向的价值外显，是实现学校跨越式发展的途径。很多农村学校就以"劳动教育"为抓手，构建起具有乡土教育实践的劳动教育课程。

比如，濮阳县文留镇枣科小学在家庭实验室计划的引导下，开发独具特色的田园课程。这个课程依托于时令，分主题开展。2020 年 6 月 16 日，学校启动"种红薯"活动。红薯是一种高产而适应性强的粮食作物，与工农业生产和人民生活关系密切。块根除作主粮外，也是食品加工、淀粉和酒精制造工业的重要原料，根、茎、叶又是优良的饲料……1~6 年级的孩子们在老师的带领下，扦插红薯秧，尝试着按株距行距挖坑、栽秧，体验结果丰收的过程。在等待 132 天后，老师们给学生们介绍如何刨红薯及操作注意事项。师生齐上阵，下田劳作，再把刨好的红薯洗净煮熟，分享劳动的果实。乡村学校因地制宜建构这样的劳动课程，既让学生体验劳动的辛苦，品尝收获的快乐，也在潜移默化中搭建了家庭教育、亲子关系的桥梁，教授了学生日常劳作的技能，让教育回归于真实的生活。

广元市利州区微型学校发展联盟盟主张平原所在的范家小学，也是依托乡土开展劳动课程的典范。比如，学校开设"家乡农具知多少"校外实践活动。这个活动旨在让学生了解家乡农具及农具的使用情况，培养学生对家乡生产生活的关心；让学生了解农具的变迁，自动化机械农具的特点，感受到自动化农具给人们生活带来的便利。再比如，学校开设"秋天真美好"课程，带领孩子们走进大自然，亲密接触秋天，了解各种食物的果实生长情况，感受秋天的美好；亲身参与力所能及的田间劳动，树立珍惜粮食的意识。

以上围绕某个主题建构的劳动教育课程，其参与度广，实践性强，不专门针对学生年龄特点设置课程。农村学校作为乡土文化的"代言人"，开发这样的主题式劳动教育课程，有助于传承乡土文化，复兴乡土文明，激活乡村社会生活。学生们通过课程熟悉物产资源，融入乡村生活，从而真正认识家乡、了解家乡、增强孩子们对家乡文化的认同和自豪感，也滋养孩子对家乡的眷恋情感。

作为城区学校，同样可以建构独具特色的主题教育校本课程。笔者在第五届中国教育创新成果公益博览会上就看到有关烹饪的劳动教育课程，立足于学生个人日常生活事务的处理，培养学生自立自强的意识。

二、序列化的劳动教育校本课程

《课程与教学的基本原理》一书中，泰勒开宗明义地指出，开发任何课程都必须包括四个方面：确定教育目标、选择教育经验、组织教育经验和评价教育经验。其中，组织教育经验就包括了三个准则：连续性、顺序性和整合性。也就是说，在课程组织中，需要考虑课程要素之间横向和纵向的联系，便于让学生获得统一的观点，并不断对以前的经验加以深入广泛的展开。

华德福教育是教育创新的热点之一，它非常注重劳动教育体系的开发。前些年美国媒体有则报道，大意是，现代信息技术教育办得如火如荼，许多学校还一起组织比赛，但是不少硅谷高管却把孩子送到华德福学校，他们在这里学的，却是手工针织打毛线。成都华德福学校在劳动教育上有自己的课程体系，不同的年级开设不同的课程，一年级有蜂蜡、烘焙课程，二年级有手工（棒针编织）课程，三年级有传统手工艺、农耕课程，四年级有建筑课程，高段还开设木工课程。

华德福劳动课程体系充分体现了学生不同年龄特点和心理因素。三年级，当孩子从"与世界一体"中分离出来，他们需要从不同的角度重建与世界的关系。由此，农耕课的课程目标，就是让学生了解人类的农耕历史和当地的农业发展，学习人类满足基本食物需求的方式，这正是三年级孩子学会在大地上生存的精神支柱。农耕课程把孩子们与地球的天然赐予链接在一起，帮助孩子体验到其中的精彩过程，激发孩子们对生活在地球上的感恩。孩子们在课堂上学习了农耕的知识，来到田野里脚踏实地地工作，锻炼了意志力。四年级的建筑课程，则是基于建筑带给人的庇护，既为物质身体遮风挡雨，又为不安的心灵提供了休息的空间，而这个正是四年级的孩子当下最需要的。远古的先祖向自然界学习，从巢居、穴居一步步发展出适应各种地形气候的建筑形态，展现了他们永不放弃又尊重自然的生存之道，孩子们通过户外庇护所的搭建劳动，给孩子们构建了一个稳定安全的心理环境和心理空间，也建构了在陌生环境生活下来的信心和力量，为未来走得更远奠定了基础。

华德福劳动课程体系的序列化，立足于创始人鲁道夫的人智学——强调精神、心灵和身体的和谐统一，即依照孩子的年龄和能力，提供给儿童适宜的课程，使学生得以健康发展。这也给校本课程开发者提供了重要的建构维度：站在孩子生命发展的需求一边，让课程为孩子提供内在的价值感、持续的内在动力和创造力。

三、整合式的劳动教育校本课程

除了前两种课程形态，还有第三种课程形态，即课程整合。

整合方式之一，是把劳动教育与其他学科教育内容链接起来，形成新的课程项目。比如北京某学校把劳动教育与生物、物理、化学等学科教育融合起来，让学生学习玫瑰花用淬炼精油、种植蘑菇等，鼓励学生把劳动教育运用在科技发展领域。

更深入的整合方式，则是将劳动教育与原本的校本课程融合，生长出新的课程内涵。以成都市龙江路小学新城分校为例，其作为四川省环境友好型学校，有一处校园环境文化景观——"活水园"，楼顶收集的雨水经 PVC 管道流入"活水园"，通过沉淀池、养鱼塘、过滤池、植物池，再经过专业污水处理的流程，达到污水净化的效果。学校就这一处景观采取 PBL 项目式学习，这是学校自 2019 年 10 月开发的校本课程。后来，学校在此基础上，又开发了"校园一方土，荒漠千点绿"的 PBL 耕园成长课程。两个课程既有衔接，又有新的整合生成。前者重点在学科教育与生态文明教育之间的整合，而"校园一方土，荒漠千点绿"的课程核心，则涉及劳动意识和劳动习惯，以及财商教育、志愿公益教育和生态文明教育四个维度。

"校园一方土，荒漠千点绿"的课程，是一个基于驱动性问题的 PBL 项目：如何实现在有限的土地上产生更大的经济效益，如何通过公益捐助为中国荒漠化出一份力？学校开辟 80 平方米的"耕园"，作为孩子们的劳动实践基地，让孩子们讨论播种什么植物，并商讨解决方案。学生在导师团队的帮助下，确定播种绣球和薄荷，并开展了堆肥实验，增加了土壤的肥力；制作了智能编程浇灌设备，实现对植物的定时定量自动浇水；对薄荷进行扦插移植，开发成相关产品售卖；组建"耕园移动商城"，对耕园的文创产品进行推广，将募集的资金捐献给公益组织，实现"荒漠千点绿"公益环保行动。在这个校本课程项目中，既有生产劳动教育的亲身实践——播种施肥、扦插移植，又有手脑并用的科学探究——让"活水园"的雨水经过编程形成自动灌溉系统，还有基于文创产品开发的学科融合，基于线上线下商务推广的财商教育，通过公益行动推动生态环境建设的志愿公益教育和生态文明教育，是一个整合多学科的综合性课程。这样的课程，也很好体现了服务性劳动教育的内容，即让学生利用所学知识技能，服务他人和社会，增强社会责任感。这样的整合保全了有限的课程时间、课程内容，不会增大学校的负担，也很好落实了"培养德智劳全面发展的社会主义建设者和接班人"的育人目标。这样的劳动教育校本化课程整合，不是另起炉灶，而是结合学校本身一以贯之的课程资源，形成教育的创新生长点，完成与时俱进的知识技能更新迭代。

以上三种课程样态各有千秋。笔者认为，任何一门校本课程的开展，最重要的一点都是要基于学校的地理位置、文化背景、学情师资、育人方式等多方面的情况进行通盘考虑，因为具体的项目实施负责人是老师，执行者也是老师。让劳动教育在校本课程中绽放，最重要的一点，就是调动起老师的参与意识，给予老师一定的课程改革自主权。只有这样，老师才能以持份者的身份参与到课程建设中，真正让劳动课程实践落地生根。

（作者：成都石室双楠实验学校　王兮）

新时代高中劳动教育：现状调查和对策分析研究

摘　要： 本文基于四川大学附属中学（以及简称"川大附中"）教师、家长、学生调查问卷，以描述性统计方法为主，汇总学校劳动教育现实问题、现实需求，构建川大附中核心问题教学模式下，普通高中劳动教育师资、基地、课程、评价等路径思考。

劳动教育是我国教育的特色和优势，是培养全面发展的现代化人才的关键，在传承和发扬中华传统文化，满足新时代对人才的需求方面，发挥着不可替代的作用。在当代教育的构成中，劳动教育虽然取得了一定成效，但其发展过程中正显现出一些亟待解决的突出问题。本文拟通过对教师、家长、学生的问卷调查，对学校劳动教育现状进行探究，及时发现问题、提出对策、化解矛盾，以推动新时代学校劳动教育的正向发展。

一、问题的提出：研究背景及目的

劳动教育是全面贯彻党的教育方针，落实立德树人根本任务，全面发展素质教育的重要内容，是培育和践行社会主义核心价值观的重要途径。劳动教育是新时代党对教育的新要求，是中国特色社会主义制度下的重要教育内容，其意义重大；劳动课程是劳动教育实施的重要环节，是践行树德、增智、强体、育美目标的现实载体。

2013 年 8 月 31 日，中共教育部党组发布了《关于在全国各级各类学校深入开展"爱学习、爱劳动、爱祖国"教育的意见》。2015 年 7 月 20 日，教育部、共青团中央、全国少工委发布了《关于加强中小学劳动教育的意见》。2017 年 8 月 22 日，教育部发布《教育部关于印发〈中小学德育工作指南〉的通知》。2018 年，习近平总书记在全国教育大会上的讲话指出，要培养德智体美劳全面发展的育人体系。2020 年 3 月 20 日，《中共中央 国务院关于全面加强新时代大中小学劳动教育的意见》发布，为全面提升全校师生对劳动教育重要性的认识，提高学校劳动教育工作水平，提出构建符合中小学实际的劳动教育课程体系。2020 年 5 月 11 日，教育部印发《普通高中课程方案（2017 年版 2020 年修订）》。2020 年 7 月 7 日，教育部印发《大中小学劳动教育指导纲要（试行）》，针对学校劳动教育的现实情况，明确劳动教育的途径，特别对劳动教育必修课、课外校外劳动时间，以及学年劳动周提出了具体要求。

教育必须与生产劳动相结合，是马克思主义的基本原理，是党的教育方针的重要组成部分。劳动教育直接决定社会主义建设者和接班人的劳动精神面貌、劳动价值取向和劳动技能水平。近年来，青少年中出现了一些不珍惜劳动成果、不想劳动、不会劳动的现象。劳动独特的育人价值在一定程度上被忽视，劳动教育正被淡化弱化。对此，我们必须高度重视。

德智体美劳，五育并举，对全面贯彻党的教育方针，落实立德树人根本任务具有重要影响。加强劳动教育是新时代的必然要求，是全面贯彻党的教育方针的基本要求，是解决教育首要问题的重要步骤。结合当前劳动教育体系空缺、劳动教育缺位的现状，重视劳动教育、弘扬劳动精神、建立健全劳动教育体系迫在眉睫。

二、研究对象、方法、现状和问题

劳动教育是学校教育和校外教育衔接的创新形式，是教育教学的重要内容，是综合实践育人的有效途径。基于川大附中丰富的课程资源开发，为了更好开展劳动教育研究，学校分别制作了教师、学生、家长的调查问卷，采用网络调查形式，问卷调查对象涵盖了学校各个工作岗位的教师、行政人员，以及三个年级的学生和家长，充分反映不同性别、不同学科、不同年龄段、不同身份、不同工作背景人群对学校劳动教育的意见及需求，一定程度反映了教师、家长、学生对劳动教育的认可和期待。网络共回收 205 份教师问卷、1 965 份家长问卷、1 109 份学生问卷，问卷回收率为 100%。教师、家长、学生在完成问卷的过程中，态度严肃、认真，如实、积极作答，保证了问卷的真实性。

（一）劳动教育调查维度说明

1. 知：劳动认识维度。

调查问卷在确定教师、学生、家长为调查对象后，首先从调查对象的认识维度出发，针对调查对象对劳动教育的观点态度进行问卷设计。在教师问卷和家长问卷同时设置了"劳动政策了解程度""对学校开展实施劳动教育的态度""劳动教育的积极意义""孩子不做家务的原因"四个单选或多选题，在学生问卷和家长问卷中同时设计"劳动与学业的关系""希望在劳动时获得何种劳动素养"两个单选或多选题，教师问卷特别设置了"高三年级参与一定量劳动的必要性"这一题目，其目的均指向考察调查对象真实的态度、观点及评价。

2. 情：劳动需求维度。

教师、学生、家长对劳动教育的真实需求，是指导学校劳动教育开发与实施的重要指标。调查问卷以调查对象的情感、态度、价值观为核心，较充分考虑调查对象的需求和疑虑。在教师问卷设置"学校课程中开展劳动教育较好的组织形式""学校开展劳动教育较好的方式""学校提升劳动教育的重要措施""参加寒暑假校外劳动课程的意愿""自行开发或参与开发实施劳动课程的意愿"等选择题，考察教师对学校课程的评价以及主动参与劳动课程开发的意愿；在学生问卷设置"适合做的家务劳动""劳动前应当做何种教育培训""对寒暑假举办劳动周的态度""对学校社团活动/综合实践活动课程中的劳动教育的看法"四个问题，考查学生对劳动教育、劳动课程设置的真实态度和需求；在家长问卷设置"适合孩子做的家务劳动""劳动前应当做何种教育培训""参与校内外劳动课程意愿"三道选择题，考察家长参与劳动课程的意愿，探索家校合作的进一步可能。劳动安全是劳动教育的重要环节和基本保障，家长问卷和学生问卷同时设置了多选题"劳动前应当做何种教育培训"，从调查结果来看，75%以上的学生和家长均选择安全培训，可见学生和家长对安全的重视程度。本次调查问卷在教师、学生、家长问卷中，均设置"安全常识教育内容"一题。结果显示，80%以上的调查对象都选择了用火、用电、用气安全，交通安全，工具使用安全，食品安全等安全教育内容，有调查对象补充填写了"网络安全"。从劳动安全维度设置问题，主要指向劳动教育的保障机制，促进校内外劳动教育的有序开展。

3. 意：劳动观念维度。

调查问卷通过他评与自评两种评价方式，进一步了解学生的劳动能力。在教师问卷设置"学生劳动意识评价"，在家长问卷设置"孩子做家务能力评价"两道单选题，直接指向学生在校园和家庭中呈现的劳动观念和劳动能力。在学生问卷设置单选题"做家务能力评价"、多选题"在劳动中做得不够好的主要原因"，以学生自评的方式真实表现学生的态度倾向。

4. 行：劳动能力维度。

调查问卷针对调查对象在现实生活中的劳动行为进行问题设置。在教师问卷设置"劳动教育方法""在教学和工作中有机渗透劳动教育态度意识的频率""带领学生参与过的劳动教育活动""将劳动作为对学生惩罚教育的频率""在学生劳动中或劳动后采取的评价方式"等题目，考察教师日常教育活动或工作中劳动观的渗透；在学生问卷和家长问卷设置"做家务情况""经常做的家务类型""做家务的时长""参加过的生产劳动和服务性劳动情况"等题目，考查学生和家长真实参与日常劳动、生产劳动、服务性劳动的现实状态。

（二）学校劳动教育：现实及问题

1. 学校劳动教育现实。

对国家劳动教育政策精神的认识基础良好。调查显示（见表10-10），劳动教育政策精神已进入教师、家长的视野，这对学校开展劳动教育有了良好的认同基础。64%的教师对劳动政策非常了解或有一定的了解，仅有8%的教师对劳动政策不太了解；46.42%的家长对劳动教育相关政策有一定了解或非常了解，53.58%的家长不了解政策或只是听过相关政策。

表 10-10　教师和家长对劳动政策了解情况调查

选项	教师占比/%	家长占比/%
A. 不了解	8	22.14
B. 只是听过	28	31.44
C. 有一定的了解	58	43.77
D. 非常了解	6	2.65

教师、家长、学生对劳动教育意义认识得比较清晰（相关数据见表10-11）。80%以上的教师、家长、学生认为劳动教育能增强劳动知识和技能，培养劳动意识、劳动习惯、劳动品质，能传承劳动精神。尤其是学生对劳动教育意义的认识比较高，这让学校开设劳动课程有了学生主体基础。90.62%的学生希望提高自理能力，增强必备的劳动知识与技能，83.50%的学生希望养成劳动习惯，培养良好的劳动习惯和品质，84%以上的教师希望通过劳动能提升学生开拓进取的创新精神和能力。

表 10-11　对劳动教育意义认识情况调查

选项	占比/%		
	教师	家长	学生
A. 能增强必备的劳动知识与技能	86	92.06	90.62
B. 能培养学生的劳动意识，树立正确的劳动价值观	88	79.34	79.26
C. 能促进学生劳动习惯的养成，培养良好的劳动习惯和品质	86	89.06	83.50
D. 能传承劳动精神，提升开拓进取的创新精神和能力	84	72.42	79.80

对学校开展实施劳动教育的思想认识比较到位。96.08%的教师认为学校开展实施劳动教育非常有必要或有必要，4%的教师认为开展与否无所谓或耽误学习（见表10-12）。77.1%的学生认为劳动与学业互相促进，12.62%的学生认为劳动不耽误学业，仅仅有7.03%的学生认为两者关系不大，2.89%的学生认为劳动耽误学业，挤占学习时间。88.7%的家长认为家务劳动与学业互相促进或不耽误学业，9.21%的家长认为两者关系不大，仅有2.09%的家长认为劳动耽误学习（见表10-13）。

表 10-12　教师关于学校开展实施劳动教育必要性的看法调查

选项	教师人数/人	比例/%
A. 非常有必要	139	68
B. 有必要	57	28
C. 无所谓	8	4

表 10-13　关于劳动与学业相互关系的调查统计

选项	家长人数/人	比例/%	学生人数/人	比例/%
A. 互相促进	1 227	62.44	855	77.1
B. 不耽误学业	516	26.26	140	12.62
C. 两者关系不大	181	9.21	78	7.03
D. 耽误学业，挤占学习时间	41	2.09	36	2.89

通过以上调查数据发现，川大附中教师、家长、学生对国家政策、教育意义、学校开展实施劳动教育等的思想认识是很高的。在自身能力提升上，教师和学生有一定需要，并希望得到系统科学的指导。

2. 学校劳动教育：突出问题。

为调查新时代普通高中学生劳动教育现状，本文以四川大学附属中学教师、家长、学生为调查对象，采用网络调查问卷的方式，以描述性统计方法为主，汇总学校劳动教育现实问题如下。

（1）知：指的是劳动认知与观念。学生对劳动教育有一定认识，但高度不够，没有完全认识到劳动教育对促进人的全面发展的作用，日常生活中的劳动意识仍有待提高。90%的教师认为"学生劳动意识淡薄或几乎没有劳动意识"。76.41%的家长认为孩子做家务的能力一般或不强，仅25.39%的家长认为学生做家务的能力强或比较强。84%的教师和77.51%的家长认为学生不劳动或不会劳动的原因是"忙于学习，没时间"；49.41%的家长认为孩子不愿做家务。

（2）情：指的是劳动情绪与情感。学生参与劳动的主动性不强；与劳动人民接触的机会较少；劳动认同度和情感差距大。82.55%的家长、69.79%的学生认为"偶尔主动或很少主动做家务"，仅有15.62%的家长、29.58%的学生认为"能主动并坚持做家务"（见表10-14）。

表 10-14　学生参与劳动的主动性调查

选项	家长人数/人	占比/%	学生人数/人	占比/%
A. 能主动做，并坚持做	307	15.62	328	29.58

表10-14（续）

选项	家长人数/人	占比/%	学生人数/人	占比/%
B. 偶尔主动做一点	1 063	54.1	660	59.51
C. 很少主动做，除非在家长要求下	559	28.45	114	10.28
D. 家长要求做，但孩子不做	36	1.83	5	0.45

另外，学生问卷调查结果显示，45.54%的学生认为自己在劳动中存在做得不够好等问题的主要原因是"主动性不强"。参加服务性劳动，50%以上的学生是因为自己主动或学校要求，30%以上的学生是因为家长要求或社区组织。教师问卷调查结果显示，仅10%的教师认为"学生能主动自觉劳动"，84%的教师认为学生"要在老师或学校要求下才劳动"。

（3）意：指的是劳动意志与精神。学生参与劳动缺少吃苦耐劳精神。劳动教育势必需要学生在脑力及体力方面都有所付出，需要较强的吃苦耐劳的精神，并愿意吃苦。在调查中发现，49.41%的家长认为孩子不愿做家务，55.27%的学生自认为做家务的能力强或比较强，39.22%的学生认为一般，5.23%的学生认为较弱。93%以上的学生认为自己在劳动中存在做得不够好等问题的主要原因是缺乏耐心、太懒、怕脏怕累等（见表10-15）。

表 10-15　学生劳动做得不够好的原因调查

选项	学生人数/人	占比/%
A. 耐心不足	509	45.9
B. 太懒不想做	340	30.66
C. 怕脏怕累	190	17.13
D. 方法不正确，怕做不好	485	43.73

（4）行：指的是劳动行为与表现。学生缺乏深度社会劳动，劳动场所主要集中于家庭和学校；缺少劳动创造力；劳动研究深度不够。大多数学生在家常做的家务劳动有整理房间和物品、洗碗、擦桌、扫地、拖地、倒垃圾，会做简单的家常菜的学生不足50%。学生在家做家务的时长节假日、周末、寒暑假较平时多。学生问卷调查结果显示，18.85%的学生每天做家务约半小

时，15.87%的学生基本没时间做家务；家长问卷调查结果显示，12.26%的学生每天能花半小时做家务，30.59%的学生基本没时间做家务。参加过农业生产体验活动的学生较多，参加工业生产和手工业生产体验活动的学生相对较少。学生问卷调查结果显示，80.43%的学生参加过农业生产体验活动，48.78%的学生参加过手工业生产体验活动，22.63%的学生参加过工业生产体验活动。23.21%的家长表示"家在城市，没条件让孩子参与生产劳动"。分别有53.29%、41.3%、39.68%的学生参加过社区义务劳动活动，植树造林、环保节能服务性活动，才艺表演、义卖宣传等活动。

三、学校劳动教育：现实需求

（一）劳动教育内容有待完善

学生对内务整理类家务劳动的自我评价更高，80%认为自己适合做。34.54%和33.09%的学生认为可以尝试花草养护和买菜做饭。技术难度更高的洗涤缝补、家电维修类仅有7.94%和10.82%的学生选择。92.32%、65.6%的家长认为内务整理、烹调烹饪更适合高中阶段的孩子。学校培养"长于研究、全面发展"的学生，还需优化学生劳动教育研究素养。

（二）劳动安全教育，关注度显著提高

教师、学生、家长普遍重视劳动安全相关教育。在开展劳动前，70%以上的学生认为应当加强劳动观念教育、劳动安全教育，80%以上的家长认为应当对学生进行劳动认识教育、劳动安全教育。80%以上的教师、学生、家长都认为在劳动前应开展用火、用气、用电安全教育，工具使用安全教育，食品及交通安全教育。

（三）参与劳动教育意愿强烈

教师、学生、家长的参与意愿较高，86%的教师表示愿意或非常愿意主动开发实施劳动课程；24%的教师非常乐意参加寒暑假校外劳动课程；72%的教师表示在时间及条件允许下，愿意抽空参加校内外劳动课程；分别有39.56%和59.05%的家长表示非常愿意或时间条件允许下愿意参加学校组织的校内外劳动课程。

65.73%的学生认为寒暑假举办劳动周教育"很有意思，希望多举办几次"，41.03%的学生认为老师布置了劳动任务，要认真完成。

另外，调查显示，家长对孩子节假日参加服务性劳动的态度较为积极。54.25%的家长支持，并表示在不影响学习的前提下让孩子参加服务性劳动；43.87%的家长表示会带孩子经常一起参加服务性劳动。为了学校劳动教育的顺利开展，85%的教师、98.87%的家长，愿意向学校推荐或提供校外劳动资源。

四、系统构建新时代普通高中劳动教育：路径思考

加强新时代学校劳动教育，对全面落实立德树人根本任务具有重要现实意义。学校劳动课程的开发需要基于学校现状、满足本校学生需要，由学校教师作为重要开发者在学校现场进行，遵循教育规律以及学生身心发展规律，整合教育资源，加快构建"知情意行"相统一的劳动教育体系，合理有效地对学生实施劳动教育。引导学生认知劳动，热爱劳动，坚定劳动信念，在知情意合一中把知识认同、情感认同、意志塑造积极转化为行动实践和行动自觉。

（一）建立并完善专兼职结合的劳动师资队伍共建机制

学校劳动教育师资队伍多渠道共建，即校内专职教师与校外兼职教师结合。为发挥学校在劳动教育中的主导作用，在校内，学校拥有一支精干的通用技术课程专职教师，一批能开设与劳动教育相关的综合实践活动课程的教师；形成以课程教学处、教育科研处为主导的研究队伍，以班主任、科任教师、兼职教师为主体的实施队伍。目前，我们对全体干部教师进行了关于劳动教育全方位的动员与培训，明确学校劳动教育要求。

为发挥家庭在劳动教育中的基础作用，学校对家长进行劳动教育宣讲培训，调动家长的积极性，把家长作为家庭日常生活劳动教育的主要师资，让家长通过日常生活的言传身教、潜移默化树立崇尚劳动的良好家风。

同时，着力发挥社区的支持作用，聘请社区干部、五老干部、职业学校和大专院校专家教授等具备丰富劳动经验的社会人员为学校劳动教育辅导员。同时聘请大国工匠、劳动模范等进行专业培训、指导。

（二）建立并完善劳动基地等社会资源互动机制

基地的建立对学校开展劳动教育来说是重要的物质保障，建立并强化学校与社会劳动教育公共资源、校外场所，如农场、工厂、综合实践教育基地、科研院所、实验室、博物馆等。一是学校内的"校园劳动"，在已有的实验基地和学科教室的基础上，进一步完善和丰富劳动空间，校内课程资源主要是打造"三空间·六领域"劳动教育基地。二是社区内的"社区服务、公益劳动"，社区给予劳动实践支持。三是企业、院校中的"生产性劳动、创造性劳动"，企业、院校提供学农、学工的专业场地。目前，学校已与四川省农业科学院、龙腾教育实践营地等10余家校外课程资源建立了稳定的合作关系。

（三）完善并创新学校劳动课程建设机制

劳动课程设置规划记录制度是学校课程开发实施的重要环节。课程制度包括课程的开发制度、开设制度、实施制度、评价制度、安全制度等，我们已经有较为成熟的一些制度，例如学生活动写实记录等。目前学校正抓紧制订劳动课程设置规划记录制度（见表10-16）。

表10-16　川大附中劳动课程设置规划记录制度

结构		制度	
一级	二级	规划制度	记录制度
生活劳动	个人生活劳动	《川大附中学生个人生活常规及检查制度》	《川大附中学生生活劳动写实记录》
	家庭生活劳动	《川大附中学生家庭生活劳动规划》	
	校园生活劳动	《川大附中校园生活劳动分配及督查制度》	
生产劳动	课内生产劳动	《川大附中课内生产劳动规划与指导制度》	《川大附中学生课内生产劳动写实记录》
	校外生产劳动	《川大附中学生生产劳动周实践指导手册》	《川大附中学生生产劳动周写实记录》
服务性劳动	校内服务性劳动	《川大附中学生服务性劳动方案》	《川大附中学生服务性劳动写实记录》
	校外服务性劳动		
其他		《川大附中劳动风险意识教育和劳动安全保障制度》	

劳动课程基于核心问题规范设计和实施。劳动课程设有一个核心问题，指导学生全面、深入、有效地参与劳动。劳动课程除了总体目标，每个课程有具体的结果性目标、体验性目标、关联体验目标。每个课程的实施要符合核心问题教学环节和课程资料搜集整理的全部要求。

学校劳动课程以规划纲要形式开展实施。一是项目课程规划纲要的内容。引导教师开发项目课程，表格提供完整的课程元素，教师逐一填写，即可规范地构建所开发课程的框架；提供项目课程内容和课程安全的申请和审批内容；项目课程批准后以表格的核心内容进入课程菜单，提供学生选课；提供上课的时间地点及需要的保障条件，以便随时进行课程实施的支持与监督；有利于师生整体把握项目课程目标及课程内容的实施。二是劳动课程规划纲要的申报审批。学期初，所有学科任课教师及处室教师均可申报学校劳动课程的开发与实施。校内教师自愿组合、协作开课，其中一人为课程首席教师，其余最多可有两名参与教师。校内与校外优秀课程资源教师联合开课的，由我校教师担任课程首席教师，外聘教师担任参与教师。申报开发的劳动课程均须填写《项目课程开发规划纲要》。

课程实施符合核心问题教学环节和课程资料搜集整理要求，课程实施严格遵循川大附中核心问题教学环节。按照"提出问题—解决问题—反思提升—运用反馈"四个环节实施课程，并撰写研究性教学反思，填写"核心问题教学评价表""四川大学附属中学体验性目标点检测表"检验课程核心问题、教学目标达成情况。每学期/年末课程首席教师按要求上交劳动课程资源包；学校召开劳动课程评审大会，将收集到的劳动课程资源包进行审核评级。完成该课程的学生获得相应学分，纳入学生综合素质评价体系，作为评优评先参考、毕业依据。

（四）优化并丰富劳动教育评价机制

课程各级评价以促进学生、教师、学校、课程四方面发展为出发点，重视多元评价的作用，促成学生、教师、学校的共同发展，重视评价反馈，及时调整课程内容，促进课程的良性发展。

1. 评价时段：日常评价、阶段评价、毕业评价相结合。

学校针对师生劳动教育融合课程的实施情况，采取日常评价、阶段评价、毕业评价相结合的方式。在课程实施活动中对学生进行日常评价，对教师教学设计、组织与实施进行日常评价。在课程实施结束后进行阶段评价，对教师的教学反思、学生的活动感悟、作品成果等进行评价。结合前两种评价结果，以及学生在高中三年的劳动表现、劳动成果，将其汇总为成长记录档案袋，并对学生进行毕业评价。

2. 评价方式：日常质性评价与项目制量化评价相结合。

以"写实记录""研究报告""成果呈现""成长档案袋"等方式对出勤情况、学习态度、体验获得、习惯养成、技能掌握、成果质量等进行日常质性多元评价。学校对劳动教育进行项目制量化，每一位学生在 3 年高中学习期间要求完成相应的生活、生产、服务劳动，通用技术学习，综合社会实践等项目的量化研修任务，并将其纳入学生综合素质评价之中。

3. 评价人员：社会评价、教师评价、学生自评与互评相结合。

分析预测劳动项目产生的社会影响，以及与社会环境、人文条件的相互关系，形成社会评价。学校和教师对课程的学习结果进行评价，将运用观察、调查、测验、问卷、量表等工具进行。同时，自评与互评不可或缺，主要是运用劳动实录、心得体会、互评表等方法收集信息，最后通过档案袋评价法汇集学生作品的样本，记录学生的劳动、学习和成长情况。根据《中共中央 国务院关于全面加强新时代大中小学劳动教育的意见》要求，学生参加家务劳动和掌握生活技能的情况，将按年度记入学生综合素质档案。

普通高中开展劳动教育：既是一个理论课题，又是一个实践课题；既要奠定基本的认知基础，又要在实践中强化情感体验；既要凝练意志品质，又要培育行动自觉。立足"知情意行"的育人规律，立足现实，展望未来，才可能真正形成尊崇劳动、热爱劳动的社会风尚。

（作者：四川大学附属中学　刘世刚　李书）

第四节　教育叙事

擦黑板：小事中的劳动教育契机

　　刚刚走出校园，初上工作岗位，初为班主任，初带一年级的孩子，工作以来的教育教学工作中，遇到了很多困难，面对着很多挑战，虽然之前我也预想过很多即将遇到的难题，但想不到的是，第一件难住我的事，竟然是——擦黑板。

　　一年级的孩子初入校园，就像一张白纸，从幼儿园过渡到小学，要适应很多不同的变化，虽然已经预设过很多情况，但一旦真的遇到了某些问题，还是有些措手不及。入学没几天，我就发现，除了常规纪律习惯，孩子们的劳动也是很让我头疼的一件大事，非常影响班级日常教学管理。首先，就是擦黑板的事，经常会出现老师走进教室准备上课了，才发现黑板上还留着上一节课堂的"印记"，影响当堂课程的开展。或者，放学后，没有人擦黑板，当天的劳动任务没有当天完成，遗留到了第二天。这件事情最初让我很困扰，孩子们没有主动擦黑板的意识，部分孩子有意识但做得不好，存在着一些问题，我们配备的粉笔是水溶性粉笔，必须把黑板擦沾湿才能擦掉痕迹，孩子们刚开始用干的黑板擦，使劲擦都擦不掉；教会孩子打湿板擦才能擦掉之后，字才算是可以擦干净了，但是又有新的问题出现了：小朋友们乱擦一通，整个黑板的都是糊涂一片，残留着很多水渍，影响美观；另外，用水打湿的黑板擦，贴在黑板上，滴滴答答地不停往下滴水，弄得教室地面脏兮兮的，存在小朋友踩到后摔倒的风险。

　　教育家苏霍姆林斯基曾说："离开劳动，不可能有真正的教育。"观察到这些问题之后，我在思考该如何解决、如何教会他们方法、如何就此来进行劳动教育的时候，我惊奇地发现，有一位学生，而且是一位常规纪律习惯不太好的学生，他可以把黑板擦得干干净净，并且能整理得很好。我想，同伴的影响或许会比我直接教给学生们方法更好一些，也能对这位学生产生一些积极影响，这是一个不错的教育契机。

于是，我马上在班上进行了一个分享交流活动，题为"拯救黑板大作战"，看到这样的话题，孩子们的兴趣马上就被调动了起来。我先是问孩子们，教室里的黑板对我们来说，有什么用？大家马上七嘴八舌地讨论了起来，"老师写字给我们看""用来教我们知识""还能画画"……听完孩子们的讨论，我给他们的讨论做了一个总结："所以，黑板是用来帮助我们学习的，它是这个教室里很重要的一个东西，老师们要在黑板上写字给大家看。那么老师想问问你们，每个老师来上课的时候，都想给孩子们教授很多很多的知识，所以要在黑板上展示出来给你们看，如果黑板上的字没有擦干净，老师写在黑板上的字，一个叠一个，大家还能看清楚老师在写什么吗？"我马上现场示范写字一个叠一个的效果，他们明白了，如果没有擦干净，写字看不清楚，会影响学习。这样的引导让孩子们了解了，我们为什么要擦黑板。

接下来，就是引导孩子们知道，我们怎么才能擦干净黑板？我接着示范，拿起黑板擦乱擦一通，把黑板上的文字擦掉，但是黑板却是斑驳模糊的，这时我提问，黑板上的字是被擦掉了，但是相比起没写字之前的黑板，它有什么不同？马上就有学生发言：没有原来那么干净了，这时候，那位很会擦黑板的学生，激动地举手发言："我知道怎么能擦干净！"我马上跟大家介绍："我们班藏着一位擦黑板高手，他就是小曹同学。今天呀，我想请小曹同学来为大家介绍一下，他是怎么擦黑板的。"小曹同学既吃惊又害羞，在同学们的掌声和"哇"的叫声中，走上讲台，为大家介绍他的方法，做起其他同学的小老师。

小曹同学格外认真仔细地为大家演示每一个步骤：先用水把黑板擦打湿，再在水池里按压挤掉多余的水分，这样黑板擦就不会一直滴水，然后开始擦拭粉笔的痕迹，此时擦拭后的黑板还是斑驳的，他接着为大家展示下面关键的步骤，用黑板擦擦拭完之后，再拿一张抹布，用水轻轻打湿，拧干，使用湿抹布再重复之前的步骤擦一遍黑板，这样，黑板就会被擦得非常干净。

小曹同学分享完整的擦拭过程之后，我请其他同学来评价，他擦得怎么样？大家都纷纷举手发言来赞赏他；我随之请孩子们想一想：自己之前也擦黑板，但是为什么没有做到这样？哪里出了问题，想一想自己今后该怎么做？

我又问小曹同学，老师还没有教你，你是怎么学会擦黑板的呢？小曹同学回答：在幼儿园的时候，看到老师是这样擦的。我对孩子们表扬他说，小曹同学做事很用心，善于观察，同学们劳动时，也需要先从观察做起。我又问孩子们，平时老师看到很多小朋友会自己主动擦黑板，你为什么会这么做？孩子们的回答，出乎我意料：有位学生说，因为老师要用黑板，擦干净老师才可以写字；还有学生说，想给老师惊喜，看到黑板被擦得干干净净，老师会很开心，自己希望老师开心。从孩子们的话语里，感受到了他们最质朴的劳动动机：因为喜欢老师，想让老师开心。

在班级里开展这次劳动教育的初心，是希望孩子们学会正确有效擦拭黑板的方法，浸润爱劳动、会劳动的意识，通过榜样示范的作用，让学生习得方法。同伴在群体的示范，比老师直接教授更加直接有效，对孩子们来说，优秀榜样的影响很大，让经常因为纪律被批评的小曹同学当"小老师"，这样的榜样示范作用或许比优等生示范对其他孩子的触动更大：常常做不好其他事的同学，竟然在擦黑板方面这么厉害，原来每个人都是有优点的，从而学会发现他人身上的闪光点，学会互相欣赏。苏霍姆林斯基强调，尤为重要的是，劳动，即那种使学生的天赋才能得以显露并使之产生自尊感的劳动，能让学生在劳动中表现自己，显露和发挥自己的才能，使之感到"有某一点可以自豪"，并同时产生自尊、自信和上进心。他说："道德的自我教育——即激发学生想做一个好人的愿望，实质上是从自豪感、自尊心、劳动的尊严感开始的。"对于小曹同学来说，这次劳动教育培养了他的自信心，鼓励他发挥自己的优势特长，激励他从此更加积极主动地表现。

从表面上看来，擦黑板是一件微不足道的事，但却是一项重要的劳动。通过这次微小劳动的教育机会，我也有收获、有感触，原来的本意，是想开展对孩子们的教育，但是他们也同样教育了我，让我了解到孩子们为什么积极地参与在校劳动，知晓到他们质朴的劳动动机，原来一年级的孩子之所以这么爱劳动，是因为他们爱老师，希望通过自己劳动的行为，让老师感受到自己的爱，让老师开心，也渴望得到老师的认可和表扬。因此，作为老师，要多鼓励多肯定孩子们的劳动热情，及时给予鼓励性评价。一年级的孩子，刚刚步入小学阶段，是树立正确劳动意识和劳动观念的时候，未来的生活实践都需要从这时打下的基础。因此，要从小在学生心中深植"劳动最光荣"的种子，帮助孩子树立自信心和劳动的能动性。

在学习劳动方法的过程中，通过榜样示范，也让我看到教大家擦黑板的时候，平时有些懒散、不认真、不守纪律的小曹同学，也有认真的时候，能有条有理地演示做事，让我看到，每个孩子都有优点，每个孩子都能带来惊喜，他在劳动方面的优势，也蕴含了很多平时没有被人注意到的优点和能力。

通过开展此次"于细微处见亮点"的班级劳动教育，让孩子们互相学习，互相欣赏，学会发现他人身上的闪光点，也有助于班级温馨、和谐、友爱的氛围的形成，同时也帮助孩子们养成良好的劳动习惯，培养责任担当意识，有助于在班级形成良好的劳动氛围。孩子们也教会我思考，坚持在劳动教育中将外在行为与内在体验相结合，注重学生正向劳动观和劳动习惯的养成。在劳动教育中，不仅仅停留在外在劳动成果，更重要的是关注学生在劳动中是否有积极的情感体验，学生通过一系列劳动教育，自主探究，发现新方法，克服困难，并将累积的经验运用于生活，这就是劳动中的价值追求所在。在劳动育人的实践中，我看到班级孩子们如同一颗颗种子，在不断的激励浇灌下吸收营养，努力生长，即使可能生长得缓慢些，也在积极努力地吸收阳光，努力生根发芽，逐渐开出小花。我想，这既是劳动教育的目的，也是成长的意义。

（作者：成都市武青西三路小学　崔子君）

"一小团米饭"带来的劳动育人机会

　　教育家马卡连柯认为，劳动教育对儿童成长有深远影响。"以劳育人"让劳动教育落地落实，培养小学生正确的劳动观念与素养，养成爱劳动的好习惯已经迫在眉睫。作为一线班主任，与学生朝夕相处，善于用睿智的双眼关注学生成长的点滴，并进行有效的劳动教育，使学生在劳动中掌握一定的劳动技能，对他们的成长将受益匪浅。

　　又是星期一的中午，空气格外清新，柔和的阳光照进教室里，温暖了我和孩子们，照亮了我们的心灵。我陪孩子们高兴地吃好午餐后，照例就要给我们的教室"洗洗脸"，让她变得更加洁净，美丽。

　　孩子们开始做大扫除了，在大组长的安排下，井然有序地忙碌着。有的人挪桌椅，有的人扫地，有的人拖地……干得热火朝天，享受着劳动带给他们的快乐。忽然，姜同学和黄同学忙碌的身影引起了我的注意。他们手中拿着扫帚，仔仔细细、认认真真地打扫讲台周围，小心翼翼地把垃圾扫在一起，轻轻地归拢到簸箕里。我注视着两个孩子的一举一动，打心底里为他们劳动时的认真劲儿点赞。几分钟后，他们忙碌的身影，从教室消失了。

　　刚才垃圾聚集的地方，我发现留有一团白色的东西，由于近视，我以为是小纸团，于是，我提醒一个附近的同学去捡起来，没想到，他刚伸出去拣拾的手，快速地缩了回去，告诉我说："不是纸团，是'一小团米饭'。"顿时我心中纳闷："难道刚才那两个孩子没有发现留下东西了吗？饭团不好打扫他们就置之不理吗？还是真的没有看见（姜同学在学习上略显粗心，是个"小马虎"）？原谅他？不行！"于是，我请同学们找来刚才打扫的当事人，想问明原因。

　　他们到来后，见我生气的样子，埋着头不敢正眼看我。我生气地质问他们："那么大一块饭团躺在那儿，你们居然没有看见？"见他们低头不语，我更加生气，生硬地指派说："去！赶快去把簸箕拿来，必须扫干净！"于是，男生极不乐意地拿来簸箕，准备把饭团扫进簸箕里，但扫了半天，饭团不仅没有如愿跑到簸箕里，反而把扫帚也弄脏了。我越看越生气。男生眼巴巴地望着我，胆怯地说："李老师，米饭这样扫清理不干净，没法扫进簸箕里。"面对这个难题，生气之余，我突然心想："这不正是一次现场进行劳动教育的好时机吗？"

一、讨论交流，巧施方法

我们应该怎么清理地上的饭团呢？

首先，我召集同学们一起探讨，商量饭团掉在地上该怎样处理。孩子们各抒己见，分别说出自己的发现。班长说："米饭黏糊糊的，容易黏住。"劳动委员说："如果不及时清理干净，容易被老师或同学们踩在脚下，弄脏教室。"大队委凑过来补充一句话："我看见妈妈每次都是用纸把妹妹掉在地上的米饭捡起后包好放进垃圾桶里的。"劳动委员接着补充说："我看到过李老师也是拿纸把掉在地上的饭团捡起的。"

我接住劳动委员的话说："何同学，你来教教姜同学怎样打扫，可以吗？"何同学应声而动，只见他从抽屉里拿出两张湿纸巾，来到刚才扫过饭团的地方，弯下腰，把湿纸巾盖在饭团上，用力收拢，饭团很听话似的就乖乖跑进了垃圾桶。这个时候，旁边的姜同学见此情景，羞红了脸。不知如何是好？我见状顺势给了他两张湿纸巾，他醒悟过来，连忙也蹲下去擦拭地面。过了一会儿工夫，刚才的饭团留下的痕迹没了踪迹，那块擦拭过的地面也显得格外干净。看到这一幕，刚才那两位孩子欣慰地笑了。

饭团黏糊糊，纸巾不惧怕，成为囊中物，地面洁而净。

二、耐心指导，以身作则

地上干净了，弄脏的扫帚咋办？黏在扫把上的饭团该怎么清理呢？

扫帚上的饭团，紧紧地黏在上面，怎么办？甩也甩不掉，拍也拍不掉，如果去扫别的地方又会给教室添乱。周围的几个同学，都一筹莫展了。我于是提示他们："同学们，假如你的衣服黏上了饭粒，你们是怎么处理的？"姜同学说："我用手捡就是了。"我回答说："可以，那你赶快试试能不能捡干净。"没想到他还真的就蹲下在扫把上捡米饭。一伸手，他才发觉那些饭团都不是完整的米粒，根本捡不干净，于是不好意思地站起来了。这时，劳动委员说："你把饭都扫得黏糊糊的，像烂泥一样，怎么可能用手捡？我们冲洗一下吧。"于是，劳动委员二话不说拿起扫帚，径直去了卫生间，打开水龙头用水冲洗，再时不时用手搓洗一两下，把水滴干。几分钟后，一把干净的扫帚又回到了教室。旁边的几个同学，连连点头表示称赞。于是，我让周围的同学重复处理方法："把扫帚拿到洗手间进行冲洗，如果有洗不掉的饭粒，就用手或其他工具揉搓，直到把饭粒洗干净，再把扫帚的水滴干，才放回教室。"

我继续提示同学们："你们从劳动委员刚才的举动上，观察到了什么？"班长说："劳动委员做事爱动脑筋。"姜同学说："我应该向他学习，平时善于观察。"另一个同学说："他不怕脏不怕累。"听到同学们的回答，我欣慰地笑了，没想到，一小团饭粒不仅教会孩子们劳动技能，还让他们体验学习到不怕脏不怕累的劳动品质。他们从这件小事中，既增长了劳动知识，又学到了看似简单其实不易的劳动技能，一举多得！

三、巧施对策，亲力亲为

簸箕还是脏的呢，该怎么处理，谁去洗簸箕呢？

我把脏簸箕拿到同学们面前，这时，姜同学第一个反应过来，他连忙拿起簸箕去了洗手间。我们跟随他进了洗手间，看见他边冲洗边用抹布在簸箕上抹来抹去。我心想："他也想证明自己是不怕脏不怕苦的好孩子！"夸赞之后，我把带去的刷子递给了他。他接过刷子，把簸箕里里外外都擦洗了一番，再用刚才的抹布把簸箕的水迹擦干。几分钟后，簸箕变得干干净净，明晃晃地发出亮光。看到自己的劳动成果，他开心地咧嘴笑了。

四、动之以情，晓之以理

饭团为什么会留在地上，谁在浪费粮食？

下课的时候，姜同学主动来到了办公室，把中午的事情如实地告诉了我：他做清洁时十分认真，把所有垃圾扫在一块儿时，发现饭团不好处理，反复弄了几次都扫不进簸箕里。他嫌饭团脏、怕弄脏手，索性就置之不理。看到他一脸诚恳的认错模样，我没有批评他，借用薛勤和陈蕃的故事中的"扫一室与扫天下”这句话，告诉他：只有勤于“扫一室”才能“扫天下”。亲自动手劳动，方知劳动的不易。在打扫的过程中，遇到难题要动脑子想办法解决，不能放任不管，在劳动的过程中应该具有不怕脏、不怕苦和不怕累的劳动精神。

看似不起眼的“一小团米饭”，却蕴含着劳动育人的道理与机会。没有想到简单的“清洁”劳动中，也隐藏着许多劳动技能小窍门。教师在教会学生劳动技能的同时，多用“应该”“要”“常”等词语，对学生进行劳动教育，以身示范，做好学生的榜样，使学生逐渐养成良好的劳动习惯。

（作者：成都市簇桥小学校　李霞）

劳动化细雨，丝丝润心扉

开学后的某天，一名同学慌慌张张地跑来告诉我：小涵用笔尖戳手背，戳了好几个眼儿，都流血了。我心里预感不好，怎么会有人无缘无故伤害自己呢？我赶紧跑进教室，扫视一圈发现没人，正安排同学分两队出去寻找，这时，他却提着水杯慢悠悠地走进教室，仿佛什么事也没发生过。我连忙牵起他的手，发现白嫩的手背上果然有孔眼儿，我问："你自己戳的吗？""对呀！""痛吗？""不痛。""怎么会不痛呢？"对此，他只是看着我，沉默不语。虽然口罩遮着他的脸，其实我已经心中有数。眼前浮现出几天前第一次见面时，他留给我的印象。

由于这个班是新接任的班级，开学第一天，我正站在讲台上跟孩子们一一讲述要求时，一声"报告！"打断了我。我扭头一看，一个体型胖嘟嘟的高大男生，站在门口，缩着脖子，含胸佝背，皱着眉头，眼神躲闪又似强迫自己要迎着我的目光，尴尬在脸上浮现。我打趣地说："第一天见面就迟到，你是第一个在我心里占据位置的同学哟。"一番话，惹得班级的同学哈哈大笑，他却是一副哭笑不得的表情。我点头示意他进来，没想到他却迈着卓别林式的步子从我面前走过。我很惊讶：换做其他孩子，巴不得一溜烟儿地跑到座位，而他却不仅慢慢吞吞，还步伐别致。不是身体骨骼有问题，那就是哗众取宠。看他那高大敦实的身体，应该不是肢体问题，看来，莫不是碰上了调皮捣蛋的硬茬儿？

随着日益熟悉，孩子们的性格、行为、能力逐渐在我心中明朗起来。第一天就迟到的这个孩子叫小涵，他在班上属于"透明人"，同学们都不怎么喜欢他，我发现他说话磕巴，行为另类，座位总是"漂移"，和同桌总是拼不到一块儿；上课时，他的大长腿总是悄悄地伸到过道上，几乎没见他有端坐的时候，所见几乎都是含胸驼背、扭肩扭臀的样貌。要是目光不慎与老师对视，他一定会耷拉着眉头，用眼角瞟。课间也是自顾自玩耍，几乎没有玩伴，既不被邀请也不主动参与。明明长得很有精神劲儿的男孩子，却偏偏表现出极不自信不合群的行为。

面对站在我面前眼神空洞的小涵，我缓缓开导："我知道，你不开心，不快乐，心里很难受，对吗？"他默默地点点头。好像此时说什么也是多余，我赶紧给他的创口喷酒精消毒。处理完毕后，我一直思索：如何帮助他？

结合这几日的学习表现，我推断小涵应该困在了自己的负面情绪里，他无法排解学习中的困难、人际关系的困难，无法走出心理的困境。孤独失望，让他把伤害对准了自己。想到手背上的伤，我满是心疼。那是一种怎样的挣扎呢，能让他忽略了肉体上的疼痛；又是怎样的禁锢，让他独自忍受。如何为他昏暗的心房打开一扇窗，让阳光照射，捕获希望？我想：学习的积累无法一天筑成，但集体的归属感、认同感，是可以通过助力而较快达到目标的。如果说小涵认为班上没有一个朋友，没有人在乎他，那么我得帮助他：用自己的行动，让大家看得见；用自己的付出，来获得关注。

新学期的班级打印资料到了，要找几个孩子去搬运，孩子们都跃跃欲试。我看看小涵，他也望着我，但没有主动争取。我故意说："搬书需要有力气的孩子，小涵，你给班级出份力，怎么样？"听到我的征求，他干巴巴的眼神里突然有了光，在同学们羡慕的眼光中，欢欢喜喜地和另外两个男孩子朝楼下冲去。另外两个男孩子一起抬一捆，他却一人扛一捆，上完楼来，已是满脸通红，额角上渗出细密的汗珠。当着全班同学的面，我马上表扬他真能干，愿为同学服务，不吝惜力气，和另外两个伙伴圆满完成任务。掌声中，我仿佛看到小涵的背稍稍挺了挺。

此后，我一直留意。班级招募绿植养护专员时，我决定首推小涵，他有些受宠若惊。我鼓励说，一个愿意为班级出力气的孩子，我相信他也能细致地照顾好植物宝宝，这个工作就由他来做吧。看到同学们羡慕的眼神，他露出害羞的笑容。接下来的相关事务：花盆的护理、花苗的浇水等工作，我手把手地教，时不时也提醒他偶尔的遗忘和疏漏，渐渐地，他做得越来越顺手。分内事做好了，他渐渐扩充"地盘"。我们有电话手表管理员的岗位，他主动请缨做这份工作。每天一到校，就来办公室取盒子，拿到教室收齐同学们带到学校的电话手表，放学前再无一遗漏地发给同学。如此点点滴滴，日复一日，他默默地为老师和同学们做好"跑腿"，我也不失时机地，不时把他的工作亮点在大家面前表扬，被看见和被需要的心理，让他的眼睛渐渐明亮起来，每天为集体服务的劳动任务，成为小涵快乐的源泉。

学校开展了每周校园大扫除的活动。每个班级除了自家教室，还分配了校园公共区域的打扫。这意味着一个班的孩子要分成两拨人马同时进行。我们班的公共区域是书法教室，书法教室需要彻底打扫，可不是大家去晃一圈就完事的任务。

如何分组？如何制定打扫任务？如何准备打扫工具？如何给出打扫标准？如何避免劳动中的意外因素？这需要在劳动开展前对学生进行准确的计划和指导。最初的工作交给了班委会来进行筹备。

本次班委会的公共区域劳动筹备会，我找来小涵，让他也一起参与。他难以置信会如此被信任和重视。因为早就习惯了以往被同学忽视，更别说靠近小干部团队了。我告诉他，你能自始至终做好一件事，值得相信，会有更大的潜力；如果能主动争取做自己愿意做的事，就表明你有想要走进大家眼中的一份积极心；我们这次劳动分工准备会，需要你出力，也期待你能做好。筹备会后，班委会给出了具体的分组和人员分工名单，并罗列出室内清洁项目单。依照计划，班级大扫除活动轰轰烈烈开展起来。全班孩子分成两队，一队完成教室清洁，一队完成书法教室的清洁任务。教室的打扫驾轻就熟，孩子们基于平日里的劳动经验，擦、扫、拖秩序井然。负责门窗清洁的孩子，在进行高处作业时，能进行团队合作分工。众多忙碌的身影中，我尤其关注负责黑板清洁的小涵，他发现粉笔灰印记不易彻底清洁，和同组的小伙伴讨论后，找到原因是毛巾污染，于是以水质的干净程度来判断，特别加强了毛巾清洁。在清洁小块的磁贴板时，小涵不满意磁贴板上残留的毛巾擦印。虽天气寒冷，小涵直接取下磁贴板，放到池子里用流水刷洗，冰凉的水冻得小手通红。直到水变清后，再抹去多余水分晾干，这样优化了擦拭的程序，磁贴板也变得一尘不染。

验收清洁成果时，小涵笑嘻嘻地向我展示："老师你看，我洗出来的。"这是我第一次见到他如此自信的样子；在劳动合作中，他找到了可以一起讨论交流的伙伴；在劳动评价中，他有了表达的底气。我拍拍他的肩，夸赞道："上课时老师能在这么干净的黑板上书写，有你的功劳哦。"此刻，小涵脸上满是被认可的满足与喜悦。

这时，我提议再去书法教室看看。由于打扫频次少，这间教室的桌椅、镇纸、墙面都有很多墨汁的沉积。如何恢复这些物品的本来面貌，成为孩子们面对的棘手问题。不过，这难不倒勤快又善于动脑的孩子们，他们根据清洁任务分工：清洗镇纸、擦拭桌椅、擦拭墙面、刷洗洗手池台面，分工完成后，每个孩子投入到各自的任务中。镇纸由于经年累月的墨迹污染，不易擦净，得先在水中稍做浸泡，这样清洁就省力多了；墙面受墨迹污染，用于擦拭的毛巾要水分饱和……孩子们为自己的劳动技巧的发现欣喜不已。在大家共同的努力清洗下，黑漆漆的镇纸露出了本色，他们啧啧惊奇：原来镇纸是棕色的呀！在清洁过程中，他们不断实践寻求省时、省力又高效的办法，在劳动中探索、在探索中创新。很快，书法教室窗明几净，墨香与国风仍在，更增清新之色。而这一切的获得，正是这群孩子努力劳作的结果。

劳动不分你我、不分彼此，只有共同的目标，感受共同的成就。认同感和归属感就在这一次次或大或小的劳动中生成，小我和集体实现了相融。虽然依旧还是那卓别林式的步伐，但步子明显轻快了许多；虽然依旧还是那含胸佝背的体态，但眼神少了空洞和畏怯。感受到老师的善意，促成了他有勇气走出向前的每一步，也收获了被同学们"看见"和认可的快乐与满足。

一位教育家曾经说过，通向孩子心灵之路的并不是肥沃的田野。在这片肥沃的土地上要获得丰收，需要辛勤耕耘，加强田间管理，更需要暖和的阳光、湿润的雨露。以爱为阳光、作雨露，以身体力行的劳动实践为犁，在心田中，唤醒生命成长的种子。

（作者：成都市龙江路小学中粮祥云分校　董佳）

触摸满足与幸福、感知快乐与成长

北京第二外国语学院成都附属小学的教学楼楼顶，有一块长着杂草的空地，在经过申请后，2019级3班得到了对这块空地的改造权，为了开展劳动教育，开设班本课程，孩子们在老师的带领下，对空地进行了改造，经过9个月的劳动实践教育，有了以下劳动教育事例。

一、劳动，为学生提供了把知识运用到实践的机会

学生运用测量与绘画的方法实地测量，为改造花园做准备。开始改造前，老师带着同学们先进行了测量记录，并进行了园区设计，征求每一位同学对小花园里种植植物的意见。

在实际测量的过程中，孩子们把数学学科中的测量方法运用了起来，并运用美术学科中绘画设计图的方法，把花园地形图画了出来，划分出不同植物的种植区域，再搜集了解不同种类植物的生长习性，根据植物的不同生长习性，在各个区域规划种植不同的植物。改造前，为做好设计准备，让孩子们把数学、美术学科与劳动结合起来，把他们所学的知识运用于实践，培养了学生的综合素质。这也让学生明白：不管什么事，都要先做好计划，这样任务才能有条不紊地进行，培养了学生的计划意识。

二、家校合力，分工合作

整理结合了大家的想法后，部分孩子和家长们负责去花市进行采购，在植树节这天，把改造所需的物资运进了学校。

孩子和家长的配合采购，丰富了孩子们的生活经历，在花市的所见所闻，也为他们展现了不同的生活场景，拓宽了视野。在植树节这天，同学、老师、家长一起，完成了整个花园翻土、拔草、分区、播种、种苗、浇水、撒肥等所有初步改造工作。

家长们的参与实现了家校共育的目的，在家长的陪伴带领下，孩子们的

劳动积极性空前高涨。根据不同的劳动工作需要，孩子们分为了翻土组、拔草组、播种组、种苗组、浇水组、施肥组。拔草组的孩子们先对土地里的荒草进行清理，翻土组的孩子们人手一支小铁锹，把原本结块的土地翻整疏松，为播种做好准备。紧接着，播种组把花生、瓜子、红薯等植物的种子点播到了相应的区域，种苗组则种好了蔷薇、樱桃、月季、雏菊等植物的秧苗。最后，浇水组给新种好的植物浇好了水。通过不同小组相互协调分工合作，3班的孩子们体验了种植劳动过程中栽种秧苗的环节，丰富了学生的农业劳动经历，增加了相关知识。种植劳动让学生们不仅收获了劳动的快乐，还有合作付出带来的满足。

三、花园装饰实践与美术学科素养的结合

金桂中队的同学们在美术老师的带领下，用自己手中的颜料和画笔，亲自装点这一片属于自己的小天地。孩子们充分调动自己的感官，根据自己对美的感受，结合绘画方法，尽情在种植用的轮胎上画出专属于自己的美，既装饰了花园，又培养了学生的审美情操。接着，学生们又分小组，为各种植物制作介绍的铭牌，铭牌上除了植物的形象画，还有对植物的特点、习性作简要介绍的文字。铭牌的制作，不仅增长了学生们相关的植物科学知识，还激发了学生对种植劳动的兴趣。

后来，在家长的帮助下，我们陆续为花园增添了装饰用的白色栅栏和小石子，孩子从中愈发感受到了亲自动手装饰乐园的乐趣与快乐，满足与收获，花园渐渐成为孩子们的精神寄托和抚慰他们心灵的乐园。每周五，经过一周的勤奋学习后，孩子们都惦记着能去到金桂乐园赏赏花、除除草、浇浇水、动动手，放松自己紧绷的神经。劳逸结合的学习方式，让孩子有了内在的学习动机和努力的方向。

四、花园维护劳动，与语文、科学学科知识结合

接下来的日子里，金桂娃娃们各司其职，浇水、拔草、除虫小分队，每周都会来到园子里，给予植物们精心的照料。他们一边护理植物，一边在探索中提升学习。一年级的时候，在语文课上学习了"棉花姑娘"一课，知道

了蚜虫会导致"棉花姑娘"生病，而最后是七星瓢虫治好了棉花姑娘。春天，我们的"蔷薇姑娘"也受到了蚜虫的侵害，同学们立即根据自己的学习经验，提出要请七星瓢虫来为我们的"蔷薇姑娘"治病，最后在大家的努力下，我们的"蔷薇姑娘"得以除掉害虫重获健康。通过这次劳动经历，学生把知识与劳动实践进行了有效统一，强化了学生对所学知识的认同，激发了学生学习和劳动的兴趣。

在劳动教育过程中，我们结合美术学科的绘画要素与语文学科的写作要素，给学生发放了"耕读百草记录单"，有孩子在记录单上描写了刚种好的樱桃幼苗的样子并画图记录，有家长在心语一栏提问："没有成熟的樱桃是什么颜色呢？我们在什么时候能吃到亲自种下的樱桃？"樱桃成熟后，孩子在后面补充回答："樱桃都被小鸟吃光了。"我们尝试了很多办法，如制作稻草人，用袋子把樱桃套起来，都没能成功阻止小鸟来偷吃樱桃，最后我们的樱桃把小鸟喂得饱饱的。家长和孩子的互动、我们与小鸟"斗智斗勇"的过程，都充满了劳动带来的乐趣。二年级的时候，孩子们刚学习了写日记，于是在金桂乐园的劳动为孩子们提供了写日记的生活素材，让孩子们把劳动生活与文字表达有效地结合了起来，提升了他们的语言表达能力。在日记里，孩子们写道："经过几个小时的劳动，这片土地重新焕发了生机，呈现出一幅春意盎然的景象。"也有学生写道："大家分工合作，干劲十足。在大家的共同努力下，我们的花园变得越来越美丽了，这真是一次有意义的植树节！"还有学生写道："我们给植物浇了水后回到了教室，这真是开心的一天！"

我们种下的向日葵和番茄，在夏日里逐渐成长，长到一定阶段后，我们发现向日葵的茎开始弯曲，成熟变红的番茄，底部总会腐烂，但我们却不知道是什么原因引起的。于是，有的同学去请教科学老师，有的学生回家请教家长，还有的学生自己去搜查资料，于是，我们才知道：应该给向日葵提供支撑，以免它的茎因承受不住花果重量而弯曲，导致无法继续吸收营养。番茄结果后，也应该有木架支撑果实，才不会因垂到地面产生腐烂。

为了确保植物得到精心照料，我们根据班级名单进行劳动实践分组，落实了每天前去照料植物的小组成员。在探索学习后，我们给向日葵和番茄搭建了支撑的支架，向日葵和番茄的果实得以继续健康成长，让我们可以继续期盼丰收的喜悦。

五、劳动的体验，让孩子学会了不挑食、不浪费粮食

随着时间的流逝，季节的更替，孩子们近距离观察到各种植物的生长变化过程。先后收获了细长的青椒、害怕腐烂而提前采摘的还没成熟的青涩番茄、圆圆的李子、含苞待放的向日葵、弯弯的胖胖的还带着露水的紫茄子。

将成熟的油麦菜分给同学们带回家，孩子们带回家后，爸爸妈妈把它们做成了清炒油麦菜，这道平常的菜，每个同学却都吃得干干净净；青椒与茄子收获后，连以往不爱吃的孩子，都在期待着回家把它们变成美味慢慢享用；瓜子大家都吃过，可成熟后的向日葵，不少孩子都是第一次有机会与之亲密接触，大家用手细细地感知它的茎叶、绒毛、花盘、瓜子，向日葵带给孩子们的，不仅是嫩嫩的瓜子，还有新奇的感受，在和孩子们的合影中，向日葵映衬出了它们太阳般温暖的笑容。

六、劳动，让学生收获了满足与成就感，更好感知到幸福

从改造、播种到看护、照料，到最后品尝收获的喜悦与幸福，在这样的劳动实践里，我们组织全班同学积极参与，携手家庭，把语文、美术融入，劳动教育与科学要素融合，让学生深刻体会到了劳动的辛苦和乐趣。劳动前的准备，为学生提供了把知识运用到实践的机会；劳动让学生学会了分工合作，协调配合，体会到的劳动的成就感和付出的满足感，为孩子们提供了心灵抚慰及精神寄托，让他们拥有了内在的学习动力和努力的方向；花园装饰实践与美术学科素养的结合、花园维护劳动与语文、科学学科知识的结合，落实了五育并举的育人目标；劳动的辛劳，让孩子学会了不挑食、不浪费，从德育层面为孩子们提供了成长的路径；综合上述各教育目标，孩子们通过亲身实践感知到了劳动带来的幸福，这份经历，将成为他们未来人生路上的一盏指引明灯。

（作者：北京第二外国语学院成都附属小学　白潇月）